Contents

자동차

Tesla vs. Non-Tesla

자동차/타이어 **김준성**
Analyst

Part I **Data War**
New Battleground, 'Mobility'

Part II **The Tesla**
모빌리티 데이터 플랫폼의 선구자·설계자

Part III **Non-Tesla**
Non-Tesla 연합의 '마지막 퍼즐' 찾기

Part 1

Data War – New Battleground, 'Mobility'

우리의 24시간, 데이터화 지속

- 시작된 데이터 전쟁. 우리 삶의 데이터화 가속. 유·무형 데이터 디바이스 확장과 더불어 삶이 모든 영역이 데이터로 전환 중
- 연간 글로벌 데이터 발생량 10년 전 대비 20배 이상 증가했으며, 향후 10년 뒤 다시금 10배 이상 늘어날 전망

Life = Data = Money, 우리의 삶은 모두 비즈니스 모델화 가능한 데이터

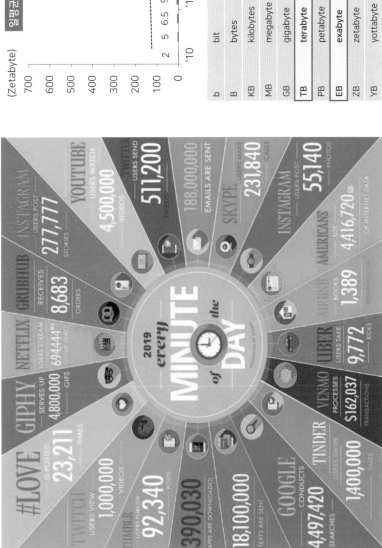

자료: Domo

글로벌 데이터 발생량 19년 41ZB → 25년 175ZB → 35년 2,142ZB

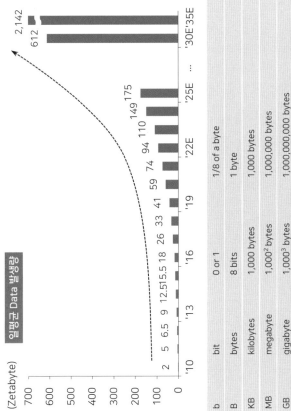

b	bit	1/8 of a byte
B	bytes	1 byte
KB	kilobytes	1,000 bytes
MB	megabyte	$1,000^2$ bytes
GB	gigabyte	$1,000^3$ bytes
TB	terabyte	$1,000^4$ bytes
PB	petabyte	$1,000^5$ bytes
EB	exabyte	$1,000^6$ bytes
ZB	zetabyte	$1,000^7$ bytes
YB	yottabyte	$1,000^8$ bytes

0 or 1	
8 bits	
1,000 bytes	
1,000,000 bytes	
1,000,000,000 bytes	
1,000,000,000,000 bytes	
1,000,000,000,000,000 bytes	
1,000,000,000,000,000,000 bytes	
1,000,000,000,000,000,000,000 bytes	
1,000,000,000,000,000,000,000,000 bytes	

자료: World Economic Forum, 메리츠증권 리서치센터

강의자료(기초) 3

유·무형 디바이스 ↑ → 데이터 ↑ → 비즈니스 모델 ↑

■ 유·무형 디바이스를 통해 데이터 확보하고, 이를 기반으로 다양한 비즈니스 모델 전개하는 데이터 플랫폼 업체들의 부상

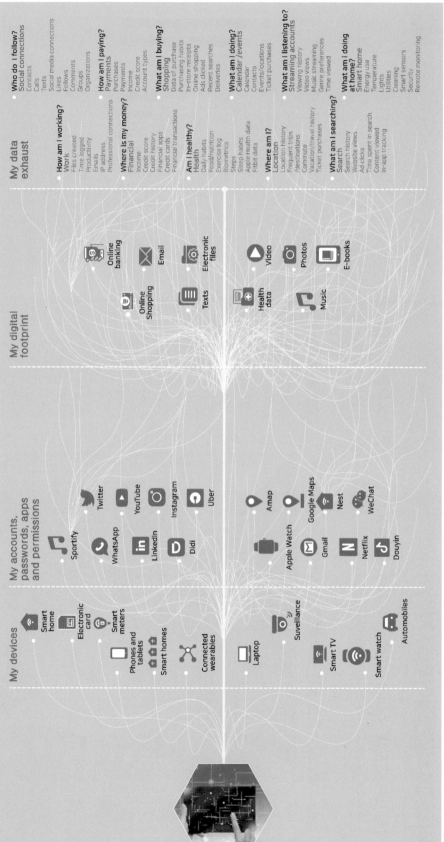

자료: 메리츠종권 리서치센터

5대 데이터 플랫폼 업체 시장 지배력 강화

■ 출발지는 다르지만 같은 목적지를 향하는 5대 글로벌 데이터 플랫폼 업체들, 비즈니스 모델 유사성 증대

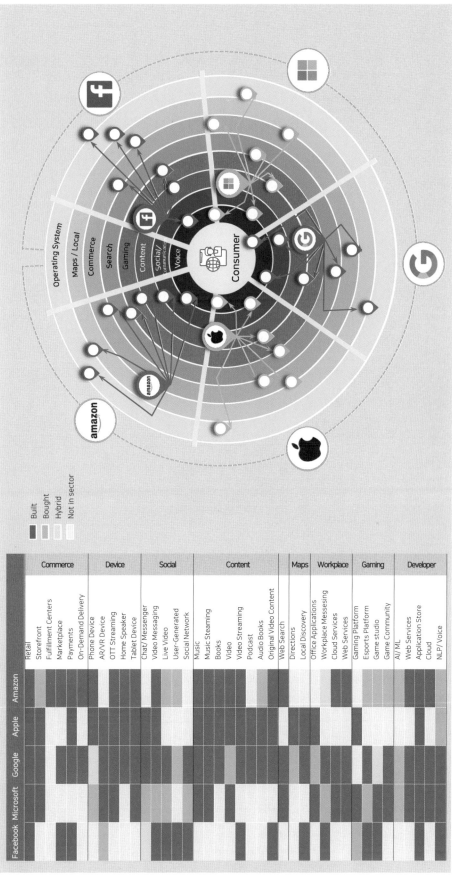

자료: 메리츠증권 리서치센터

공통된 성장의 역사, 투자 확대 → 데이터 확보 → 비즈니스 모델 적용 → 매출 증대

- 비즈니스 모델 창출 확대 위해 활용 가능한 모든 디바이스를 기반으로 사용자 데이터 확보에 박차

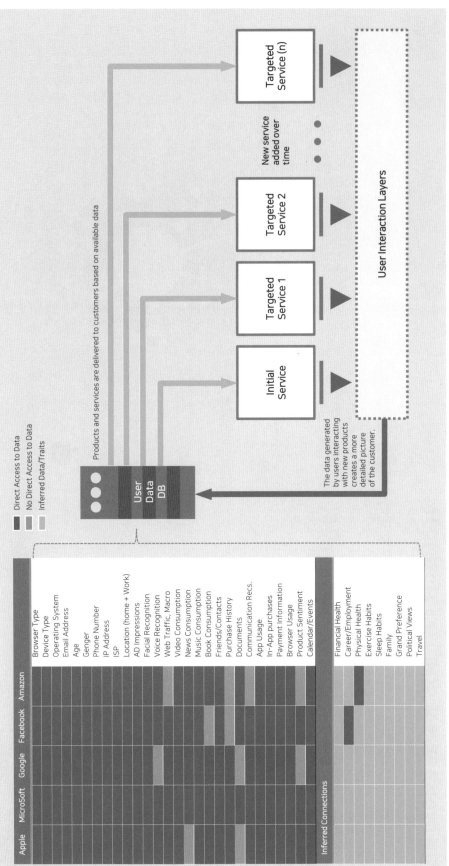

자료: 메리츠증권 리서치센터

Amazon · Google, 데이터 플랫폼 확장의 역사와 기업 가치 흐름

■ Amazon과 Google은 지속적인 데이터 플랫폼 확장을 통해 다수의 비즈니스 모델 발현 및 기업가치 배양 실현

Amazon

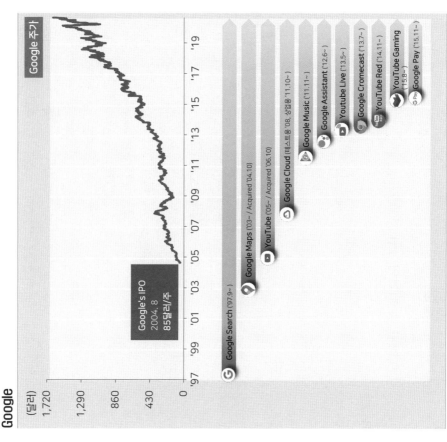

자료: Bloomberg, 메리츠증권 리서치센터

Google

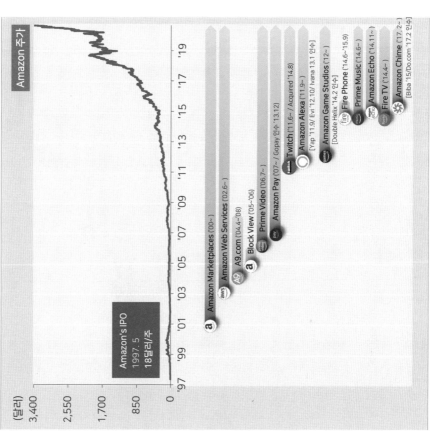

자료: Bloomberg, 메리츠증권 리서치센터

Apple · Facebook, 데이터 플랫폼 확장의 역사와 기업가치 흐름

■ Apple과 Facebook 또한 비즈니스 플랫폼 확장 위한 소비자 집객 및 데이터 확보 역량 강화로 기업가치 상승 지속

Apple

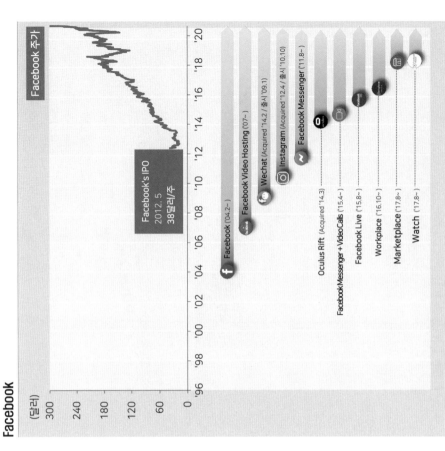

자료: Bloomberg, 메리츠증권 리서치센터

Facebook

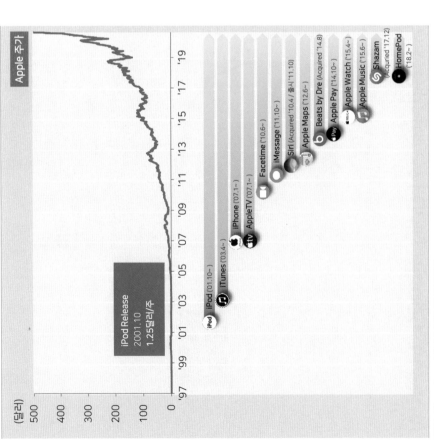

자료: Bloomberg, 메리츠증권 리서치센터

매출이 곧 기업 가치 (매출 확대 = 진입 장벽 = 성장 가시성 증대)

데이터 플랫폼 비즈니스의 가치 평가에 대한 이해

■ 매출, 데이터 플랫폼 업체들의 기업 가치를 가장 잘 나타내는 지표

■ 매출 확보은 끊임 없이 태동하는 새로운 데이터 플랫폼 업체들과의 경쟁에서 승리하고 있음을 반증

■ 매출 성장은 1) 데이터 확보 및 비즈니스 모델 전개에 있어 경쟁 우위를 증명함과 동시에, 2) 진입 장벽 구축을 통한 잠재 경쟁력 상승을 대변

데이터 플랫폼 업체들의 기업 가치와 매출의 상관 계수 1.0 수준

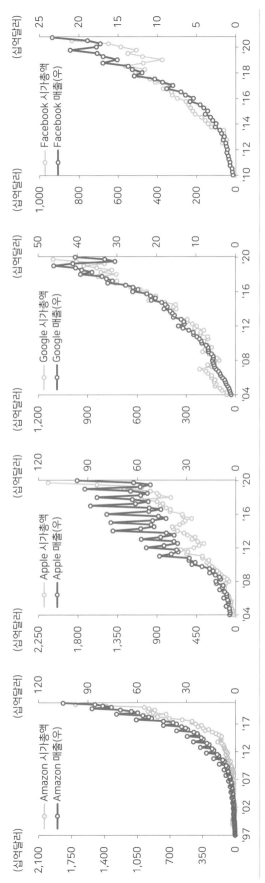

자료 : Bloomberg, 메리츠증권 리서치센터

매출 증대 → 현금 증가 → 투자 확대 → 진입장벽 강화 → 매출 증대

데이터 플랫폼 비즈니스의 가치 평가에 대한 이해

- 주요 데이터 플랫폼 업체 모두 후발 업체와의 격차 확대를 위해 대규모 유·무형자산 투자 (CAPEX·R&D) 집행 확장

- 매출 증대 → 현금 증가 → 투자 확대 → 진입장벽 강화 → 매출 증대의 선순환 구조

데이터 플랫폼 업체들은 데이터 확보 및 비즈니스 모델 구축으로 현금 재원 증대시키고, 이를 재투자해 진입 장벽 강화

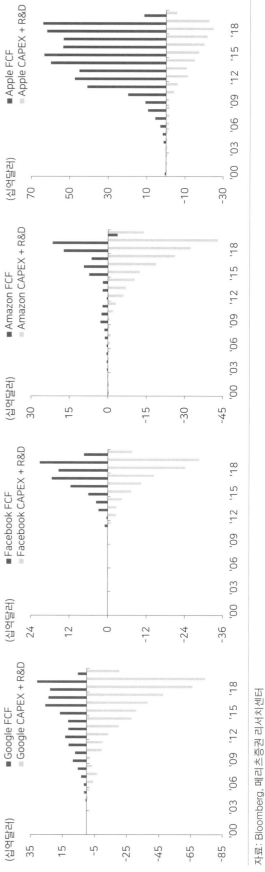

자료: Bloomberg, 메리츠증권 리서치센터

진입 장벽 강화 (매출) = 미래 성장 가시성 확대 (밸류에이션, PSR)

데이터 플랫폼 비즈니스의
가치 평가에 대한 이해

- 매출 증대에 선순환은 기업 가치 평가에도 동일하게 적용

- 현 시점에서의 창출 가능 이익보다 미래 성장 가시성을 대변하는 핵심 지표인 매출 성장 여부에 더 큰 의미를 부여. 이에 따라 이들의 적정 가치 산출을 위한 밸류에이션 논리는 PSR

- 유의미한 매출 성장을 지속 중인 5대 데이터 플랫폼 업체들의 PSR은 매년 절대 값 상승을 지속

매출 증대와 동행해 밸류에이션 (PSR) 확장 진행 중인 데이터 업체들

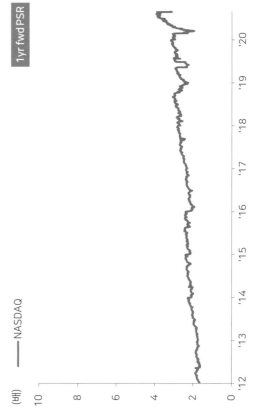

자료: Bloomberg, 메리츠증권 리서치센터

정체된 NASDAQ PSR, 이들 업체들을 제외하면 사실상 de-rating 진행

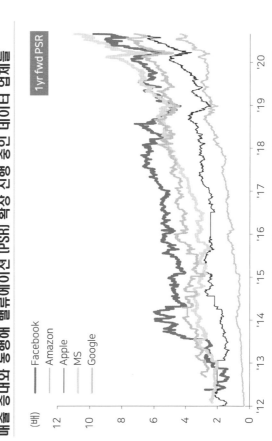

자료: Bloomberg, 메리츠증권 리서치센터

데이터 플랫폼 업체의 기업가치 평가, 매출 & 밸류에이션의 동반 상승 승수 효과

기초
자동차

데이터 플랫폼 비즈니스의 기업가치 평가에 대한 이해

- 매출 증대와 밸류에이션 확장의 승수효과가 작용하고 있는 5대 데이터 플랫폼 업체들의 NASDAQ 내 매출 비중 현재 20% 수준. 반면, 시가총액 비중은 40%에 육박

- 향후 이들의 시장 내 시가총액 비중은 데이터 기반 비즈니스 모델의 확장과 동행하여 더욱 증가할 전망

개개인의 모든 삶의 데이터화가 더 많이 더 빠르게 진행 중이며, 데이터 플랫폼 기업들의 시장 내 시가총액 비중 또한 이에 동행할 전망

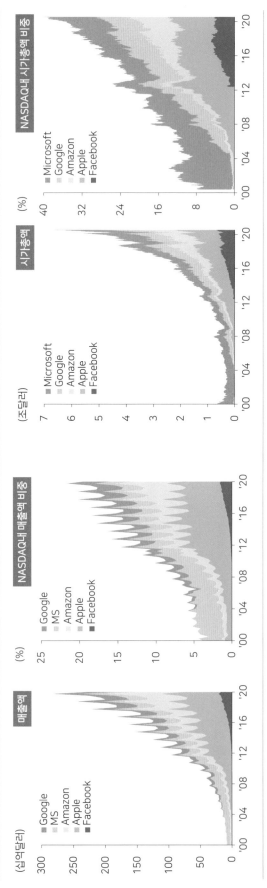

자료 : Bloomberg, 메리츠증권 리서치센터

강의자료(기초) 12   16

새로운 데이터 플랫폼 플레이어 'Tesla', 새로운 데이터 환경 '이동'의 등장

새로운 데이터 환경 '이동'
새로운 데이터 업체 'Tesla'
→ New Battleground, Mobility

- 5대 데이터 플랫폼 업체가 독식해가던 '데이터' 시장에 유의미한 변화 발생

- 기술적 한계로 데이터의 유·출입과 축적 그리고 이를 통한 비즈니스 모델 발현이 제한됐던 '이동' 환경에서 새로운 데이터 플랫폼 업체 Tesla 등장

- 이동 환경에서의 데이터화를 통해 매출 성장 실현 시, Tesla에도 동일한 가치 평가 기준 적용 가능

상대주가 수익률 NASDAQ 압도

(12.1.2 = 100)

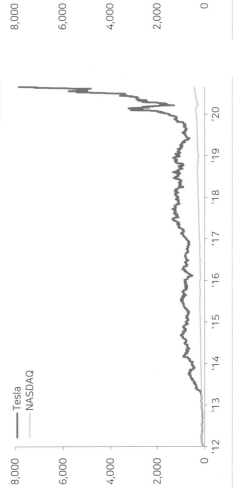

자료: Bloomberg, 메리츠증권 리서치센터

MSCI World Auto Index 대비로도 극단적 차별화 시작

(12.1.2 = 100)

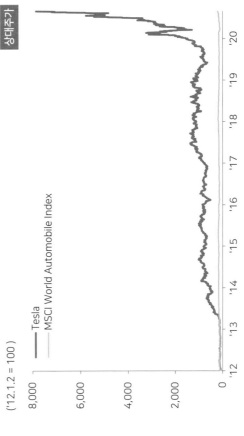

자료: Bloomberg, 메리츠증권 리서치센터

우리는 언제나 이동한다, Untouched Area로 남겨져 왔던 데이터 환경 '이동'

- 단순한 정보 검색과 쇼핑·소셜 네트워킹을 넘어 교육·헬스케어 (운동)·식사 그리고 심지어 수면까지 첨단한 '생활'의 데이터화'에서 여전히 미개척의 영역으로 남아 있던 시장, 이동

- 이동은 대규모 부가가치 창출이 가능한 데이터 시장의 새로운 영역, 5대 데이터 플랫폼 업체들 또한 연구개발을 진행해왔음. 그러나 모바일폰·PC와 달리 고도의 안전성 요구되며 인터넷 게임·쇼핑과 달리 범적·물리적 범주의 테두리가 없는 '이동'은, 데이터 확보와 제어에서부터 진입 자체에 극도로 높은 기술적 진입장벽이 존재

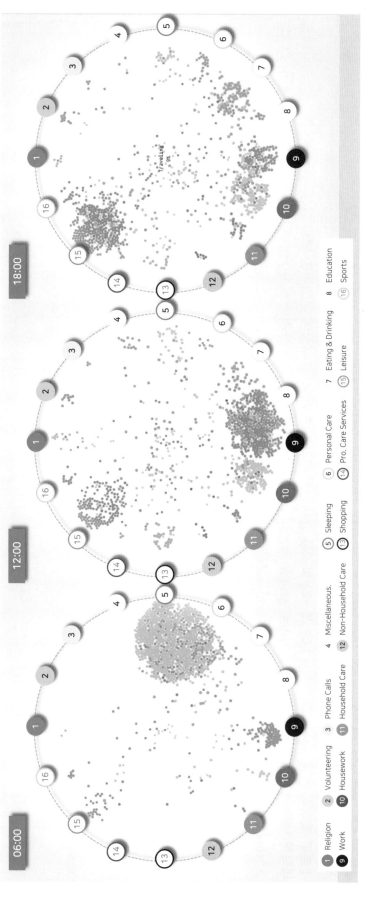

자료: FlowingData, 메리츠증권 리서치센터

이동이 만들어낼 새로운 시장, '모빌리티 데이터'

- Tesla의 기술 고도화·데이터 플랫폼 제공으로, 자동차 산업은 기존 '몇 대를 파느가'라는 제조의 범주를 넘어, '얼마나 많은 사람이 얼마나 많은 시간을 차량 안에서 보내게 되는지', '얼마의 에너지를 소모해 얼마나 많이 이동하든지', '차량 내에서 무엇을 하는지'로 변환

자율주행 서비스 변화

	LTE	LTE/V2X	5G/위성
부가 서비스	맞춤형음악(승차공유) 광고(승차공유)	관공안내서비스 맞춤형 멀티미디어 AR/VR 서비스 맞춤형 광고	자율주행 콘텐츠 서비스
	주문형 주차 주문형 정비 주문형 주유	자율형 주차 자율형 정비 자율형 주유	
		주문형 정비	자율주행 차량관리 서비스
		고장진단 및 예측	
직접 연관 서비스	원격진단	원격진단 복합 교통서비스	주문형 자율주행 교통 서비스
	승차공유 차량공유 택시예약 카풀서비스	주문형 자율주행 승차서비스	
		자율주행 버스	
		원격대리운전	자율주행 물류/배송 서비스
		자율주행 트럭	물품배송서비스

자율주행 수준	운전자 보조	부분 자율주행	조건부 자율주행	고도 자율주행	완전 자율주행
	1	2	3	4	5

자료: 정보통신부, 메리츠증권 리서치센터

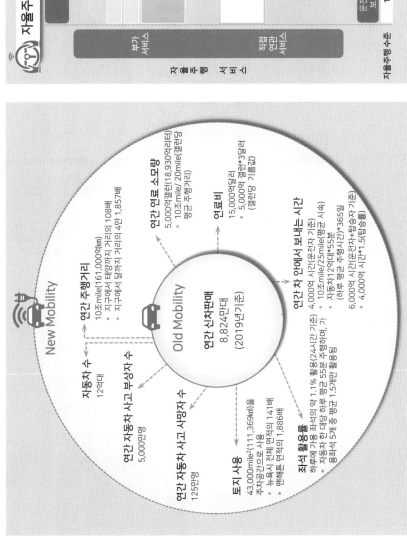

New Mobility / Old Mobility

- **연간 신차판매** 8,824만대 (2019년 기준)

- **연간 주행거리** 10조mile(161,000억km)
  - 지구에서 태양까지 거리의 108배
  - 지구에서 달까지 거리의 4만 1,857배

- **자동차 수** 12억대

- **연간 자동차 사고 부상자 수** 5,000만명

- **연간 자동차 사고 사망자 수** 125만명

- **토지 사용** 43,000mile²(111,369km²)을 주차공간으로 사용
  - 뉴욕시 전체 면적의 141배
  - 맨해튼 면적의 1,886배

- **좌석 활용률** 하루에 가용 좌석의 약 1.1% 활용(24시간 기준)
  - 자동차 한 대당 하루 평균 55분 주행하며, 가용석 5개 중 평균 1.5개만 활용됨

- **연간 연료 소모량** 5,000억갤런(18,930억리터)
  - 10조mile / 20mile/갤런 평균 주행거리

- **연료비** 15,000억달러
  - 5,000억 갤런*3달러 (갤런당 기름값)

- **연간 차 안에서 보내는 시간** 4,000억 시간(운전자 기준)
  - 10조mile/25mile(평균 시속)
  - 자동차12억대*55분 (하루 평균 주행시간)*365일
  - 6,000억 시간(운전자+탑승자 기준)
  - 4,000억 시간*1.5(탑승률)

자료: 메리츠증권 리서치센터

이동 그 자체만이 아닌 다양한 종류의 생활 거점이 되어 데이터를 양산할 자동차

■ 이제 자동차는 1) 이동 그 자체에 대한 '주행 데이터'와 2) 차량 제어로부터 자유로워진 사용자들이 다양한 생활거점으로서 발현될 다종 '생활 데이터'를 기반으로, 서비스 비즈니스 모델 전개가 가능한 데이터 플랫폼으로 자리잡을 전망

데이터에 기반한 모빌리티 생태계의 가치, 연 매출 7,000조원

- 데이터 기반 모빌리티 생태계의 가치 평가는 미국 내 학술기관들·기업들이 가장 뜨거운 연구 주제. 기업들이 가장 뜨거운 연구 주제. 모빌리티 산업의 연간 매출은 추정 기관의 논거에 따라 상이하나, 평균적으로 약 7,000조원 내외 예상

시스템의 성능

1) 평균 탐승운행 거리 및 시간 (순서 1)

이동거리: $\bar{d} = \alpha \cdot 0.52\sqrt{A}$
- A = A지역의 넓이
- $0.52\sqrt{}$ = A지역의 무작위 출발지와 목적지 사이의 평균 직선거리
- 도로망 제한으로 발생하는 우회거리 (직선거리에 비해 10-50% 증가)

운행시간: $t_i = \dfrac{\bar{d}}{v} + b + a$ (순서 2)
- v = 평균 운행 속도
- b = 승객이 탈 수 있도록 목적지에 멈춘 시간
- a = 교대 시간

2) 평균 공차운행 거리 및 시간

이동거리: $\bar{e} = (1-\bar{p})\bar{e}_i + P\bar{e}_N$ (13)
운행시간: $\bar{W} = (1-\bar{p})\bar{W}_i + P\bar{W}_N$ (14)

$\bar{e}_i =$ 유휴차량이 고객에 응답할 경우 평균 공차운행거리 (4)
$= \alpha \cdot k \sqrt{A/\bar{I}}$
- k = 0.52 (차량이 무작위로 분포한 경우)
- $\bar{I}$ = 0.7 (사람들이면 연구로 도출한 숫자)
- M = 운행 요청이 발생했을때 평균 유휴차량 대수
- $M = (1-p)*M$
- M = 자율주행유차인대수
- 1-p = 평균 차량 운행율
- 1-p = 평균 차량 유휴율

$\bar{e}_N =$ 서비스차량이 고객에 응답할 경우 평균 공차운행거리 (10)
$= \alpha \cdot \dfrac{2}{3} r$
- r = 가장 가까운 유휴차량과 고객의 직선거리
$= \bar{e}_i/\alpha$ (6)

2) 평균 공차운행 거리 및 시간 (순서)

$\bar{W}_i =$ 유휴차량이 고객에 응답할 경우 평균 공차운행 및 대기시간 (5)
$\bar{W}_N =$ 서비스중인 차량이 고객의 요청에 응답할 경우 평균 공차운행 및 대기시간 (12)
$= \bar{t}_c + \bar{t}_e$

$\bar{t}_c =$ 탑승운행시간 (9)
$t_c = \int_0^{\bar{W}} t_\lambda e^{-\lambda t} dt / \Big[1 - e^{-\lambda \bar{W}} (\lambda \bar{W}+1)\Big]/_{\lambda \bar{p}}$

$\bar{t}_e =$ 공차운행시간 (11)
$= \bar{e}_N/v$

$\bar{p} =$ 서비스 중인 차량이 새로운 고객의 요청에 응답할 확률 (8)
$= \int_0^{\bar{W}} \lambda e^{-\lambda t} dt = 1 - e^{-\lambda \bar{W}}$

$\bar{\lambda} =$ 반지름 r인 원안에서 운행이 끝날 확률 (7)
$= \lambda \pi r^2 / A$
- $\lambda =$ 평균요청률
- $\pi r^2 =$ 반지름 r인 원의 넓이

$1 - \bar{p} =$ 유휴 상태의 차량이 새로운 고객의 요청에 응답할 확률

3) 시스템의 평균 가동률

$\rho = \lambda / (\tfrac{M}{\bar{s}}) = \lambda \bar{s}/M$ (15)

$\bar{s} =$ 서비스시간 (16)
$= \dfrac{\bar{e}+\bar{d}}{v} + b + a$

전체 시스템 비용

시스템 비용 (Total Cost): $TC = c_v M + c m_\lambda (\bar{e} + \bar{d})$ (17)
- $C_v =$ 자율주행차량의 일일 상각 소유비용
- $C_m =$ 자율주행차량의 mile 운영비용 (연료, 유지, 보수비 포함)

mile당 시스템 비용: $TC/\lambda \bar{d}$ (18)

반복 계산 규칙

1. $\bar{e} = 0$으로 정의하고, (15)-(16) 방정식을 이용해 평균 가동률 ρ이 최소 가능값 p_{min}을 계산한다.
2. p_{min}를 이용해서 (1)-(14)과정을 통해 $\bar{W}$ 와 $\bar{e}$를 계산한다. 그 다음 계산된 $\bar{e}$ 와 (15)-(16) 방정식을 이용해 새로운 p_{next}를 계산한다.
3. $p = p_{next}$ 값을 찾으면 이에 따라 시스템의 성능을 산출한다. 값을 찾지 못하면, 2번으로 다시 돌아간다.

출처: Transforming Personal Mobility (Lowrence Burns, 2012), 메리츠증권 리서치센터

이제 BEV 제조·판매는 '수익 실현' 목적이 아닌 '비즈니스 모델' 전개 위한 수단

새로운 데이터 환경 '이동'
새로운 데이터 업체 'Tesla'

→ New Battleground,
Mobility

■ 이 같은 변화는 자동차 업체들이 비즈니스 모델 전개 방향과 가치 평가 방법에 유의미한 변화 야기

■ 성숙기에 진입한 기존 자동차 산업, 수년 째 엽종 합산 매출·이익·시가총액 정체.
데이터 기반 모빌리티 시장의 등장은 새로운 성장 기회를 부여하는 동시에,
상품성 경쟁과 기술 부족에 의한 경쟁력 상실 기제로 작용 가능

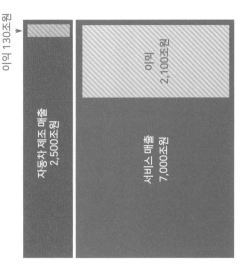

산업의 구조 변화, 기존 업체에게 위기이자 기회

이익 130조원

자동차 제조 매출
2,500조원

서비스 매출
7,000조원

이익
2,100조원

자료 : Bloomberg, 메리츠증권 리서치센터

글로벌 자동차 성숙화, Top 22개 업체의 합산 매출·이익·시가총액 정체 지속

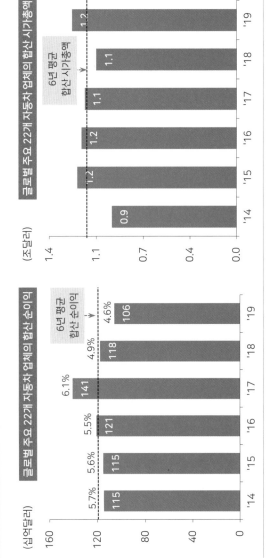

글로벌 주요 22개 자동차 업체의 합산 순이익

(십억달러)

6년 평균 합산순이익

'14	'15	'16	'17	'18	'19
5.7%	5.6%	5.5%	6.1%	4.9%	4.6%
115	115	121	141	118	106

글로벌 주요 22개 자동차 업체의 합산 시가총액

(조달러)

6년 평균 합산 시가총액

'14	'15	'16	'17	'18	'19
0.9	1.2	1.2	1.1	1.1	1.2

자료 : Bloomberg, 메리츠증권 리서치센터

강의자료(기초) 18

22

데이터 플랫폼으로서의 자동차, 기존 생태계와 완전히 다른 가치 사슬로 전환

■ 기존 OEM들이 영위하고 있는 자동차 산업의 가치는 단순 이동 수단

■ 데이터 플랫폼으로서의 자동차는, 단순 '이동 수단'과는 완전히 다른 가치 사슬로 구성.
해당 가치 사슬 전면에 대한 유기적 대응이 기존 OEM 생존과 성장의 필수 조건

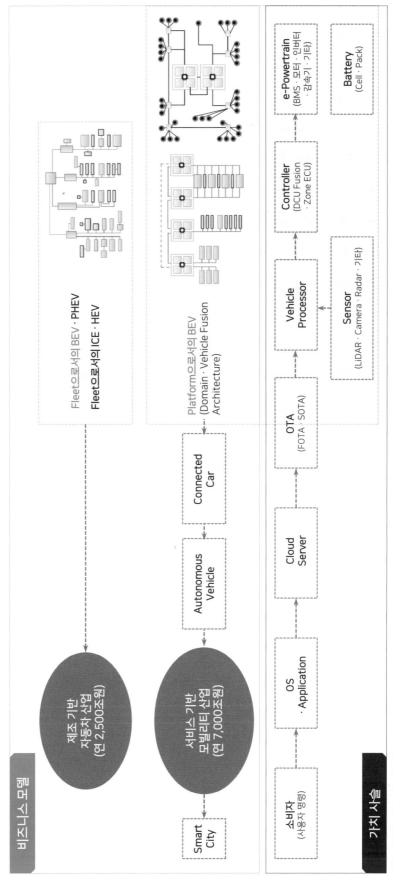

자료: 메리츠증권 리서치센터

Tesla, 가장 비싼 자동차 제조 업체가 아닌 처음 등장한 모빌리티 플랫폼 업체

새로운 데이터 환경 '이동'
새로운 데이터 업체 'Tesla'

→ New Battleground, Mobility

- 19년 연간 판매량이 전세계 자동차 수요의 1%에도 미치지 못하는 Tesla
  이제 자신보다 30배 가까운 판매량을 기록 중인 VW·Toyota보다 더 높은 시가총액 영위

- 단순한 이동 수단으로서의 매력적 BEV를 제조·판매하는 것만으로도는 가치 부여 불가능
  데이터 시장에 진입할 수 있는 복합 기술 내재화와 이에 기반한 모빌리티 플랫폼 제시했기에 가능

글로벌 자동차 업체 중 가장 높은 가치 평가를 받고 있는 Tesla

글로벌 주요 22개 자동차 업체의 시가총액 비교
('20.8.28 기준)

(십억달러) 440 / 330 / 220 / 110 / 0

Tesla, Toyota, VW, Daimler, Honda, BMW, GM, SAIC, BYD, 현대차, Suzuki, Ford, Geely, FCA, Nissan, Puget, Great..., Mahindra, Renault, Changan, Tata

자료: Bloomberg, 메리츠증권 리서치센터

기존의 판매량 중심 상대비교적 시각에서는 공감 불가

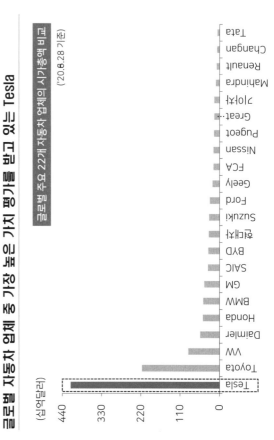

글로벌 주요 22개 자동차 업체의 판매볼륨 비교
('19 연간 기준)

(백만대) 12 / 9 / 6 / 3 / 0

VW, Toyota, GM, Honda, Ford, FCA, Nissan, 현대차, Puget, Daimler, Szuki, 기아차, BMW, Renault, Geely, Great Wall, Changan, Tata, BAIC, SAIC, BYD, Tesla

자료: Marklines, 메리츠증권 리서치센터

강의자료(기초) 20

24

자동차 업체로 인지됐던 지난 10년, 판매량과 기업 가치 간의 연결고리 부재

새로운 데이터 환경 '이동', 새로운 데이터 업체 'Tesla'

→ New Battleground, Mobility

- 매력적인 이동 수단을 만들어 정체된 시장 환경에서 점유율을 끌어올리는 것은, 지금까지 그래왔듯 기존 자동차 업체 밸류에이션 프리미엄 부여 근거가 될 수 없음

- Tesla 기업가치 재평가는 '차'가 아닌 '데이터 확보 위한 플랫폼'을 판매한다는 인식의 전환 이후 시작 기존 비즈니스 모델을 고수하는 동류 기업 BYD의 기업 가치는 여전히 담보 상태

차가 아닌 데이터 플랫폼을 판매한다는 인식 전환 이후 재평가 시작

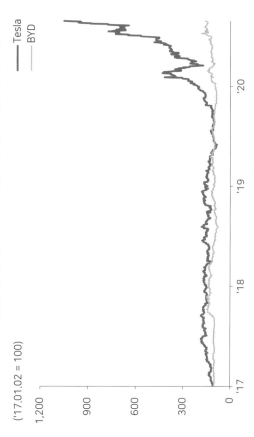

(17.01.02 = 100)

자료 : Bloomberg, 메리츠증권 리서치센터

단순 판매 증가는 기업 가치 부양에 도움이 되지 못했음

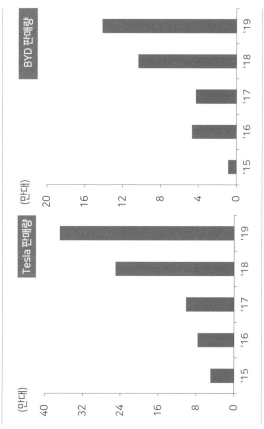

자료 : SNE Research, 메리츠증권 리서치센터

모빌리티 플랫폼으로서 새로운 가치 평가를 받기 시작한 Tesla

- Tesla는 2019년을 전후해 다종 산업 복합 기술에 기반한 데이터 비즈니스 모델을 본격적으로 전개하기 시작.

- 높은 수익성의 데이터 비즈니스로 현금흐름 또한 플러스 전환. 이 같은 변화는 Tesla의 데이터 플랫폼 비전에 대한 시장의 공감으로 연결

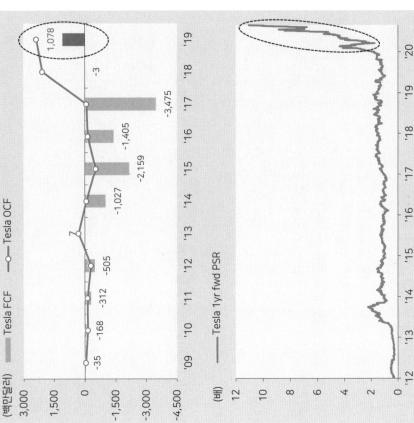

자료 : Bloomberg, 메리츠증권 리서치센터

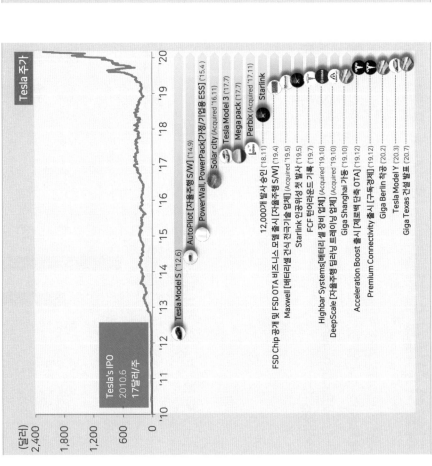

자료 : Bloomberg, 메리츠증권 리서치센터

Tesla에 대한 시각을 '이동 수단 → 데이터 플랫폼'으로 전환시킨 Milestones

- 대표적 Milestone은 Architecture (Zone ECUs), Processor (FSD Chip · GPU cluster), Business (FSD · A/B), Network (OTA · 위성통신)

18년 집중형 아키텍처 기술 상용화 [Model 3 대량생산 시작]

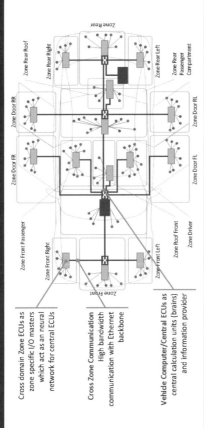

Cross domain Zone ECUs as zone specific I/O masters which act as an neural network for central ECUs

Cross Zone Communication High bandwidth communication with Ethernet backbone

Vehicle Computer/Central ECUs as central calculation units (brains) and information provider

Zone Rear
Zone Rear Roof
Zone Rear Right
Zone Rear Left
Zone Rear Passenger Compartment
Zone Door RR
Zone Door RL
Zone Door FR
Zone Door FL
Zone Front Passenger
Zone Front Right
Zone Roof Roof
Zone Driver
Zone Roof Front
Zone Front Left
Zone Front

Autopilot

Autopilot advanced safety and convenience features are designed to assist you with the most burdensome parts of driving. All new Tesla cars come standard with driver assistance features such as emergency braking, collision warning and blind-spot monitoring.

19년 4월 OTA를 통한 FSD 비즈니스 모델 시작

19년 4월 고성능 컴퓨팅 플랫폼 상용화 [Autonomy Day에서 FSD Chip 출시]

FULL SELF-DRIVING COMPUTER

FSD COMPUTER ASSEMBLY

Autopilot Included
- Enables your car to steer, accelerate and brake automatically for other vehicles and pedestrians within its lane.

Full Self-Driving Capability
- Navigate on Autopilot: automatic driving from highway's on-ramp to off-ramp including interchanges and overtaking slower cars.
- Auto Lane Change: automatic lane changes while driving on the highway.
- Autopark: both parallel and perpendicular spaces.
- Summon: your parked car will come find you anywhere in a parking lot. Really.
- Traffic Light and Stop Sign Control: assisted stops at traffic-controlled intersections.

Upcoming
- Autosteer on city streets.

Select Option $6,000

Includes the Full Self-Driving Computer

19년 5월 Space X의 첫 번째 Starlink 인공위성 발사

자료 : Tesla, 메리츠증권 리서치센터

데이터 기반 비즈니스 모델 발현 (매출 = 시장 지배력 = 성장 가시성)

데이터로 돈 버는 시대

- 19년 이후 발현된 Tesla의 데이터 기반 비즈니스 모델:
  1. FSD (4월, Navigation on Autopilot + Auto Lane Change, Smart Summon, Traffic Sign Recognition),
  2. Acceleration Boost (12월, 모델3 0-100km 4.4초에서 3.9초로 0.5초 단축),
  3. Premium Connectivity (20년 1월, Connected Service (인포테인먼트) 이용에 대한 구독료)

- 데이터 활용한 Deep Learning으로 주행 기능 개선하고 OTA 통해 차량에 전달 · 장착하는 역량은, 기존 OEM들이 현재 제품에서는 찾아볼 수 없었던 영역

Deep Learning 통한 기능 고도화와 통행에 가격 인상 진행 중인 FSD

Full Self-Driving Capability

- Navigate on Autopilot automatic driving from highway on-ramp to off-ramp including interchanges and overtaking slower cars.
- Auto Lane Change automatic lane changes while driving on the highway
- Autopark: both parallel and perpendicular spaces.
- Summon: your parked car will come find you anywhere in a parking lot. Really
- Traffic Light and Stop Sign Control: assisted stops at traffic controlled intersections.

Upcoming:

- Autosteer on city streets

Select Option $8,000

Tesla FSD Price

'19.4 — 6,000달러

'19.11 — 7,000달러 (+Smart Summon 기능추가)

'20.7 — 8,000달러 (+Traffic Sign Control 기능추가)

Elon Musk @elonmusk

The FSD price will continue to rise as the software gets closer to full self-driving capability with regulatory approval. It that point, the value of FSD is probably somewhere in excess of $100,000.

8:48 AM · May 19, 2020

자료 : Tesla, 메리츠증권 리서치센터

차량 내 인포테인먼트 기능 사용에 대한 과금, Premium Connectivity

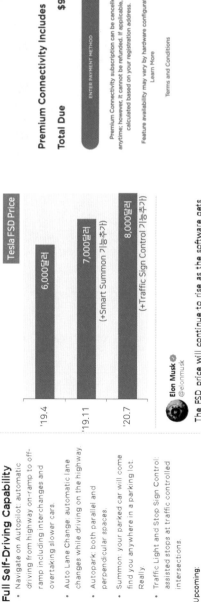

Premium Connectivity Includes

Total Due $9.99

[ENTER PAYMENT METHOD]

Premium Connectivity subscription can be cancelled anytime; however, it cannot be refunded. If applicable, tax is calculated based on your registration address.

Feature availability may vary by hardware configuration
Learn More

Terms and Conditions

Connectivity Packages	Standard	Premium $9.99/mo
Navigation	Included	✓
Live Traffic Visualization	✓	✓
Satellite-View Maps	✗	✓
Video Streaming*	✗	✓
Caraoke*	✗	✓
Music Streaming*	✗	✓
Internet Browser*	✗	✓

자료 : Tesla, 메리츠증권 리서치센터

주행 데이터에 기반한 알고리즘으로 비즈니스 모델 제시

- 지난 19년 8월, 실시간으로 집계되는 주행 데이터 기반 알고리즘으로 높은 가격 경쟁력 지닌 자동차 보험 상품, 미국 California에서 출시. 데이터 실증 검증 이후 다른 주와 해외 시장 (독일·중국)으로 확대 계획 (20년 11월 예정). Deep Learning 고도화와 마찬가지로, 보험 상품 또한 더 많은 데이터 표준 축적과 동행해 알고리즘 고도화 및 가격경쟁력 확보 기대

높은 가격 경쟁력을 보이고 있는 Tesla의 자동차 보험 상품

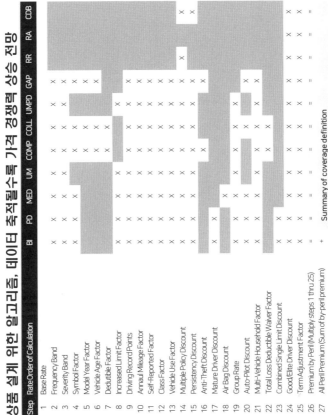

Tesla average annual insurance cost

Mercury	7,625달러
AAA Social	6,862달러
Allstate	5,314달러
Farmers	4,463달러
GEICO	4,181달러
State Farm	3,995달러
Tesla Insurance	3,315달러
AAA Norcal	2,736달러
Progressive	2,363달러

자료: Tesla, 메리츠증권 리서치센터

상품 설계 위한 알고리즘, 데이터 축적될수록 가격 경쟁력 상승 전망

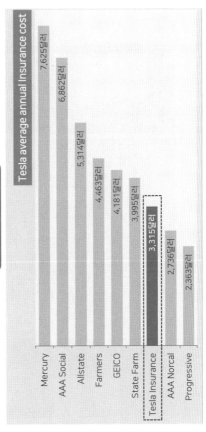

Step	Rate Order of Calculation	BI	PD	MED	UM	COMP	COLL	UMPD	GAP	RR	RA	CDB
1	Base Rate	×	×	×	×	×	×	×	×	×	×	×
2	Frequency Band	×	×	×	×	×	×	×	×	×		
3	Severity Band	×	×	×	×	×	×	×	×	×		
4	Symbol Factor					×	×		×			
5	Model Year Factor	×	×	×	×	×	×	×	×			
6	Vehicle Age Factor					×	×		×	×		
7	Deductible Factor					×	×		×			
8	Increased Limit Factor	×	×	×	×			×				
9	Driving Record Points	×	×	×	×	×	×	×				
10	Annual Mileage Factor	×	×	×	×	×	×	×				
11	Self-Reported Factor	×	×	×	×	×	×	×				
12	Class Factor	×	×	×	×	×	×	×				
13	Vehicle Use Factor	×	×	×	×	×	×	×				
14	Multiple Policy Discount	×	×	×	×	×	×	×				
15	Persistency Discount	×	×	×	×	×	×	×				
16	Anti-Theft Discount					×						
17	Mature Driver Discount	×	×	×	×	×	×	×				
18	Air Bag Discount			×								
19	Group Rate	×	×	×	×	×	×	×	×	×	×	×
20	Auto-Pilot Discount	×	×	×	×	×	×	×				
21	Multi-Vehicle Household Factor	×	×	×	×	×	×	×				
22	Total Loss Deductible Waiver Factor					×	×					
23	Combined Single Limit Discount	×	×									
24	Good/Elite Driver Discount	×	×	×	×	×	×	×	×	×	×	×
25	Term Adjustment Factor	×	×	×	×	×	×	×	×	×	×	×
26	Premium by Peril (Multiply steps 1 thru 25)	=	=	=	=	=	=	=	=	=	=	=
27	All Peril Premium (Sum of by-peril premium)	+										
28	Autonomous Vehicle Package	+										
29	Total Premium (Sum steps 27 thru 28)	=										

Summary of coverage definition
- BI = Bodily Injury
- PD = Property Damage
- MED = Medical Payment
- UM = Uninsured Motorist
- COMP = Comprehensive
- COLL = Collision
- UMPD = Uninsured Motorist Property Damage
- GAP = Gap Insurance
- RR = Rental Reimbursement
- RA = Roadside Assistance
- CDB = Collision Deductible Buyback

자료: Tesla, 메리츠증권 리서치센터

모든 가치 사슬에 대한 기술 내재화 · 고도화 통해 만들어낸 데이터 플랫폼, Tesla

참고: 첫 줄: 에너지 확보 · 저장 · 충전, 둘째 줄: 배터리 셀 · 팩, 공장 자동화, 셋째 줄: FSD Computer, GPU cluster, Architecture, 넷째 줄: OS, Satellite Network, Mobile AS

자료: Tesla, 메리츠증권 리서치센터

전세계 최고 인재들이 지속적 유입, 데이터 플랫폼 기술 발전의 원천

선도 인력 유입,
Tesla 성장의 원천

- Tesla, 미국 Engineering 전공 대학생들의 취업 선호도 1위. 2위는 Space X

- 자동차·IT·인공지능·항공우주·에너지·통신·인터넷·유틸리티·기계·시설 인프라 등 광범위한 분야의 기술 고도화 및 영향을 통해 거대한 데이터 플랫폼 설계 중인 Tesla의 성장 원천은 인력

- 지속적인 선도 인력 유입은 유형의 데이터 플랫폼 업체로서의 진화에 핵심적 토양

Computer Science와 Business에서도 마찬가지로 높은 선호

순위	Computer Science 전공	Business 전공
1	Google	Google
2	Apple	Apple
3	Microsoft	Amazon
4	Amazon	Deloitte
5	Tesla	TD Bank
6	Facebook	Tesla
7	Space X	Air Canada
8	Netflex	Royal Bank of Canafa
9	Nintendo	EY (Ernst & Young)
10	Spotify	Microsoft

자료: Universum, 메리츠종권 리서치센터

미국 Engineering 전공 학생들의 취업 선호도 순위 1위, Tesla

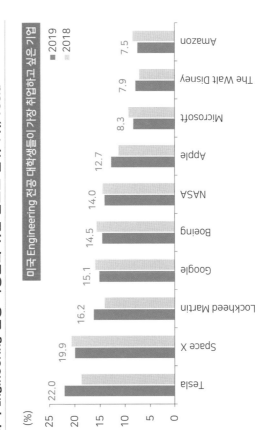

미국 Engineering 전공 대학생들이 가장 취업하고 싶은 기업

■ 2019
■ 2018

Tesla 22.0
Space X 19.9
Lockheed Martin 16.2
Google 15.1
Boeing 14.5
NASA 14.0
Apple 12.7
Microsoft 8.3
The Walt Disney 7.9
Amazon 7.5

자료: Universum, 메리츠종권 리서치센터

판매 (데이터 수집 디바이스) 증가 → 비즈니스 모델 확대 · 매출 증가 → PSR 상승

새로운 데이터 환경 '이동'
새로운 데이터 업체 'Tesla'
→ New Battleground, Mobility

- 모빌리티 데이터 시장을 개척했고 선도 중인 Tesla. 기술 고도화와 동행해 시장 개화 또한 더 빨라질 것

- 투자↑ → 기술 실현↑ → 데이터 플랫폼 (= 차량)↑ → 판매↑ → 매출↑
  5대 데이터 플랫폼 업체들이 기업 가치 평가 방법에서도 확인했던 바와 같이, 매출 성장은 진입 장벽과 미래 성장 가시성 확대 의미하는 동시에 밸류에이션 상승 기재로 작용

- Tesla에 대한 2025년 매출 전망 컨센서스는 2019년 대비 3.8배 높은 수준.
  일각에서는 아직 공개되지 않은 신차 판매 (MIC Model 2) · 신 공장 증설 (아시아 · 남미), 그리고 모빌리티 데이터 비즈니스에 대한 소비자들의 높은 잠재 수요 반영해 이보다 높은 성과를 기대

- 향후 모빌리티 데이터 시장의 성장 속도와 Tesla 기업 가치 변화는 투자 업계의 관전 포인트

컨센서스, 19년 대비 25년 매출 성장 3.8배

Tesla 매출 컨센서스

(십억달러)

100

75

50

25

0

'18 '19 '20E '21E '22E '23E '24E '25E

자료: Bloomberg, 메리츠증권 리서치센터

일각에서는 더 높은 플랫폼 (차량) 판매 증가와 더 많은 데이터 비즈니스 모델의 반영을 기대

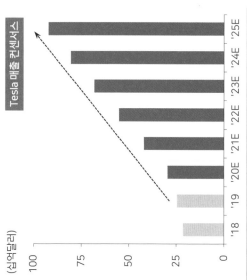

(백만대)

- S/X
- 3
- Y
- Cybertruck
- Roadster
- Semi

5

4

3

2

1

0

미발표된 신차 MIC Model 2, 아시아 · 남미
생산거점 추가 반영해 500만대 이상을
전망하는 경우도 존재

현재 공개된 신차 출시 · 증설
계획에 근거한 25년 판매
전망 250-300만대

18 19 20 21E 22E 23E 24E 25E

Tesla 매출 전망

(십억달러)

200

150

100

50

0

'18 '19 '20E '21E '22E '23E '24E '25E

플랫폼으로서의 차량 판매 확대 ·
플랫폼에 기반한 데이터 비즈니스 개시
(자동차 · 에너지 · 통신 · 서비스)를
공격적으로 반영하는 경우,
현재 컨센서스보다 더 높은 매출
증가를 전망하는 경우 존재

자료: Bloomberg, 메리츠증권 리서치센터

기초
자동차

Part II

The Tesla - 모빌리티 데이터 플랫폼의 선구자·설계자

Tesla의 상호 보완적 융복합 비즈니스 Map

- Tesla의 모빌리티 데이터 플랫폼, IT · 인공지능 · 항공우주 · 에너지 · 통신 · 인터넷 · 유틸리티 · 기계 · 시설 인프라 기술의 응용에 기반

모든 비즈니스의 근간 · 기술 고도화 원천

미세공정 고도화 통해 작은 에너지로 높은 연산 실현

고효율 배터리 공급과 VPP 확장

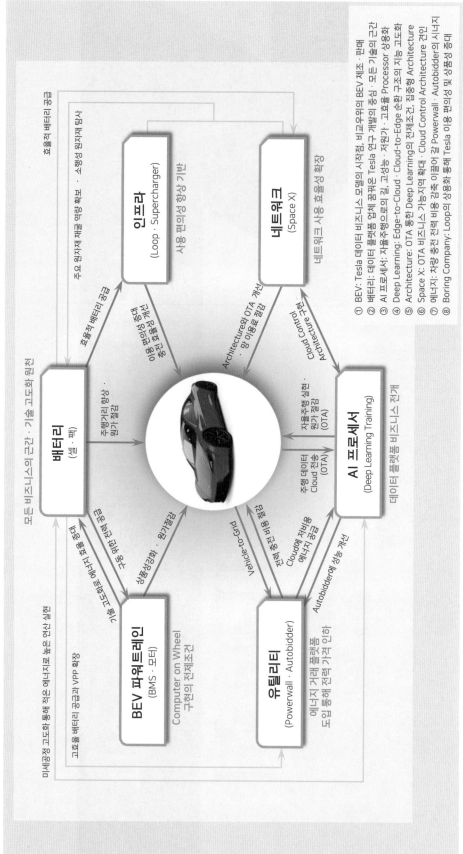

배터리
(셀 · 팩)

효율적 배터리 공급

주행거리 향상 ·
원가 절감

인프라
(Loop · Supercharger)

주요 원자재 제공 역량 확보 · 소형성 원자재 탐사

사용 편의성 향상 기반

이동 편의성 증대
충전 효율성 개선

BEV 파워트레인
(BMS · 모터)

Computer on Wheel

기술 고도화로 배터리 수명 증대

구동을 위한 전력 공급

상품성강화 · 원가절감

Architecture와 OTA 개선
양 이용료 절감

Cloud Control
Architecture 구현

네트워크
(Space X)

네트워크 사용 효율성 확장

AI 프로세서
(Deep Learning Training)

데이터 플랫폼 비즈니스 전개

자율주행 실현 ·
원가 절감
(OTA)

주행 데이터
Cloud 전송
(OTA)

Vehicle-to-Grid

전력 충전 비용 절감

Cloud에 저비용
에너지 공급

Autobidder에 성능 개선

유틸리티
(Powerwall · Autobidder)

에너지 거래 플랫폼
도입 통해 전력 가격 인하

자료: 메리츠증권 리서치센터

① 비교우위의 BEV, Tesla 데이터 비즈니스 모델의 시작점

모빌리티 데이터 플랫폼 구축을 위한 융복합 기술 전개
① BEV (전기자동차)

- "나는 앞으로 고성능 자동차와 BEV 파워트레인을 통한 최선의 선택을 한 후에, 이에 기반해 이후의 사업을 추진하려고 합니다 (2004년)" - Elon Musk (Tesla 최대 주주·CEO)

  "신념 있는 투자자가 필요했습니다. Elon에게 Tesla 투자는 단순한 재정거래가 아니었습니다. 그는 미국의 에너지 공식을 바꾸고자 했습니다 (2004년) - Marc Tarpenning (Tesla 창업자),

- Tesla는 2003년 창업 이후 효율적 BEV 대량 생산 시스템 구축에 매진. 이를 위해 소요된 15년은 2019년 닻을 올리기 시작한 데이터 기반 신규 사업 진출의 기반. BEV 제조·판매, 데이터 비즈니스의 초석

Tesla 전 모델 BEV. BEV 제조·판매, 데이터 비즈니스의 전개 방향을 이해하는 초석

자료 : Tesla, 메리츠증권 리서치센터

'전기' 자동차, Computer on Wheel 실현의 전제 조건

모빌리티 데이터 플랫폼 구축 위한 기술 전개
① BEV (전기자동차)

- "자율주행을 구현하기 위한 광범위한 데이터 이동을 위한 데이터 이동으로 네트워크 대여폭 수요 급증할 전망. 대규모 데이터 처리를 위해서는 시스템·프로세서에서 높은 소비전력이 요구. 앞으로 자율주행 차량에서 발생할 더 많은 전력 요구는 모터가 아닌 컴퓨터가 중심. 이를 해결하는 것은 오직 BEV에서만 가능"

  - 미시간 대학 지속가능 시스템 센터의 수장, Dr. Greg Keoleian

- 자율주행 차량은 Computer on Wheel. 주행을 위한 수 많은 센서·프로세서·네트워크 디바이스 그리고 차량 내 인포테인먼트 시스템까지 모든 주요 기능들이 대규모 소비 전력을 요구

- BEV는 데이터 플랫폼 설계 위한 전제 조건 (에너지 효율성: BEV 73%, 내연기관 13%)

높은 에너지 효율성을 요하는 자율주행, 답은 'BEV'

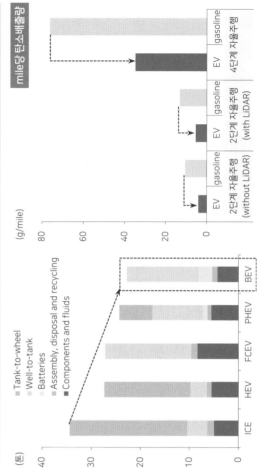

자료: Transport & Environment, 메리츠증권 리서치센터

에너지 효율성 향상은 '전환경'과 같은 의미

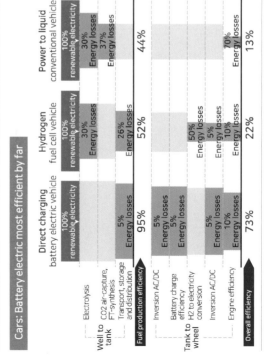

자료: IEA, University of Michigan, 메리츠증권 리서치센터

고효율 배터리 개발 (②) → 고성능 컴퓨터 구동 (③) → 자율주행 D/L 고도화 (④)

모빌리티 데이터 플랫폼
구축 위한 융복합 기술 전개

① BEV (전기자동차)

- 데이터에 기반한 모빌리티 서비스로의 발전 방향은 하기 과정을 전제
  BEV (전기 에너지 공급) → Connected Car (고성능 컴퓨터 연산) → Autonomous Driving (자율주행)

- 효율적인 BEV 설계, '제조'가 아닌 '서비스'로의 산업 구조 재편의 출발점

데이터 기반 모빌리티 서비스 비즈니스 전개 위한 기술적 전제 조건: BEV → Connected Car → Autonomous Driving

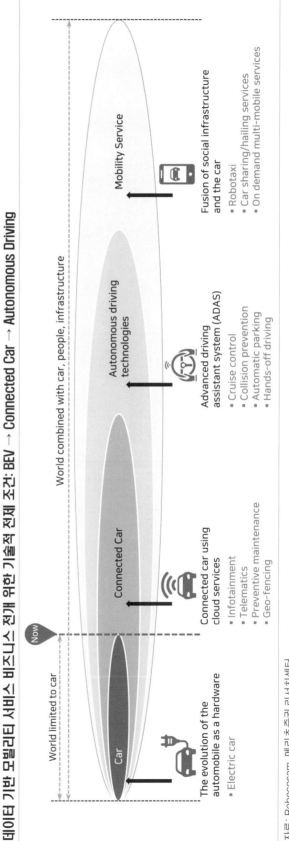

자료: Robecosam, 메리츠증권 리서치센터

② 배터리, Tesla 연구개발의 중심이자, 모든 기술의 근간

모빌리티 데이터 플랫폼 구축을 위한 융복합 기술 전개
② 배터리

- Tesla 연구개발은 배터리 역량 고도화에 집중. 보유 특허 617건 중 437건 배터리 관련

- BEV 성능 향상 뿐 아니라, 추진 중인 다양한 사업 (Solar City · Space X · Boring Company)의 개별 역량 강화 및 상호 간 시너지 발현을 위해 효율적인 배터리 확보가 중요하기 때문

- Tesla는 다종의 특허 출원과 더불어 다양한 배터리 관련 인수 합병 진행 16년 11월 배터리 팩 장비업체 Grohmann, 17년 11월 배터리 생산공정 자동화 장비업체 Perbix, 19년 5월 건식 코팅기술 업체 Maxwell, 19년 10월 고속 전해질 투입 장비업체 Hibar

- 향후 배터리 셀을 포함한 전체 가치 사슬에의 직접 개입 가능성 농후

Berlin · Texas 등 신규 생산 거점 내 배터리 직접 생산 기대감 확대

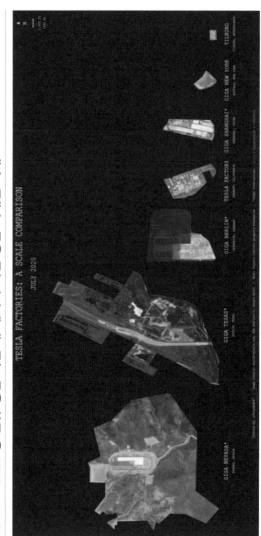

자료: Tesla

Tesla 전체 특허 중 70%가 배터리 관련

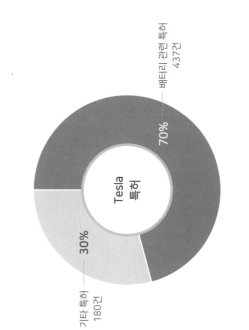

참고: 2019년 기말 기준
자료: Tesla, 메리츠증권 리서치센터

배터리 셀 가격 하락세, 현재 진행형

모빌리티 데이터 플랫폼 구축 위한 융복합 기술 전개

② 배터리

- 리튬이온 배터리 가격 지난 10년간 지속 하락. BNEF (Bloomberg New Energy Finance)는 향후 하락세 더욱 가팔라질 것으로 전망. BNEF 중장기 배터리 가격 전망 매년 하향 조정

- 특히 BNEF는 Tesla가 사용할 배터리 가격이 시장 평균보다 더 빠르게 낮아진다고 추정

- Tesla의 시장 지배력 강화와 잠재적인 배터리 기술 내재화 성과에 대한 반영

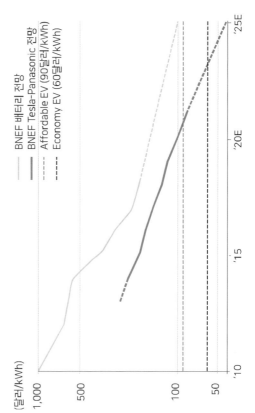

Tesla 배터리 셀 원가에 대해서는 더 큰 하락 예상

범례:
- BNEF 배터리 전망
- BNEF Tesla-Panasonic 전망
- Affordable EV (90달러/kWh)
- Economy EV (60달러/kWh)

자료: BNEF, 메리츠증권 리서치센터

BNEF, 배터리 가격 추가 하락 전망

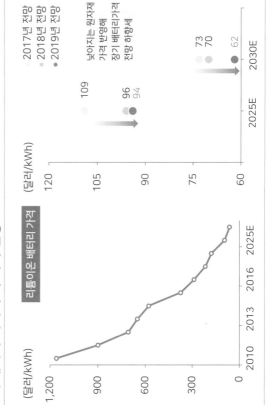

리튬이온 배터리 가격

- 2017년 전망
- 2018년 전망
- 2019년 전망

낮아지는 원자재 가격 반영해 장기 배터리가격 전망 하향세

109
96
94
73
70
62

자료: BNEF, 메리츠증권 리서치센터

가격 하락 및 에너지 밀도 개선, Tesla의 관건

모빌리티 데이터 플랫폼 구축을 위한 융복합 기술 전개

② 배터리

- 배터리에 대한 Tesla의 입장은 '더 많이 더 싸게'

- 현재 Panasonic · LG화학 · CATL로부터 배터리 셀 공급받아 모돌 · 패키징 진행

- 2019년 중국 공장 가동 전까지 독점적 공급 업체였던 Panasonic은 낮은 수익 구조 문제 삼으며, Tesla의 생산량 확대 및 상품성 개선, 생산 속도 증대 요구 과정에서 불협화음 발생

- 이에 Tesla는 독점 구조 깨고 LG화학 · CATL을 공급 업체로 추가. 이후 Panasonic은 에너지 밀도 개선 (20년 7월) · 생산량 증대 (20년 8월)를 발표하며, Tesla에 대한 공급 구조에서의 마찰 축소 노력

Tesla, 배터리 셀 공급업체 다변화 시작

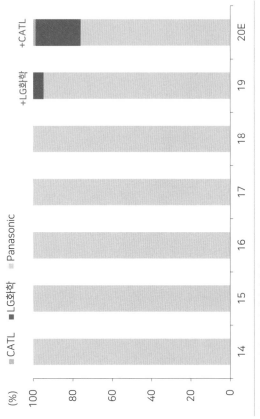

자료: Tesla, 메리츠증권 리서치센터

불협화음을 보여왔던 Panasonic의 태도 변화

Panasonic aims to boost energy density in Tesla batteries by 20% (Reuter - July 30, 2020)

TOKYO (Reuters) - Panasonic Corp (6752.T) plans to boost the energy density of "2170" battery cells it supplies to Tesla Inc (TSLA.O) by 20% in five years and commercialize a cobalt-free version "in two to three years", the head of its U.S. EV battery business said.

Panasonic to boost US battery output capacity 10% for Tesla EVs (Mainichi - Aug 21, 2020)

OSAKA (Kyodo) - Panasonic Corp. plans to boost battery production capacity by 10 percent at a U.S. plant to meet growing sales of Tesla Inc.'s electric vehicles, a senior executive said Thursday. The company, headquartered in Osaka Prefecture, will add a new production line at a factory in Nevada jointly operated with Tesla, expecting its full operation to start around June 2021, Executive Vice President Mototsugu Sato said. The plant currently has 13 lines.

자료: Reuter, Mainichi, 메리츠증권 리서치센터

Tesla는 배터리가 필요하다

모빌리티 데이터 플랫폼 구축 위한 융복합 기술 전개
② 배터리

- Tesla에게 배터리 조달 시장 내 리더십은 향후 비즈니스 모델 확대 전개 과정에서 매우 중요

- Tesla는 플랫폼 (BEV) 판매 뿐만 아니라, 이에 기반한 데이터 비즈니스 확대의 시너지를 이룰 다른 사업들 (Space X Starlink, Boring Company Loop & Hyper Loop, Solar City Powerwall & Megapack)에서도 막대한 양의 고효율 저원가 배터리 셀 필요

- 참고로 Tesla는 2019년 Space X로부터 연간 $1.0mn의 배터리 매출 창출. Space X는 재활용 로켓으로 유명한 Falcon 9과 저궤도 위성 Starlink에 Tesla가 제공하는 배터리 사용. 최근 Starlink 위성 발사 증가로 2020년 4월 누적 매출 작년 연간 규모 넘어선 $1.4mn 기록

Tesla의 데이터 플랫폼 구축 위해서는 다음 사업 간 시너지 발생 필요. 이들 모두 막대한 양의 고효율 저원가 배터리 셀 필요

발사 및 궤도진입 과정 중 통신·제어 위한 배터리 전력 사용

태양 에너지 저장·사용 위해 배터리 장착

에너지 거래 (Autobidder) 위한 가정용·기업용·산업 인프라용에너지 저장장치들

자료 : Tesla, 메리츠증권 리서치센터

단기적으로는 높은 협상력에 기반해 기존 공급업체들과의 협업을 확대해 갈 전망

모빌리티 데이터 플랫폼 구축을 위한 응복합 기술 전개

② 배터리

- 가파르게 늘어날 배터리 필요량 증가에 대응하기 위해, Tesla는 기존 공급업체들과의 협업 확대 (단기)와 더불어 자체적인 배터리 셀 생산 능력을 구축할 가능성 (중장기)이 높다고 판단

- 지난 2Q20 실적 컨퍼런스콜에서 Tesla는 1) 기존 공급업체 3사 및 '신규 배터리 셀 공급업체'와의 협업 강화, 2) 독일 생산거점의 배터리 셀 '현지 조달', 3) 소재 · 셀 · 팩 가격 연동 계약을 염두에 둔 '자체적인 원자재 공급 계약' 확대 필요성에 대해 연급

- 이는 높은 협상력에 기반한 기존 및 신규 공급업체들로부터의 적극적인 물량 확보 의지와 더불어 배터리 셀 전체 가치 사슬에 대한 직접 개입 의지를 표출한 것

2020 실적 컨퍼런스콜에서 Tesla는 1) 향후 기존 및 신규 배터리 셀 공급 업체들과의 협업 강화와 더불어 2) 배터리 셀 가치 사슬에 대한 직접 개입 의지를 표명

Tesla 2Q20 earnings call Transcript

Elon Musk (31:27)

Yeah, the real limitation on Tesla growth is cell production at affordable price, That's a real limit. So, that's where… We can talk a little more about this on Battery Day, because this is the fundamental scaling constraint. And any part of that supply chain or processing at the cell level will be the limiting factor. So, whatever it may be, anywhere from mining to refining. There's many steps, in refining, to cathode and anode formation, cell formation, whatever the trouble point is, that will set the growth rate.

Elon Musk (32:17)

And so, we expect to expand our business with Panasonic, with CATL, with LG, possibly with others. And there's a lot more to say on that front on Battery Day.

Elon Musk (36:30)

Well, I'd just like to re-emphasize, any mining companies out there, please mine more nickel. Okay? Wherever you are in the world, please mine more nickel, and don't wait

for nickel to go back to some high point that you experienced some five years ago, whatever. Go for efficient, as environmentally friendly nickel mining, at high volume. Tesla will give you a giant contract for a long period of time if you mine nickel efficiently and in an environmentally sensitive way. So, hopefully this message goes out to all mining companies. Please get nickel.

Questioner (57:26)

I was hoping you could clarify the scope of the Berlin plants we're building right now. Will there be the battery capacity consistence with the amount of assembly volume you expect to come out of Berlin? And if not, will you be able to source your battery requirements out of Europe? Or would you have to import batteries from outside of Europe to ensure production and building?

Elon Musk (32:17)

Okay, well, we can't say too much about this, except that there will be local cell production. And that will serve the needs of the Berlin factory. The same goes in all areas of cell.

자료: Tesla, 메리츠증권 리서치센터

이미 배터리 가치 사슬 대부분에 대한 자체 개발 역량 확보한 Tesla

2-4번 과정 비용절감: 19년 5월, Maxwell 인수

Dry Battery Electrode

- Solvent 대신 건식파우더를 사용하는 음극 Coating 기술로 Coating Thickness를 50 microns에서 1 millimeter까지 증대시키고 이를 통해에너지 밀도 향상되고 수명 또한 연장
- Solvent Drying Process 제거로 값비싼 장비 설치 비용과 설치 공간을 배제 가능. 무엇보다 건조 시간 단축에 생산 효율성 4~16배 향상해 비용 절감

11번 과정 비용절감: 19년 10월, Hibar 인수

- 높은 속도로 전해질을 Cell에 투입하는 장비 확보, 생산 효율성 증대
- Cell to Pack 기술 적용으로 회로기판이 Cell Ends 역할을 대체하게 되면, 더 빠른 Filling이 가능

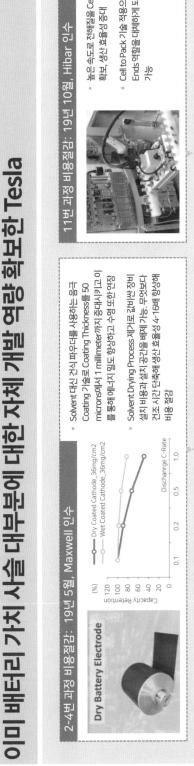

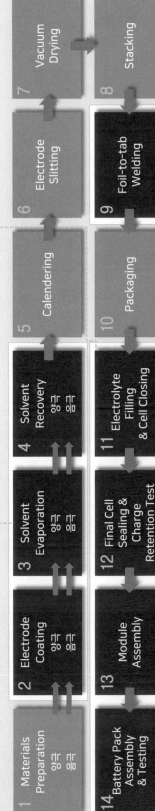

| 1 Materials Preparation 양극 음극 | 2 Electrode Coating 양극 음극 | 3 Solvent Evaporation 양극 음극 | 4 Solvent Recovery 양극 음극 | 5 Calendering | 6 Electrode Slitting | 7 Vacuum Drying |
| 14 Battery Pack Assembly & Testing | 13 Module Assembly | 12 Final Cell Sealing & Charge Retention Test | 11 Electrolyte Filling & Cell Closing | 10 Packaging | 9 Foil-to-tab Welding | 8 Stacking |

9번 과정 비용절감: 19년 11월, Tabless 전극 특허

- Welding 과정에서 Cell Tab 부착 공정을 제거 (원재료 및 공정 비용 절감하고, 그 과정에서 발생했던 불량 발생 관련 비용 또한 소멸)
- Tab 제거를 통해 양극과 음극 사이의 이동거리를 줄여 전기 저항 및 발열을 줄일 수 있으며, Foil 두께를 줄여 더 많은 용량의 배터리 탑재가 가능

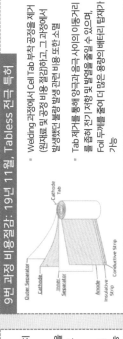

Outer Separator, Cathode Tab, Cathode, Inner Separator, Anode, Insulative Strip, Conductive Strip

11-14번 과정 비용절감: 19년 3월, Cell to Pack 설계 특허

- 개별 Cell 제조가 아니라 병렬식 Sub-module Cell group 제조. 다수 Cell들의 음극을 전선 장치 기능을 하는 회로기판에 연결
- Cell 과 Pack 설비를 통합해 Module 제조 비용을 간소화하고, Handling 과정에서의 손상 위험도 제거
- 또한 Cell 사이를 관통하는 Cooling 시스템 도입으로 Cell을 빠르게 식히고, 빠른 Charging이 가능

자료: Tesla, 메리츠증권 리서치센터

기술 고도화 및 직접 생산 통해 현재 대비 +20% 이상 원가 절감 가능 추정

- 공급업체들과의 협업이 유지되는 가운데, Tesla는 1) 빠르게 증가할 BEV 수요 대응·기타 사업 (Space X Starlink·Solarcity ESS)에서의 수요 증가 + 2) 에너지 밀도 개선·원가 절감 + 3) 공급시장 내 협상력 강화 위해 자체 배터리 셀 양산 또한 준비할 전망

- 현재까지 준비된 기술을 바탕으로 배터리를 양산한다면, 미국 에너지부 연구기관 Argonne의 배터리 제조 원가분석에 근거한 원가절감 폭은 기존 대비 +20% 이상. 이는 설비 효율성 (성능 개선·공간 축소), 노동 효율성 (가동률), 고정비 축소와 외부 마진 축소에 근거

	Direct Labor		Capital Equipment		Plant Area	
	(시간/년)	Factor (%)	백만 달러	Factor (%)	Area (m²)	Factor (%)
Receiving (two-shift operation)	14,400	2.3	3.6	2.8	900	5.8
Material preparation						
Positive electrode	14,400	2.3	2.0	1.6	600	3.9
Negative electrode	14,400	2.3	2.0	1.6	600	3.9
Electrode coating						
Positive electrode	28,800	**4.6**	8.0	**6.3**	750	**4.9**
Negative electrode	28,800	**4.6**	8.0	**6.3**	750	**4.9**
Solvent Recovery	14,400	**2.3**	3.0	**2.4**	225	**1.5**
Calendering						
Positive electrode	14,400	2.3	1.0	0.8	225	1.5
Negative electrode	7,200	1.1	1.0	0.8	225	1.5
Materials handling	28,800	4.6	1.5	1.2	900	5.8
Electrode sitting	28,800	4.6	2.0	1.6	300	1.9
Vaccum drying	14,400	2.3	1.6	1.3	300	1.9
Control laboratory	28,800	4.6	1.5	1.2	300	1.9
Cell Assembly in Dry Room						
Cell stacking	36,000	5.7	4.0	3.1	600	3.9
Current collector welding	36,000	**5.7**	4.0	3.1	600	**3.9**
Enclosing cell in container	21,600	3.4	3.0	2.4	600	3.9
Electrolyte filling, and cell sealing	36,000	**5.7**	5.0	3.9	900	5.8
Dry room control and air locks	14,400	2.3	20.0	15.7	100	0.6
Formation cycling	57,600	**9.2**	30.0	23.5	2,200	**14.3**
Final cell sealing	14,400	2.3	2.0	1.6	450	2.9
Charge retention testing	21,600	**3.4**	4.8	3.7	900	**5.8**
Module assembly	43,200	**6.9**	6.0	4.7	600	3.9
Battery pack assembly and testing	43,200	**6.9**	6.0	4.7	900	5.8
Rejected cell and scrap recycle	36,000	5.7	2.5	2.0	600	3.9
Shiping(two-shift operation)	28,800	4.6	5.0	3.9	900	5.8
절감		**49.4**		**14.9**		**35.2**
Total	626,400	100.0	127.5	100.0	15,425	100.0

자료 : InsideEV, 메리츠증권 리서치센터

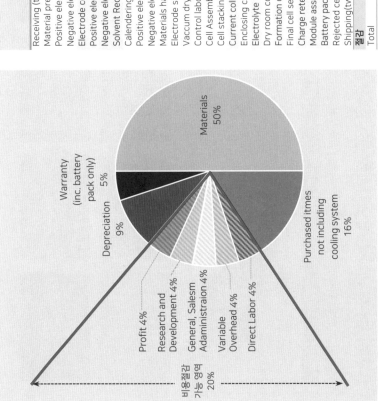

자료 : InsideEV, 메리츠증권 리서치센터

배터리 셀 '시험 생산' 라인 건립에 이어, 이제 '대량 생산' 의지를 공개

■ 실제로 Tesla는 자체 개발된 생산 장비로 구성된 배터리 셀 '시험 (Pilot)' 제조라인 셀 '시험 (Pilot)'에 대한 인가를 Fremont 시에 신청했으며, 지난 7월에는 대량 생산 (Mass Production)을 직무 역할로 기재한 Engineer 채용 공고를 공개

Fremont시의 Tesla 배터리 셀 시험 제조 라인 환경 승인 문서 [20년 3월]

Project Information

1. Project Titles: Tesla 47700 Kato Road Improvement Project (PLN2020-00157)
2. Lead Agency Name: City of Fremont Community Development Department

Proposed Improvements

To accommodate new battery manufacturing equipment and R&D space (known as ROADRUNNER), the Project proposes to construct an additional floor area of approximately 21,485 square feet at the second floor and to add an additional, smaller approximately 8,260 square-foot third floor above. (.....) The Project will also add a number of rooftop mechanical equipment that support the new battery manufacturing operations. Once this internal floor space is constructed, Tesla will move in the new equipment that supports its expanded battery manufacturing and R&D operations.

Consumption of Electrical Energy

The increased electrical consumption is attributable to the electrical energy demands of the new technology battery manufacturing equipment (Roadrunner). This equipment is assumed to operate 24 hours per day, for 365 days per week.

Chemical/Materials list for the Project

Nickel Cobalt Sulfate Solution
Aluminum Cobalt Lithium Nickel Oxide
Titanium Butoxid
Lithium Nickel Manganese Cobalt Oxide
Cobalt Sulfate

Lithium Hydroxide Monohydrate
Manganese Sulfate
Nickel Sulfate
Precursor (NCA-Oxide or NCM-Oxide)

자료 : Tesla, City of Fremont, 메리츠증권 리서치센터

Tesla 채용 공고, Fremont/Berlin 배터리 셀 대량생산 확인 [20년 7월]

Manager, Controls Engineering – Pilot Line Cell Manufacturing

The Role:

Tesla is seeking a highly motivated Controls Engineering Manager, responsible for building assembly lines for our advanced cell manufacturing equipment. This is an exciting opportunity to build a world class manufacturing facility right here in Bay Area.

Responsibilities:

- You will be leading the hiring and selection process of Controls and automation engineers to support ramp of pilot process to a mass production.

Process Engineer, Cells – Gigafactory Berlin - Brandenburg

The Role:

Tesla's cell manufacturing engineering group is looking for a highly-motivated process development engineer to accelerate our next generation battery cell manufacturing program. This role will be involved in the design, development and ramping of advanced electrode manufacturing processes.

Responsibilities:

- Lead the process scaling development to produce advanced high energy density electrodes.
- Work with manufacturing team to bring up mass production plant.

자료 : Tesla, 메리츠증권 리서치센터

대량 생산 위한 장기 포석으로 주요 광물 (Nickel) 직접 채굴에 대한 계획도 구체화

- Tesla의 배터리 사용처 증가, 연구개발 방향 (Tesla 배터리 연구개발 수장 Jeff Dahn, Cobalt-free 배터리 개발 의지 지속 표현), 전세계 BEV 시장 확대를 감안했을 때, Nickel 요구 수요량은 향후 폭발적으로 늘어날 전망. 이에 Tesla는 자회사 Boring Company를 통한 채굴 역량 확보

- 흥미로운 점은 지난 3월 Space X가 NASA와의 협업을 통한 Psyche 소행성 광물 채굴 계획을 공개했으며, 22년 7월 Falcon Heavy가 채굴 장비를 싣고 출발할 계획. 이들 소행성은 주로 Nickel로 구성되어 있으며, 배터리 셀 외부 공급 및 자체 조달을 위한 중장기 포석이라 판단

향후 가파르게 증가할 Nickel 수요

	2016	2018	2020
Nickel	33.3%	60.0%	80.0%
Mangan	33.3%	20%	10%
Cobalt	33.3%	20%	10%

EV Penetration: 1% / 6% / 10% / 100%

Nikel demand: 7만톤 / 16.7만톤 / 40만톤 / 220만톤

자료 : North American Nickel 내부 자료, 메리츠증권 리서치센터

자회사 Boring Company 통해 직접 채굴 가능

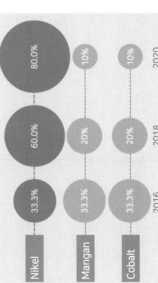

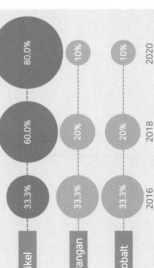

자료 : Boring Company

Space X, NASA와 소행성 광물 채굴 계약 체결

SPACE.com

NASA picks SpaceX Falcon Heavy to launch Psyche mission to metal asteroid in 2022

By Samantha Mathewson March 02, 2020

- Psyche 16 is about 150 miles across and believed to be made of nickel and iron
- Scientists believe it is the remnants of the rocky core of a long dead planet
- The mission will launch on top of the SpaceX Falcon Heavy rocket in July 2022

자료 : Space.com

높은 성능 개선이 예고된 신차 라인업 중, 자체 양산 배터리 셀 첫 탑재 가능성 존재

- 20년 연말부터 Tesla는 신규 모델과 기존 모델의 업그레이드 버전을 출시할 계획. 이들 모델들은 대규모 성능 개선이 이루어질 예정
- 모델 S·X Plaid 버전은 기존 모델 대비 주행거리·출력·가속성능 (0-100km)이 크게 개선될 전망이며, 또 다른 승용 차량인 Roadster와 Cybertruck은 각각 출격 1,000km·800km의 주행거리와 500kW 이상의 출력, 3.0초 이하의 가속성능을 구현
- 이들 신 모델들에 탑재될 배터리 용량이 기존 대비 크게 늘어나기는 하나, 이 같은 성능 개선을 위해서는 단순한 용량 확대 뿐만 아니라 추가적인 에너지 밀도 고도화가 필요. 이에 따라 이들 모델들에 대해 고성능 자체 배터리의 적용이 이루어질 것이라는 전망이 유력

Tesla의 데이터 플랫폼 구축을 위해서는 다종 사업 간 시너지 발생 필요요하며, 이들 사업은 모두 막대한 양의 고효율 자원가 배터리 셀 필요

모델	기존 Model S	기존 Model X	Model S Plaid	Roadster	Cybertruck	Semi
트림	Long Range Plus	Long Range Plus				
모터	듀얼모터 AWD	듀얼모터 AWD	트라이모터 AWD	트라이모터 AWD	트라이모터 AWD	쿼드모터 RWD
가격 (달러)	74,990	79,990	n.a	200,000	69,900	180,000
주행거리 (km)	646	564	644	1,000 이상	805 이상	800
최고출력 (kW)	311	350	735	n.a	597	n.a
0→60mph (초)	3.7	4.4	2.0 이하	2.9 이하	3	5
최고속도 (km/h)	250	250	n.a	400	400 이상	n.a
배터리 (kWh)	100	100	120	200	200	650-1,000
미국출시	20.2	20.2	20년 말	21년 말	21년 말	21년 말

자료 : Tesla, 메리츠증권 리서치센터

더 높은 전기 에너지 효율 실현 위한 파워트레인 핵심 기술 BMS는 이미 검증

모빌리티 데이터 플랫폼 구축 위한 융복합 기술 전개
② 배터리

- Tesla는 배터리 에너지 효율성 증대를 위한 차별화된 BMS 기술 또한 이미 확보

- 널리 알려진 바와 같이 파우치형 배터리 셀을 사용하는 대부분의 OEM들과 달리 Tesla는 원통형 배터리 셀 사용. 원통형 셀이 단점인 에너지 밀도 저하 문제를 BMS 냉각 제어 기술로 극복하고 배터리 수명을 연장시켰으며, 셀 밸런싱 기술을 통한 수천 개의 셀들을 효과적으로 제어 가능

- 기술 고도화를 통해 가격이 저렴하고 대량공급이 수월한 원통형 배터리 셀을 사용함으로써, Tesla는 높은 에너지 효율을 달성하고 동시에 동일 배터리 용량에서 월등히 월등한 높은 주행 성능을 구현

같은 배터리 · 다른 성능을 좌우하는 BMS

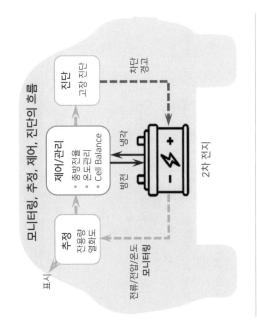

모니터링, 추정, 제어, 진단의 흐름

자료 : 메리츠증권 리서치센터

차별화된 기술 적용을 통해 가장 높은 배터리 에너지 효율성 보이고 있는 Tesla

(kWh/Range/Weight)

Core Efficiency Rating

배터리 무게(Weight) 당
연비(kWh/Range)가
좋은 Tesla

EV 제조 경험이 적은 럭셔리 브랜드 및
신생 스타트업, 낮은 효율의 EV 양산 중

Tesla Model S	5.8
Tesla Model X	5.9
Tesla Model 3	5.9
Hyundai Kona	6.7
Kia Niro EV	7.0
Volvo Polestar 2	7.0
Chevy Bolt	7.1
Honda Clarity BEV	7.2
Renault Zoe	7.3
Nissan LEAF S Plus	7.3
Kia Soul EV	7.5
Hyundai Ioniq	7.6
Fiat 500e	7.8
Nio ES8	7.8
Rivian R1T	8.2
Porsche Taycan	8.2
Jaguar I-Pace	8.3
Audi e-Tron	8.7
Xpeng G3	8.9
VW e-Golf	9.2
BMW i3	12.7
Smart EQ fortwo	

자료 : InsideEV, 메리츠증권 리서치센터

동일 전력으로 더 높은 출력(에너지 효율)을 시현할 수 있는 모터 기술 모한 검증

모빌리티 데이터 플랫폼 구축 위한 용복합 기술 전개
② 배터리

- Tesla는 BMS와 더불어 모터 분야에서도 에너지 효율성을 개선시킬 수 있는 기술 고도화 실현

- 일반적으로 사용되는 BEV 모터는 회전 수 조절이 용이해 섬세한 제어가 가능한 영구자석 동기모터. 그러나 이는 강한 자기력 확보를 위한 희토류 사용으로 가격이 비싸며, 영구자석이 회전자로 자리잡고 있기에 냉각장치를 모터 내부에 설치하기 어려워 출력 강화 (영구자석, 고온 상실)에 한계가 있음

- Tesla는 OEM 중 유일하게 유도모터를 사용하며, 저렴한 가격 (히토류 X)·고출력 실현 (영구자석 X + 회전자 직접 냉각) 장점 확보. 더불어 유도모터의 단점인 슬립현상 (자기장·회전자의 시차 발생)을 ECU 제어기술 (느려지는 슬립 양 미리 계산해 정확한 회전 수 조절)로 극복했으며, 자체 개발 냉각시스템을 통해 모터 출력을 설계 역량의 4배까지 실현 (냉각시스템 특허 27건 보유)

동기모터와 유도모터의 일반적 관점에서의 기술적 차이

	동기모터 (PMSM)	유도모터 (IM)
구조		
원리	자석에 의해 토크가 발생하여 회전자는 회전자계와 동일 속도로 회전	회전자에 유도전류가 흘러 회전자계 속도에 의해 미끄러지는 양만큼 늦게 회전
효율	◎	◎
고속작동	○	◎
토크성분	영구자석	유도전류
장점	**제어 용이**: 교류 주파수를 바꿔주면 시간 차 없이 모터 회전 수 제어가능 **높은 에너지 효율(저·중속)**: 회전자에 의한 에너지 손실 없음	**저렴한 가격** (영구자석 사용X) **고출력** (회전자 내부 직접 냉각 가능, 모터 내부를 식혀줄 수 있어 고출력 가능)
단점	**높은 가격**: 영구자석에 히토류 필요 **고온에서 출력 저하**: 영구자석이 고온 (310도에서)에서 자력을 상실. 모터 내부 직접 냉각 어려움, 영구자석이므로, 구자석이므로 내부 직접 냉각 불가능	**제어 어려움**: 교류 주파수를 바꿔도 모터 회전자에 바로 적용되지 않고 시간 차 발생 **낮은 에너지 효율(저·중속)**: 회전자에 흐르는 전류로 인해 에너지 손실 발생

자료: 한국에너지정보센터, 메리츠증권 리서치센터

동기모터를 사용하는 기존 OEM들과 큰 격차를 보이는 Tesla의 출력

주요 모델	모터	HP	Torque (N · m)
Tesla Model S Performance 100kWh	영구자석 동기모터(FW) 유도모터(RW)	762	967
Porsche Taycan Turbo S 93kWh	영구자석 동기모터(FW, RW)	616	1,050
Porsche Taycan 4S 79kWh	영구자석 동기모터(FW, RW)	429	640
Mercedes EQC 85kWh	영구자석 동기모터(FW, RW)	402	763
Audi e-tron 95kWh	영구자석 동기모터(FW, RW)	402	666
Jaguar I-Pace 90kWh	영구자석 동기모터(FW, RW)	394	698
VW e- Golf SE 36kWh	영구자석 동기모터(FW)	134	290
Hyundai Kona 64kWh	영구자석 동기모터(FW)	201	395
Kia NIRO 64kWh	영구자석 동기모터(FW)	201	395
Nissan LEAF 40kWh	영구자석 동기모터(FW)	148	321
GM Bolt 66kWh	영구자석 동기모터(FW)	201	360

자료: InsideEVs, 메리츠증권 리서치센터

BMS 기술 고도화를 아우르는 BEV 파워트레인 전반의 기술 내재화 이룬 업체 단 세 개

- 주요 제조업체 중 BMS 포함 파워트레인 전반의 내재화 이룬 브랜드는, 글로벌 OEM 중 Tesla · BYD · 현대차그룹이 유일.
  BMS 고도화는 파워트레인 내에서도 기술적 진입장벽이 가장 높으며, 에너지 효율 및 주행 성능, 에너지 절대적 영향을 미치고 있음

	Battery cell	Battery pack	Battery Management system	Power electronics	Motor	Transmission
Kona EV (2018)	LG					현대트랜시스
BYD E6 (2015)						Not available
Tesla S 60 (2013)	Panasonic					Borg-Warner
BMW i3 (2014)	Samsung		Preh			
VW e-Golf (2015)	Panasonic		Panasonic	Bosch		
Chevrolet Spark (2014)	A123		A123			
VW e-up! (2013)	Panasonic		Panasonic	Bosch		Not available
Nissan LEAF (2011)	AESC	AESC	Calsonic Kansei	Calsonic Kansei /Denso		Aichi
Nissan LEAF (2017)	AESC	AESC	Calsonic Kansei	Calsonic Kansei /Denso		Aichi
Chevrolet Bolt /Opel Ampera-e (2017)	LG	LG	LG	LG	LG	LG

Make ▮   Buy ▯

자료: McKinsey, 메리츠종권 리서치센터

현존하는 가장 비싼 BEV Porsche Taycan과의 비교, 모든 지표에서 상품성 우위

■ 저원가 · 고효율 배터리 셀 조달 · 비교우위의 BMS · 고출력 모터 기반으로 만들어진 Tesla는 가장 고가의 BEV Taycan과 비교해 압도적 성능 격차를 보이고 있음. Porsche의 CEO Oliver Blume는 Taycan의 BEP 도달 시점을 2025년으로 명시. 판가 만큼이나 원가가 높았음을 의미. Tesla의 기술력과 가격 경쟁력을 반증

Tesla, 차별화된 기술 기반으로 비교우위의 상품성 실현

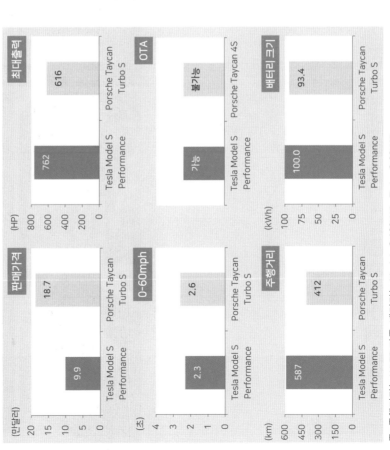

자료: Porsche, Tesla

Tesla Model S vs. Porsche Taycan 가장 높은 trim인 Turbo S

판매가격 (만달러)
- Tesla Model S Performance: 9.9
- Porsche Taycan Turbo S: 18.7

최대출력 (HP)
- Tesla Model S Performance: 762
- Porsche Taycan Turbo S: 616

0-60mph (초)
- Tesla Model S Performance: 2.3
- Porsche Taycan Turbo S: 2.6

OTA
- Tesla Model S Performance: 가능
- Porsche Taycan 4S: 불가능

주행거리 (km)
- Tesla Model S Performance: 587
- Porsche Taycan Turbo S: 412

배터리 크기 (kWh)
- Tesla Model S Performance: 100.0
- Porsche Taycan Turbo S: 93.4

주: 주행거리는 WLTP 기준, 배터리는 Models S 100kWh, Turbo S 93kWh
자료: Porsche, Tesla, 메리츠증권 리서치센터

③ 자율주행으로의 길, 고성능 프로세서 개발 및 적용

모빌리티 데이터 플랫폼 구축 위한 융복합 기술 전개

③ AI 프로세서

- 에너지 효율성 증대는 자율주행 구현 위한 필수 조건. 모든 자율주행 시스템 개발 업체들은 배터리 기술 고도화와 더불어 높은 에너지 효율성의 저비용 고성능 프로세서 개발에 매진

- GM 자율주행 기술개발 책임자인 Andrew Farah는 자사 자율주행 시스템 Cruise가 3-4kWh의 전력을 소비한다고 밝힌 바 있음. 자율주행의 궁극적 종착지인 Robo-taxi는 장시간 운행을 목적. Cruise 시험 차량 BEV Bolt의 배터리 용량 66kWh을 고려하면, 이는 과도한 전력 소비. 10시간의 자율주행 시, 실질 주행 가능 거리는 절반으로 줄어들 수 밖에 없음

GM Cruise, 20시간 주행 시 전체 배터리 용량 소비

GM Cruise의 자율주행 구현을 위한 프로세서의 에너지 사용량은 3-4kWh

자료: GM, 메리츠증권 리서치센터

주요 OEM 4단계 이상 자율주행 시험 차량에 장착된 AI Computer, 대규모 전력 소비 불가피

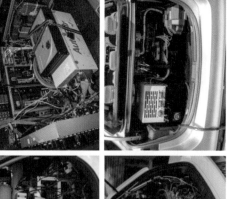

참고: 좌측 상단부터 시계 방향으로 Waymo, Nissan, Audi, Ford, VW, BMW의 자율주행 시험 차량 내 Computing Platform
자료: 각사, 메리츠증권 리서치센터

Tesla, 자체 개발 Chip 'FSD' 상용화

■ Tesla는 2019년 4월 기술공개 컨퍼런스 Autonomy Day 진행. 기존 대비 더 싸고 더 높은 성능 (FPS · TOPS)의 FSD Chip과 두 개의 FSD Chip으로 구성된 FSD Computer 공개. 이후 자사 모델들에 장착 시작

Tesla 자율주행 시스템 진화 지속, 2019년 4월 자체 설계한 FSD Chip과 FSD Computer 공개하고 자사 모델들에 장착 시작

	HW0.0	HW1.0	HW2.0	HW2.5	HW3.0
작용시점	2012년 6월	2014년 9월	2016년 10월	2017년 8월	2019년 4월
프로세서	X	Mobileye EyeQ3	Nvidia Drive PX2	Nvidia Drive PX2	Tesla FSD
FPS (초당 프레임 처리, 회)	X	36	110	110	2,300
TOPS (초당 연산 처리, 조번)	X	0.25	21	21	144
전면 레이더	X	O (160m)	O (170m)	O (170m)	O (170m)
전면/측면 카메라 필터	X	RCCC (흑백/적색 인식)	RCCC (흑백/적색 인식)	RCCB (모든 색 인식)	RCCB (모든 색 인식)
전면 카메라	X	1개	3개 (120도 60m 망원/ 50도 150m 메인/ 35도 250m 광각)		
후면 카메라	X	1개 (후진 주행 목적)	1개 (50m Autopilot 목적)		
측면 전방 카메라	X	X	좌/우 2개 (90도 80m)		
측면 후방 카메라	X	X	좌/우 2개 (90도 100m)		
초음파	X	12개 (5m)	12개 (8m)		
기능	X	Autopilot	Enhanced Autopilot	Standard Autopilot	Full Self-Driving
최대속도	X		시속 140km		
교통 상황 인식 (속도조절) 크루즈컨트롤	X	O	O	O	O
오토 스티어 (차선 유지)	X	O	O	O	O
차선 이탈 방지	X	O	O	O	O
자동 차선 변경	X	X	O	O	O
오토파일럿 네비게이션	X	X	O	O	O
기본 호출	X	O	O	O	O
스마트 호출	X	X	X	O	O
스마트 자동주차	X	X	X	O	O
신호등 (정지신호) 인식 및 대응	X	X	X	X	O (OTA)
도로 환경 시각화	X	X	X	X	O (OTA)
주변 차량 및 장애물 시각화	X	X	X	X	O (OTA)
시내 자율주행	X	X	X	X	O (OTA)
완전 자율주행	X	X	X	X	X

자료: Tesla, 메리츠증권 리서치센터

FSD, 현재 상용화된 AI 프로세서 중 가장 높은 TOPS/W (연산 에너지 효율) 구현

모빌리티 데이터 플랫폼
구축 위한 융복합 기술 전개

③ AI 프로세서

■ 기존 사용 프로세서는 당시 전세계에서 가장 뛰어난 역량을 지녔다고 평가 받던 Nvidia Drive PX2

■ Tesla의 FSD Computer (개당 $635, 개당 SoC 가격 $190)는 Nvidia Drive PX2 (개당 SoC 가격 $795, 개당 SoC 가격 $280) 대비 20.1% 저렴 (큰 폭의 원가 절감 실현). 성능 (연산 처리 능력) 면에서 FPS · TOPS가 각각 21배, 7배 뛰어난 반면, 전력 소비 증가는 25%에 불과. Nvidia의 신형 AI 프로세서 Drive Pegasus로 동일 성능 구현 가능하나, 전력 소비는 400% 이상 증가

■ Tesla FSD의 TOPS/W (동일 소비전력 대비 연산 능력)는 현재 상용화된 프로세서 중 가장 높은 수준

■ 현재 Nvidia는 2022년 양산 목표로 기존 Drive 대비 더 높은 성능의 Drive Orin 공개. Tesla 또한 현재의 FSD 대비 세 배 이상 높은 성능을 구현할 FSD2를 4Q21부터 양산 · 적용할 예정

저전력 고성능 지표 TOPS/W, 현재 상용화된 프로세서 중 가장 뛰어난 성과 보이고 있는 FSD

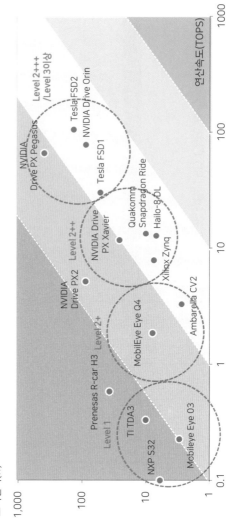

자료: 각 사, 메리츠증권 리서치센터

직접 설계한 SoC를 통해 FSD Computer 구현

FSD SHIP		
IC design	Chip manufacturing	
Software		
■ In-house IC design ■ In-house AI software development (e.g. ARM) ■ IP licensing (e.g. ARM)	■ Outsourced ■ Samsung Austin ■ 14nm node	

FSD COMPUTER		
System design	System manufacturing	
Software		
■ In-house design moving to 2x Tesla FSD (Gen 3)[2]	■ Outsourced ■ Quanta Computer, Shanghai, China	

──── In-house ──── Outsourced

주1: To quote Elon Musk
주2: Previously Nvidia Drive in Gen 2 and Mobileye Eye Q3 in Gen
자료: Tesla, 메리츠증권 리서치센터

4Q21, HW4.0 전개할 FSD2 (7nm, FSD1 대비 3배 개선) 양산 및 적용 예정

모빌리티 데이터 플랫폼 구축 위한 융복합 기술 전개

③ AI 프로세서

■ 4Q21부터 새롭게 적용될 FSD2 Computer는 7nm 제조 공정 (TSMC 파운드리)으로 설계되어 14nm 제조 공정 (삼성전자 파운드리)으로 만들어진 FSD1 대비 세 배 이상의 성능 구현할 전망

■ 미세 공정 고도화를 통한 연산 처리 능력 상승·전력 소모 감축을 이끌어낼 새로운 프로세서로 HW4.0 시대 개화 예상. HW1.0부터 HW3.0까지의 과정이 그려왔듯, HW4.0은 Tesla 차량의 자율주행 기능을 고도화시킬 전망

14nm 제조 공정의 FSD1 Computer, 4Q21부터 7nm 제조 공정의 FSD2로 전환

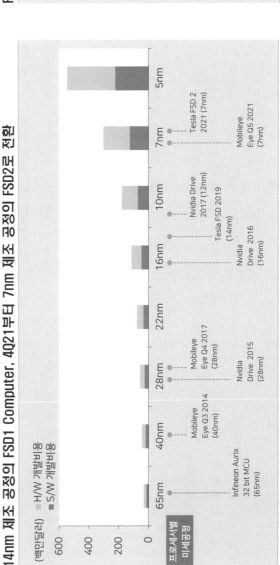

자료: Roland Berger, 메리츠증권 리서치센터

FSD2, 개선된 성능으로 더 많은 자율주행 실현 전망

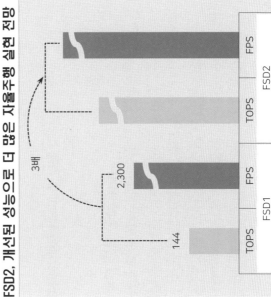

자료: Tesla, 메리츠증권 리서치센터

④ '데이터 확보', 기하급수적 증가세

모빌리티 데이터 플랫폼 구축 위한 융복합 기술 전개
④ Deep Learning

- Tesla의 차량들은 수집된 센서 정보 (Labeling 목적)와 주행 정보 (Shadow Mode 데이터 (운전자의 직접 주행과 Autopilot 주행 비교), Imitation Learning 데이터 (Autopilot 기술로 구현하기 어려운 주행에 대한 운전자 직접 주행 모방 학습), Edge Case 데이터 (특이 주행 환경 정보)를 수집해 서버로 전송

- Tesla는 소비자들의 차량 구매 단계에서 이 같은 데이터 수집 및 전송에 대한 항의를 계약서에 명시. 차량에 데이터를 누적 수집 해두었다가, Wifi 가능 환경에 들어서면 Cloud로 자동 전송

- 더 많은 차량이 팔릴수록, 더 빠른 속도로 대량의 데이터가 축적되고, Neural Network (Cloud에서 인공지능 학습을 수행하는 GPU Cluster)의 Training Dataset 모한 동행 성장

더 많은 데이터가 축적될수록 더 고도화된 Deep Learning Training 가능

데이터 확보에 기반한 Deep Learning 고도화 구조

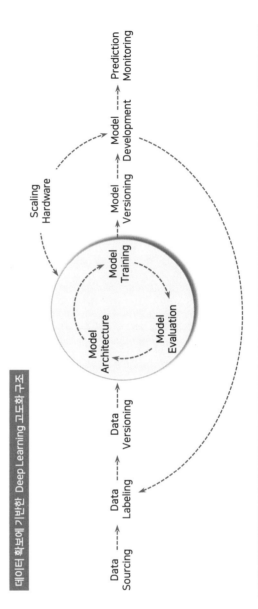

Data ----> Data ----> Data ----> Model Training ----> Model ----> Model ----> Prediction
Sourcing   Labeling   Versioning   Versioning   Development   Monitoring

Model Architecture / Model Training / Model Evaluation

Scaling Hardware

자료: 메리츠증권 리서치센터

모든 주행 정보의 전송이 Tesla 구매 계약 조건

Information We May Collect

We collect three main types of information related to you or your use of our products and services:

(1) Information from or about you or your devices
(2) Information from or about your Tesla vehicle
(3) Information from or about your Tesla energy products

Depending on the Tesla products and services you request, own, or use, not all of these types of information may be applicable. Learn more.

How We May Use Your Information

We may use information we collect to:

(1) Communicate with you
(2) Fulfill our products and services
(3) Improve and enhance development of our products and services

This includes contacting you (or other necessary parties) to advise you of important safety-related information, to notify first responders in the event of an accident involving your vehicle, present products and offers tailored to you, or to respond to your inquiries and fulfill your requests for product information, newsletters, or other events. Learn more.

자료: Tesla, 메리츠증권 리서치센터

주행 데이터의 근간 센서 정보, 최적 가격 · 에너지 효율의 카메라 · Radar 통해 확보

모빌리티 데이터 플랫폼
구축 위한 융복합 기술 전개

④ Deep Learning

- Neural Network (Deep Learning)이 근간이 되는 센서 정보는 다른 기술들과 마찬가지로 에너지 효율성이 높고 가격 경쟁력이 우수한 카메라 · Radar의 퓨전 데이터 활용

- 대부분의 자율주행 시스템 개발 업체들이 LiDAR 기반 센서 정보 취합에 집중하는 반면, Tesla는 카메라를 통해 대부분의 데이터 수집 기능을 구현하고 Radar로 보완하는 구조. 무겁고 전력 소비가 큰 LiDAR를 배제하고 데이터 기반 지능 고도화에 집중하려는 의도

- 카메라 + Radar 조합으로 수집한 데이터 수집이 충분히 이루어지지 못한 환경에서는 LiDAR + HD Map 방식과 비교해 정확도 떨어지나, 데이터가 축적되고 Deep Learning이 고도화된 이후에는 지도 정보가 부재한 주행 환경에서도 자율주행 가능하도록 정확도가 지속 개선되는 구조

비전 중심 센서 퓨전과 Deep Learning으로 무게 · 전력 소비 단점의 LiDAR 불필요

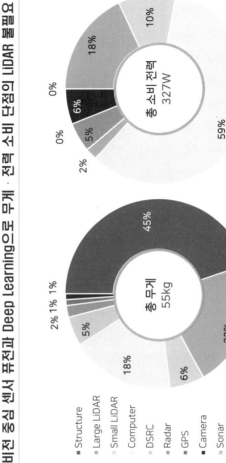

총 무게
55kg

총 소비 전력
327W

- Structure
- Large LiDAR
- Small LiDAR
- Computer
- DSRC
- Radar
- GPS
- Camera
- Sonar
- Harness

자료: ACS 논문 – Life Cycle Assessment of CAVs, 메리츠증권 리서치센터

최적 가격 · 높은 에너지 효율 실현 가능한 카메라 · Radar 조합

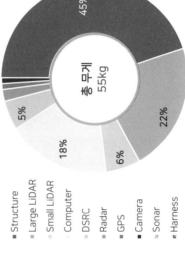

| Good | Fair | Poor |

Sensor function ratings	Camera	Radar	Lidar	Ultra-sonic	Radar+lidar	Lidar+Camera	Radar+Camera
Object detection							
Object Classification							
Distance Estimation							
Object-edge precision							
Lane tracking							
Range of visibility							
Functionality in bad weather							
Functionality in poor lighting							
Cost							
Production readiness							

자료: Mckinsey, 메리츠증권 리서치센터

Deep Learning의 기본 '데이터 확보'에서 이미 경쟁업체와 극단적 격차 구축

모빌리티 데이터 플랫폼 구축 위한 응복합 기술 전개

④ Deep Learning

- 인간의 뇌 활동과 유사한 방식으로 차량을 제어할 수 있는 알고리즘을 풀어내는 Deep Learning. 정교한 주행 구현을 위해 지능 고도화 필요하며, 이를 위한 재원이 바로 데이터

- 자율주행을 개발하는 모든 주요 업체들과 Tesla의 가장 큰 차이는 1) 데이터 확보을 위한 디바이스 확보 여부 (Tesla vs. Waymo)와 2) 소비자 (=사용자)를 활용한 디바이스의 적극적 활용을 통해 Deep Learning을 빠르게 고도화 해왔는지 여부 (Tesla vs. Cruise · Argo)

- Tesla는 처음부터 역among 발전에 유리한 위치를 점하고 있었으며, 이제는 그 격차가 현격히 벌어진 상황. 데이터 확보 플랫폼이 되어줄 차량을 소비자가 구매하여, 데이터 확보 및 훈련 기재인 FSD 또한 추가 지불하고, Deep Learning 육성에까지 직접 참여 (모방 학습)

데이터 확보 디바이스 유무와 디바이스 활용 데이터 축적 크기에서 큰 격차를 보이고 있는 Tesla

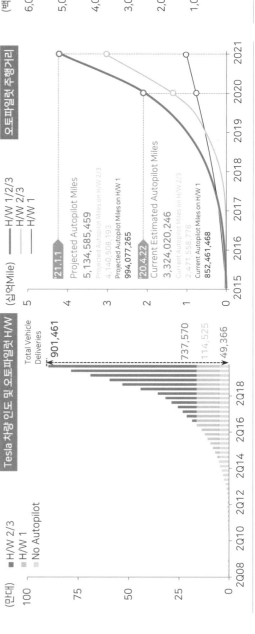

자료 : Forbes, 메리츠증권 리서치센터

디바이스 부재한 Waymo와 데이터량 큰 격차

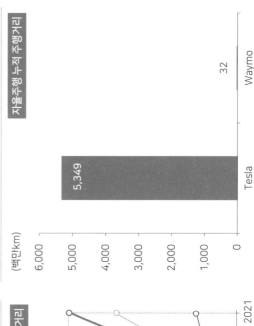

자료 : Tesla, Waymo, 메리츠증권 리서치센터

누적된 빅데이터를 활용해, Tesla의 뇌 'Neural Network' 무한 진화

모빌리티 데이터 플랫폼 구축을 위한 응복합 기술 전개

④ Deep Learning

- Tesla의 GPU Cluster에서는 48개의 Neural Network가 70,000 GPU 시간 동안 Deep Learning 학습 진행 (가장 높은 성능의 GPU로 고성능 온라인 게임 개당 70,000시간 (=8년) 구동시키는 것과 같은 의미)

- 40%의 FLOP Efficiency (컴퓨터의 성능을 나타내는 지표, 1초 동안 수행할 수 있는 부동 소수점 연산 횟수)를 가정했을 때, 140 PetaFlop (1초당 1,000조 번 연산)으로 훈련함을 의미

- Tesla는 차량으로부터 새로운 데이터를 전달 받으면, 빠른 속도로 재학습해 새로운 뇌를 만들어내고 새로운 뇌의 개선된 주행 역량을 차량 내 프로세서 (FSD)에 적용하고 있음

- 2017년 7월 28일부터 현재까지 모델 3는 총 136번 OTA를 업데이트. 매주 한번 씩 개선된 연산 능력이 제장착됐음을 의미

Tesla Machine Learning Model의 압도적인 Training 속도

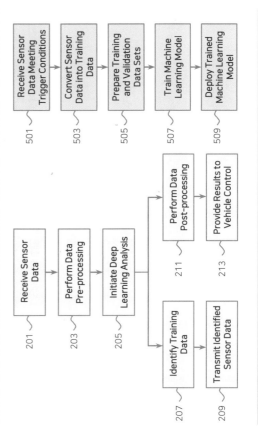

자료 : ARK, 한국에너지정보센터, 메리츠종권 리서치센터

FSD Computer와 Machine Learning 서버의 순환 발전에 대한 특허

자료 : InsideEVs, 메리츠종권 리서치센터

지속적 Deep Training 통한 발전으로, 압도적 격차 보이고 있는 주행 중 사고 확률

모빌리티 데이터 플랫폼 구축 위한 응복합 기술 전개

④ Deep Learning

- Tesla는 무선 인터넷 접속이 끊겨도 FSD 프로세서 작동. 지속 발전된 차량 내 뇌 (연산 처리 능력)의 센서 정보 처리와 업데이트 되어 있는 지도 정보에 따라 자율주행 가능

- Tesla는 사실상 매주 개선된 새로운 역량을 지니게 되며, 산업 평균과 비교해 사고 날생 확률이 압도적으로 낮은 수준

- 물론 자율주행이 완성이란 상대적 사고 발생 확률 축소가 아닌 절대적 사고 발생 확률 제거를 전제. Tesla 차량은 제한적 확률이지만, 아직 학습되지 못한 '특이 환경 (Edge Case)'에서 사고 발생 중. 이에 따라 Tesla는 더 많은 학습과 더 빠른 학습을 위한 새로운 도로세서 개발에 매진 중

낮은 확률이기는 하나 여전히 미 수집 데이터 환경에서 사고 발생

자료: 언론, 메리츠증권 리서치센터

Tesla, 지속적인 연산 능력 강화로 압도적으로 낮은 사고 발생 확률 기록

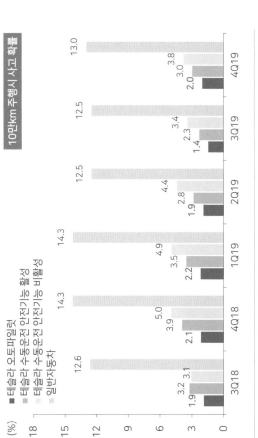

자료: Tesla, 메리츠증권 리서치센터

Neural Network, OTA 통한 Cloud-to-Edge · Edge · Edge-to-Cloud 자기발전 구조

모빌리티 데이터 플랫폼 구축 위한 융복합 기술 전개

④ Deep Learning

- Tesla는 차량 내 Edge Computer (FSD)에서 주행 데이터 해석과 습득을 맡고, Cloud Computer (Neural Network)에서 이를 훈련하고, 개선된 훈련 결과를 Edge Computer (FSD)에 장착하는 구조를 지속 반복. Edge와 Cloud 간의 데이터 업로드 · 다운로드 과정이 바로 OTA. OTA는 비즈니스 모델 개선을 위한 통로 역할과 동시에 Deep Learning Training을 위한 컴퓨터간 연결 지원

- OTA 개발은 Computing Hardware와 Vehicle Network Topology (차량 내 통신망 구조)의 이해 요구. 경쟁력 차별화를 위한 핵심 기술은 1) 빠른 전송 (압축 기술), 2) 높은 보안 (암호화 알고리즘)

- Tesla는 현재 Red Bend의 OTA 플랫폼을 이용. 다만, 차량에 대한 소프트웨어 업데이트는 자체적인 운영 체제 (API) 사용하고 있으며, 업데이트가 가능한 차량 Architecture 직접 설계

Tesla의 Deep Learning, Cloud-to-Edge · Edge-to-Cloud의 자가 발전

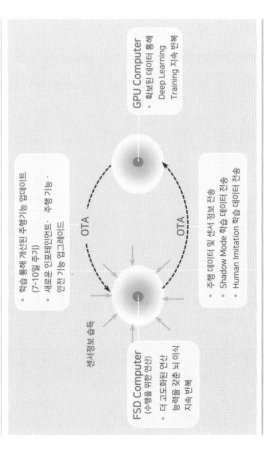

자료: 메리츠증권 리서치센터

Deep Learning의 핵심, Cloud Computer · Edge Computer

자료: Mckinsey, 메리츠증권 리서치센터

HydraNet · Dojo Computer 등장, Neural Network 발전 역량 퀀텀 점프 전망

모빌리티 데이터 플랫폼
구축 위한 융복합 기술 전개

④ Deep Learning

- Tesla의 Neural Network는 자율주행 고도화 위한 다음 단계로의 진전 (Autopilot Rewrite)을 앞두고 있음. 연내 시작될 업그레이드 통해, 데이터 수집 · 전달 (HydraNet)의 정확도 향상 및 연산 · 훈련 (Dojo Computer)의 가속화 실현

- 인간의 눈은 데이터 조각들을 처리 (해석 · 전달)하고 뇌에서 연산 (판단 · 훈련). Tesla의 기술 진전은 눈의 발전 (HydraNet, 8개 카메라 통해 일종의 360도 비디오 정보 수집)과 뇌의 발전 (Dojo Computer, 복잡해진 데이터에 대한 연산 · 훈련을 통해 더 빠르고 깊이 있는 능력 배양)을 의미

센서 정보의 3D Labeling 실현으로 더 고도화된 정보 획득 지원할 HydraNet

더 빠른 연산 능력 지원할 Dojo Computer

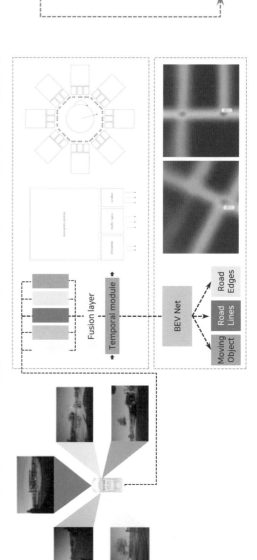

자료: Tesla, 메리츠증권 리서치센터

자료: Tesla, 메리츠증권 리서치센터

소프트웨어 2.0 완성 통해 FSD 기능 확대·구독 비즈니스 모델 구축

모빌리티 데이터 플랫폼
구축 위한 융복합 기술 전개
④ Deep Learning

- Autopilot Rewrite와 동행해 소프트웨어 2.0의 완성 또한 근접

- 소프트웨어 1.0: 개발자가 연산을 위한 단계에 대해 직접 코드 디자인
  소프트웨어 2.0: 개발자가 정해둔 규정과 범주 안에서 AI가 코드 디자인

- 2017년 이후 Tesla는 더 빠르고 정교한 연산 위해 소프트웨어 2.0 개발 방식을 채택해왔고, 소프트웨어 1.0의 보조 속에서 소프트웨어 2.0 코드 영역이 지속 확장

- 소프트웨어 2.0의 역량 확대와 더불어 FSD 기능 고도화 또한 속도가 붙을 예정. 더 많은 기능이 추가될 FSD는, 2020년 말 월 $100 이상의 가격의 구독 경제 비즈니스 모델 도입을 가능하게 할 전망

소프트웨어 2.0 영역 확대로 FSD 기능 개선 가속화

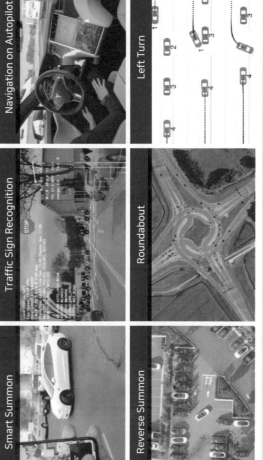

Tesla, 소프트웨어 2.0 영역 지속 확대

소프트웨어 2.0 vs. 소프트웨어 1.0

자료: Tesla, 메리츠증권 리서치센터

연내 FSD 기능 확대 및 이에 대한 구독 경제 비즈니스 모델 적용 시작될 전망

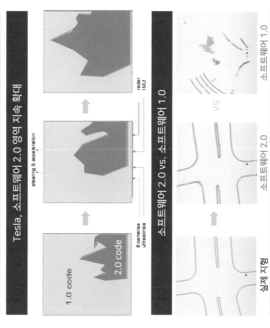

자료: Tesla, 메리츠증권 리서치센터

⑤ 집중형 Architecture, 차량 성능 개선 위한 필수 요건

모빌리티 데이터 플랫폼 구축 위한 융복합 기술 전개

⑤ Architecture · OTA

- 다종의 센서를 부착한 Computer on Wheel은 하드웨어적으로나 소프트웨어적으로나 기존의 차량과 비교해 극히 복잡한 기능을 갖게 됨에 따라, 효율적인 Architecture의 필요성 증가

- 기존 분산형 Architecture (100개 내외의 개별 ECU가 각각의 전장 부품을 제어하는 구조)의 선별적 기능 구현과 세분화된 하드웨어, 복잡한 배선 및 네트워크 시스템에서, in-vehicle 고성능 컴퓨터가 장착되고 Cloud 연결이 수반된 집중형 Architecture로의 전환을 의미

- 집중형 Architecture의 고성능 컴퓨터는 제어기와 더불어 기능별로 묶어진 소수의 개별 Zone들에 대한 복합 제어를 실현, Cloud를 통한 OTA 업데이트로 각 기능의 지속적인 업그레이드 구현 가능. 또한 Architecture 내 네트워크 고도화를 통해 배선 길이와 무게 축소해 경량화와 설계 용이함 도모

Tesla의 Zone-Oriented Architecture

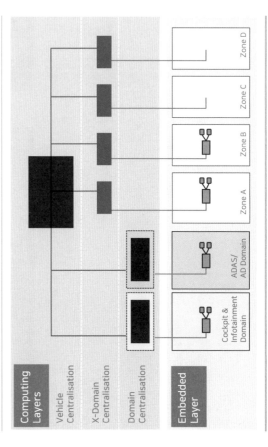

자료 : Bosch, 메리츠증권 리서치센터

집중형 Architecture는 OTA 구현 위한 네트워크 고도화 수반

Architecture	Modular	Domain Control	Zone Control
Processing	ECU 개별 기능	DCU 복합 기능	중앙 집중
Communication	1-to-1	1-to-1, Many-to-1	All-to-Some
Link Speed	100Mbit/s	100Mbit/s - 10Gigabit/s	100Mbit/s - 50Gigabit/s
No. of Ethernet Links	<10	10-50	>50
No. of Congestion points	0-1	1-3	2-5
No. of Network Segment	<8	<8	>8
No. of Streams at Congestion Point	<10	<50	>200
Traffic load per Link	mid to high	mid	low
Typical L2 frame size	64 Byte	64 Byte	>64 Byte
No. of talker endpoints	<10	<20	>25
No. of listener endpoints	<5	<10	<20
No. of Aggregation bridges	1-2	<5	<10

자료 : Continental, 메리츠증권 리서치센터

Zone Control Architecture를 통해 FOTA 비즈니스 모델 전개

- Tesla는 현재 Zone Control Architecture에 기반한 차량 설계. 분산형 Architecture의 영역에 머물러 있는 대부분의 OEM들과 차별화. 대부분의 기존 OEM들은 집중형 Architecture 발현 위한 준비 자체가 성장히 더딘 상황이며 (대부분 2025년 이후 상용화), 같은 맥락에서 Firmware OTA를 통한 차량의 제어와 업그레이드 · Deep Learning 통한 자율주행 개념에 미진

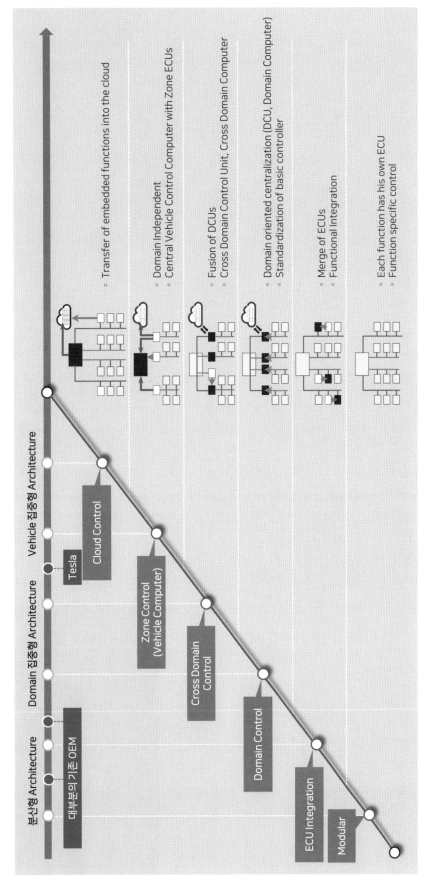

자료: Bosch, 메리츠증권 리서치센터

⑥ Space X 통한 OTA 비즈니스 저변 확대 및 Architecture 고도화

모빌리티 데이터 플랫폼 구축 위한 융복합 기술 전개

⑥ Space X

- 2002년 설립된 Space X는 FCC (미국 연방 통신위원회)의 승인 하에 최대 100번까지 재활용 가능한 Falcon 9를 이용해 Starlink 인공위성 발사 진행 중. 지난 8월 58기의 추가 발사를 포함해 2019년 5월 이후 현재까지 위성이 총 653기의 지구 궤도 위에서 작동

- 최종적으로 42,000개 발사 예정 (30,000개는 FCC의 승인 대기 중). 2019년 기존 지상에서 작동 중인 인공위성의 개수가 2,666개라는 점에서 매우 방대한 규모. 이를 통해 초고속 레이저 통신 시대 열어 전세계 모든 지역에서 무선 인터넷 접속 가능하게 할 계획

- 향후 Tesla 차량의 OTA 네트워크 연결과 Cloud Control Architecture 구현 견인할 전망

초고속 레이저 통신으로 무선 인터넷 제공

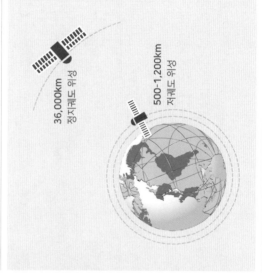

자료: Space X, 메리츠종금 리서치센터

저궤도 위성 42,000개 발사 예정

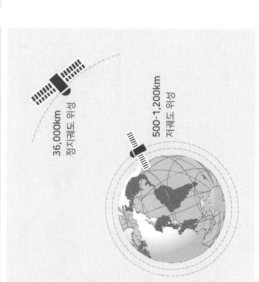

자료: 메리츠종금 리서치센터

로켓 재활용 통해 발사 비용 대폭 낮춘 Space X

자료: Space X

2020년 말 위성통신 인터넷 서비스 시작

모빌리티 데이터 플랫폼 구축 위한 응복합 기술 전개

⑥ Space X

- Space X는 위성을 활용한 초고속 레이저 통신망 구축 통해 무선 인터넷 서비스 제공에서 출발
- 북미 지역에서 베타테스트 진행 중이며, 연내 서비스 상용화 예정
- Space X는 위성 수의 증가로 서비스 품질 개선, 원가 절감 통해 가격 경쟁력 높여갈 예정 (가입자 수 목표: 22년 말 350만 명 · 24년 말 2,500만 명 · 25년 말 4,000만 명)
- Tesla와 마찬가지로 Space X 또한 핵심 기술에 대한 수직 계열화 추진. 위성 내 프로세서 작동을 위한 배터리는 Tesla로부터 조달 받고 있고, 위성 인터넷 수신 위한 안테나는 자체 특허로 개발

위성 인터넷 가입자 수 폭발적으로 성장할 전망

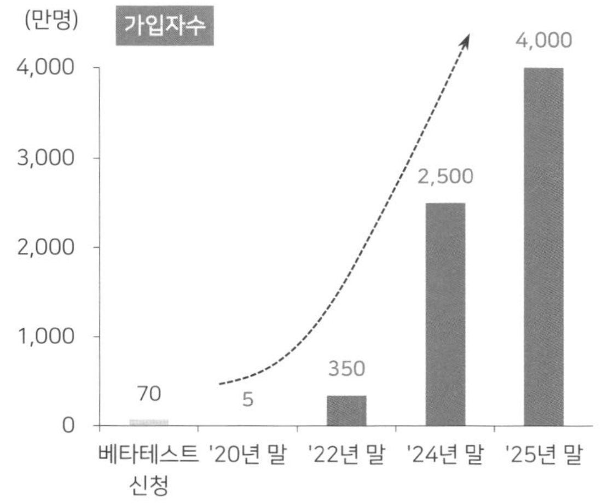

(만명)

가입자수

	베타테스트 신청	'20년 말	'22년 말	'24년 말	'25년 말
	70	5	350	2,500	4,000

자료: Space X, 메리츠증권 리서치센터

기존 통신사 대비 경쟁력 있는 월간 ARPU 예상

(달러) 월간 ARPU

Verizon	T-Mobile	Starlink	AT&T	Charter	Comcast	ViaSat
44	47	50	51	59	63	96

자료: 각 사, 메리츠증권 리서치센터

특허 보유한 위성 통신 안테나 직접 공급

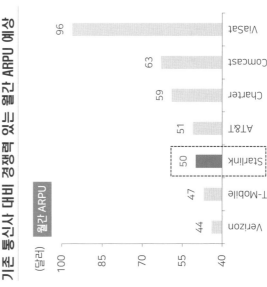

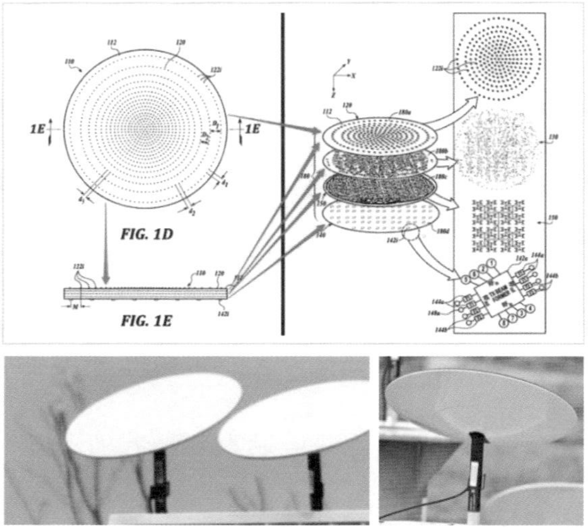

FIG. 1D
FIG. 1E

자료: Space X, 메리츠증권 리서치센터

4G-5G 수준의 전송 속도·응답 속도 실현, V2.0는 더 개선 전망

모빌리티 데이터 플랫폼
구축 위한 융복합 기술 전개

⑥ Space X

- V1.0 베타테스트에서 실현된 무선 인터넷 속도는 전송 속도 (Bandwidth)와 응답 속도 (Latency) 모두 4G 이상의 성능을 구현 중으로 상당히 고무적

- 현재 발사되고 있는 인공위성은 V1.0으로 2019년 5월 첫 발사 이후 11월까지 사용됐던 V0.9 보다 개선. V0.9에 장착됐던 Ku-band 안테나 (구름·비 등에 대한 저항 지녀 높은 안정성 구현)에 Ka-band 안테나 (환경 요인에 민감하나 높은 전송 속도 구현) 추가. 별도 주파수 사용으로 통신 속도 및 안정성 동반 향상

- Space X는 현재 V2.0 적용 기술 준비 중이며, 더 효율적인 에너지 사용과 안테나 대역폭 확대, 레이저 빔 라인 세분화 적용으로 전송 속도·응답 속도 높일 전망

Starlink, 4G 이상의 전송 속도 실현

(Mbps)

4G real world	25
5G real world	150
Space X	65

자료 : Space X, 메리츠종금 리서치센터

Starlink, 5G에 근접한 응답 속도 실현

(millisecond)

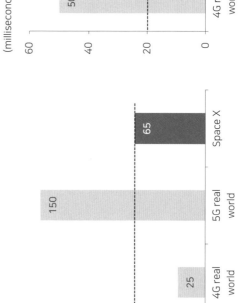

4G real world	50
5G real world	21
Space X v1	20
Space X v2	8

자료 : Space X, 메리츠종금 리서치센터

V1.0 기반 위성 인터넷 베타테스트 결과 값

Ping (ms)	Download (Mbps)	Upload (Mbps)	Location
20	62.32	9.90	Seattle
20	56.14	9.28	Seattle
21	45.93	10.10	Seattle
27	29.27	10.79	Seattle
31	50.71	14.09	L.A.
31	36.72	10.82	L.A.
32	26.11	0.00	Seattle
33	35.49	17.70	L.A.
36	11.38	0.00	Seattle
39	55.33	0.00	L.A.
42	60.24	12.52	L.A.
42	44.76	15.88	L.A.
53	45.04	6.57	L.A.
75	44.80	4.58	L.A.
94	43.83	17.64	L.A.

자료 : Space X, 메리츠종금 리서치센터

규모의 경제 ↑ + 태양광 패널 · 배터리 가격 ↓ → 상품 경쟁력 ↑

모빌리티 데이터 플랫폼
구축을 위한 융복합 기술 전개

⑥ Space X

- 현재 Starlink 인공위성은 40kg 무게의 2kWh 배터리 탑재했으며, 태양에 노출되는 시간 동안 태양광 패널을 통해 에너지를 충전하여 암흑 시간에도 작동

- 태양광 패널 · 리튬이온 배터리 가격은 지속 하락하고 있으며, Tesla의 에너지 효율성 향상이 진행될 수록 원가 경쟁력과 상품성 더욱 개선될 전망

하향 추세가 지속되고 있는 태양광 패널 가격

| 태양광 패널가격 |

(달러/Watt)

자료 : SEIA, 메리츠증권 리서치센터

기술 개발로 가격 하락 이어갈 리튬이온 배터리

| 배터리 가격 |

(달러/kWh)

자료 : BNEF, 메리츠증권 리서치센터

태양광 패널과 리튬 배터리를 사용하는 Starlink

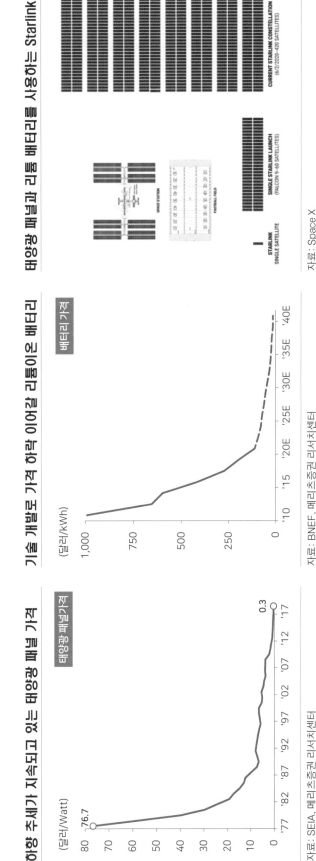

자료 : Space X

2030년 전후, 지구 전역에 대한 고정밀 GPS · 초고속 인터넷 서비스가능

모빌리티 데이터 플랫폼
구축 위한 융복합 기술 전개

⑥ Space X

- 42,000개의 인공위성이 올라설 2030년 전후, 전세계에서 Starlink 무선 인터넷 서비스가 가능할 전망

- 1차적으로 Tesla의 GPS positioning 고도화에 사용될 전망. 3단계 이상 자율주행 위해서는 Initial positioning과 Target positioning 기술이 필수적이며, 센티미터 단위 고정밀 기술 요구

- 지구 전역에서 위성 인터넷 접속이 가능해질 Starlink 위성을 통해 지원될 예정

Starlink 통해 전세계 고정밀 GPS · 초고속 인터넷 접근 가능해질 전망

자료 : ESA

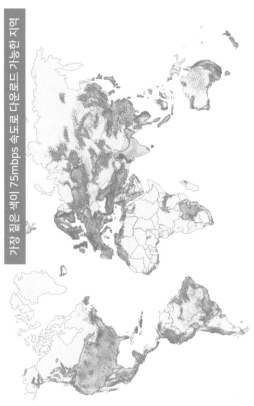

19년 말 기준, 전세계 4G LTE 이상의 속도로 인터넷 접속 가능 지역

가장 짙은 색이 75mbps 속도로 다운로드 가능한 지역

자료 : Speedtest by Ookla, 메리츠증권 리서치센터

위성 인터넷 기반 OTA, 차량용 플랫폼 안테나 개발 · 장착으로 실현 전망

모빌리티 데이터 플랫폼 구축 위한 융복합 기술 전개

⑥ Space X

■ 위성 인터넷 보급 확대 · 기술 고도화와 더불어, 궁극적으로 차량 내 플랫 안테나 장착과 OTA 구현이 이루어질 전망. 이는 현재 발생하고 있는 통신사들에 대한 Tesla의 망 이용료를 큰 폭으로 감축시키며, 동시에 전세계 어디서나 4G LTE 이상의 속도로 데이터 업로드 · 다운로드 가능하게 할 것

■ Tesla는 Space X의 위성 통신망을 이용해 OTA에 기반한 비즈니스 모델을 시공간의 제한없이 실현 가능하며, Deep Learning Training을 위한 데이터 이동도 더욱 빈번하게 구현 가능

■ 일각에서는 Microsoft · Toyota와 함께 차량용 위성 통신 플랫 안테나 개발한 Kymeta의 설계 디자인을 착안하여, 모델 3 본넷의 육각형 디자인이 향후 플랫 안테나를 장착할 포석이라고 추정

위성 통신 기반 OTA 구현 위해 Tesla 차량에도 위성 안테나 장착 예상

자료: Tesla

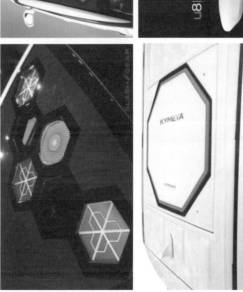

Kymeta가 공개한 육각형 모양의 자율주행 차량용 위성 안테나

자료: Toyota, Microsoft, Kymeta

전송 속도 · 응답 속도 고도화와 통행해, Cloud Architecture 또한 실현 전망

모빌리티 데이터 플랫폼 구축 위한 융복합 기술 전개

⑥ Space X

- Starlink의 전송 속도 · 응답 속도 개선 · 차량 내 플랫 안테나 장착은, 이미 Zone Control Architecture로 시장을 선도하고 있는 Tesla에게 새로운 업그레이드 가능하게 할 예정

- 실현 가능한 가장 고도화된 자율주행 차량 설계는 Cloud Control Architecture

- 차량 내에 장착되어 있는 Edge Computing 프로세서의 역할을 Cloud로 이전시켜, Edge-to-Cloud (데이터 전송) · Cloud-to-Edge (Deep Learning 훈련을 이원화되어 있는 Deep Learning Training을 Cloud 내에 통합하고, 초고속 무선 인터넷을 통해 원격으로 차량을 제어

- 차량 내 프로세서의 제거는 차량 원가 절감과 더불어 무게 감소 · 에너지 사용 효율성 증대를 통해 주행거리를 늘릴 수 있으며, 새로운 상품성 개선의 근간으로 작용

위성 인터넷 접속 통해 더 고도화된 Architecture로 진화 가능

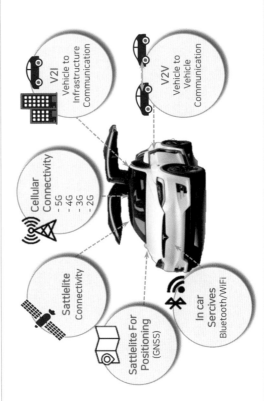

자료: Qualcomm, 메리츠종권 리서치센터

Cloud Control Architecture 도입은 Tesla 차량 상품성 개선의 근간

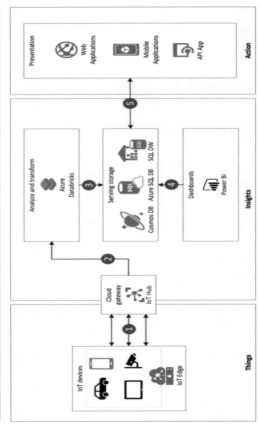

자료: Microsoft, 메리츠종권 리서치센터

⑦ 차량 충전 위한 전력 비용 감축 유도할 Powerwall · Autobidder의 시너지

모빌리티 데이터 플랫폼 구축 위한 응복합 기술 전개

① 에너지

■ Tesla의 에너지 사업부 Solarcity는 에너지 중계 비즈니스 전개. 이는 다음의 네 단계로 구성 1) 발전: 태양광 통한 전력 생산, 2) 저장: 태양광 패널로 생산하거나 가격이 낮은 시간대에 확보한 전력을 ESS (Powerwall · Powerpack · Megapack)에 저장, 3) 사용자 요동: 저장 에너지를 높은 전력 요금 발생 시간대에 주거용 · 차량 충전용으로 사용, 4) 에너지 가격 합리화 및 거래 수수료 취득: Autobidder (전력 관리 및 판매를 구현하는 AI 기반 플랫폼)를 통한 거래로 평균 에너지 사용 비용 축소

■ 향후 Tesla 차량들은 에너지 저장 · 공급이 가능한 ESS 역할 수행 전망. Model 3부터는 단방향이 아닌 양방향 충전 (Vehicle-to-Grid) 가능. 차제가 ESS 역할을 수행함으로써, 전체 VPP (가상 발전소) 시장 규모를 확대시키고, 차량 사용자들은 낮은 비용으로 충전 가능

Tesla 차량에 ESS 역할 추가될 전망, VPP 통해 더 낮은 비용에 충전 가능

자료: University of Electronic Science and Technology of China, 메리츠증권 리서치센터

Tesla의 에너지 중계 플랫폼 Autobidder 지원하는 태양광 패널 · ESS

	Solar roof	Powerwall	PowerPack
용도	태양광 패널	가정용 ESS	빌딩용 ESS
생산	뉴욕 기가팩토리	프리몬트 기가팩토리	프리몬트 공장
충전용량	N.A	13.5kW	232kW
특징	기존과 유사한 디자인으로 심미성이 뛰어나 태양광 패널로 인한 집 외관 훼손 최소화 가능	일반 가정의 벽에 붙이는 대형 배터리로 10개까지 연결 가능	모듈 케이스에 16개의 배터리를 내장한 구조

자료: Tesla, 메리츠증권 리서치센터

Tesla, 가상 발전소 (VPP)·AI 전력 중개 플랫폼으로 에너지 효율·경제성 증대 목표

모빌리티 데이터 플랫폼 구축 위한 융복합 기술 전개

⑦ 에너지

- 에너지 중개 비즈니스는 1) 다양한 지역에 분산되어 있는 소규모 전력원들을 묶어 하나의 거대한 발전소처럼 운영하는 VPP (Virtual Power Plant, 가상 발전소)를 구현하고 2) 다양한 에너지원을 통해 생산·저장되어 있는 전력의 공급과, 수요를 거래로 승화시키는 소프트웨어 플랫폼이 필요

- Tesla는 Powerwall (가정용, 13.5kW), Powerpack (기업용, 100kW), Megapack (발전소용, 3MW)의 판매와 대응량의 배터리를 탑재한 차량 판매 확대를 통해 VPP 규모 확장하고 있음

- AI 기반 거래 플랫폼 Autobidder로 시간대별 전력 수요량·공급량 예측과 매칭, 확보 전력 가격에 근거한 적정 거래 가격 산정, 거래 전력의 최적 이동 경로 파악 등을 지원해 합리적 거래를 유도

Autobidder 통해 확인할 수 있는 전력 이동 흐름

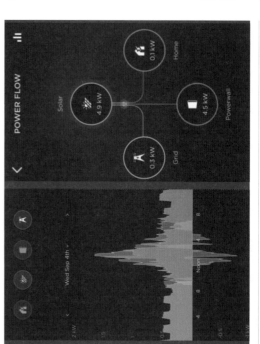

자료: Tesla

가상 발전소 (Virtual Power Plant)와 기존 전력 산업 간의 에너지 전달 과정 비교

자료: 한국에너지신문, 메리츠증권 리서치센터

이미 입증된 Autobidder의 전력 거래 효율성

모빌리티 데이터 플랫폼 구축을 위한 응복합 기술 전개

⑦ 에너지

- Tesla는 지난 5월 영국 전력 공급자 라이선스 신청. 거래 플랫폼 활성화 도모에 박차. 자율주행 데이터 확보에서와 마찬가지로, 경쟁 에너지 중계 업체들과의 격차 확대의 일환

- 현재 태평양의 섬나라 사모아는 Tesla의 태양광 발전과 Powerpack에 기반한 Autobidder 거래 플랫폼을 이용해 필요한 전력의 100%를 조달하는데 성공. Autobidder 플랫폼의 효용성은 2017년 7월 수주한 호주 Neoen Project에서도 확인 가능. Tesla는 호주 남부 풍력 단지의 전력 공급 안정화 위해, 당시 세계 최대 규모의 ESS 단지 건설 (100MW 규모, 63일 소요). Autobidder 통한 효율적 에너지 거래로 2018년 4,000만 호주달러의 비용을 절감하며 일년 만에 투자 비용 회수. 2019년에는 1억 1,600만 호주달러 절감하며, 경제성을 입증. 호주 정부는 2020년 3월 50MW의 Megapack 추가 주문

Neoen Project 통해 경제성 입증에 입증에 성공한 Tesla Autobidder

자료: Tesla

사모아 전체 전력 공급을 책임지고 있는 Tesla의 에너지 시스템

자료: Tesla

Autobidder가 Supercharger에 적용되기 시작한다면, 충전 비용 경제성 급증

모빌리티 데이터 플랫폼 구축 위한 융복합 기술 전개

⑦ 에너지

- 향후 VPP 확대 및 Autobidder 플랫폼의 AI 고도화가 진척된다면, Tesla의 고속 전력 충전소인 Supercharger와의 시너지 또한 창출 가능

- 사용자가 Supercharger에 도착해 기존과 같이 정해진 요금 체계에 근거하여 차량을 충전하는 것이 아니라, Autobidder 접속을 통해 가장 낮은 비용의 전력 거래를 진행하고 이를 충전에 이용한다면 차량 사용에 발생되는 총 비용 (Total Cost of Ownership) 크게 축소

- Megapack에서 끌어온 전력으로 Mobile Supercharger 서비스 제공 중인 Tesla. Megapack과 같은 VPP와 Supercharger 사이에 Autobidder가 적용될 시, 사용자 편의성과 경제성은 다시금 큰 폭으로 개선 가능

Megapack 이용해 전력 충전하는 Mobile Supercharger

자료: Tesla

Autobidder 통해 Supercharger 이용한다면, 충전 비용 경제성 증대

자료: Tesla

⑧ Loop & Hyperloop의 상용화, Tesla 이용 편의성 및 상품성 증대 기제

모빌리티 데이터 플랫폼
구축을 위한 융복합 기술 전개
⑧ Boring Company

- Boring Company는 2016 년 12 월 Elon Musk이 설립한 초고속 지하터널 굴착 · 건설 업체

- Loop System은 교통 체증이 빈번한 도심 내에서 활용될 초고속 (시속 204km/h) 자율주행 지하 이동 수단 (지하 8-13m에 건설). 향후 진공 튜브 터널을 통해 도시 간 이동을 지원하는 Hyperloop System (시속 965km/h)도 출시 예정

- 직선 도로 주행 통해 이동시간 축소. 자율주행 BEV로 운행되기에 터널 내 배기 시스템 설치 비용이 감소하고, 터널 굴착 비용 낮춰 대중교통 건설 대비 높은 경제성 확보

- Tesla 사용자들은 Loop System을 통한 도시 내 이동으로 높은 편의성 누릴 전망

2020년 7월 공개된 Las Vegas Loop의 Hub 랜더링

자료 : Tesla

Tesla 사용자들의 도시 내 교통 편의성 증대 실현할 Loop

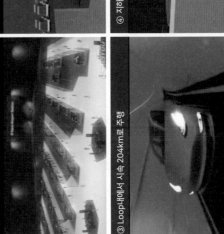

① 이름 통한 사전 예약 뒤 Hub에서 12인승 밴에 탑승

② 개별 차량들이 엘리베이터 · 경사로를 통해 Hub로 이동

③ Loop내에서 시속 204km로 주행

④ 지하 Loop에서 타입닝까지 엘리베이터/경사로 통해 이동

자료 : Tesla

기존 터널 건설 비용이 1/1000에 불과하며, 현재 4개 프로젝트가 진행 중

모빌리티 데이터 플랫폼 구축 위한 융복합 기술 전개
⑧ Boring Company

- 현재 건설되고 있는 Loop는 총 4개이며, Test용 Loop는 지난 2018년 12월 완공
- Test 터널 (Space X - LA공항, 1.8km) 건설에 $10mn 소요. 유사 규모의 터널 건설에 $100mn에서 $1bn의 비용 소모되는 점을 고려하면, 90~99%의 비용 절감
- 굴착기 성능 지속 개선 (19년부터 사용된 V3 Prufrock 굴착기는 V2 대비 10배 높은 성능 구현되며 높은 경제성에 근거한 터널 건설 확대와 사용자들의 편의성 개선이 가능할 전망

현재 진행중인 Loop Project

	Test Tunnel	LVCC Loop	Vegas Loop	Dugout Loop	East Coast Loop
현황	건설완료 (18.12) -55km/h로 주행	건설 중 (19.11~'21.1)	진행 중	환경성 평가 중(예상 건설 기간 14개월)	환경성 평가 중(예상 건설 기간 18~23개월)
목표	시간당 4000대, 시속 250km	도보15분 → 1분 목표	30분 → 3분 목표	- 4분 목표 - 게임/행사당 1,400명 - 2,800명 (연간 25만명)	- 15분 목표 - 향후 D.C.-볼티모어 8분/ D.C.-뉴욕 30분 이내 주행가능한 HyperLoop 설치 목표
구간	스페이스X 주차장 - LA공항	Las Vegas Convention Center - 호텔 밀집 지역	Fremont Street - McCarran 국제공항	Dodger Stadium 주차장 - LA 도심	워싱턴 D.C. - 볼티모어 (향후 뉴욕시와 필라델피아, 볼티모어, 워싱턴 D.C. 연결)
운영 수단	8-16인승 Autonomous EV (Model3나 X 플랫폼에 여러 개의 전기모터 장착)				
목적	테스트용	관광객 운송	관광객 운송	Stadium 이용자 운송	통근용
운임료	1달러	1달러	현 대중교통보다 낮은 수준	1달러	현 대중교통보다 낮은 수준
터널	1.83km (길이 2.3km, 폭 4.3km)	1.3km	n.a	5.8km	56.8km
공사 비용	1,000만달러(일반적인 비용의 1/100)	5,000만 달러	n.a	n.a	n.a

자료 : Tesla, 메리츠증권 리서치센터

Loop에서 사용될 Tesla의 12인승 전용 밴 개발 ('20년 6월 공개)

자료 : Tesla

The Tesla, 데이터 비즈니스 플랫폼 진화는 계속된다

■ Tesla는 응복합 기술 발전에 기반한 낮은 원가 구조의 자율주행 개발 선구자이며, 사용자의 경제성과 편의성이 높은 디바이스 설계자이고, 디바이스를 통해 확보한 데이터로 다양한 비즈니스 모델을 전개할 플랫폼

—— 원가절감 〔······〕 편의성 ----- 자율주행

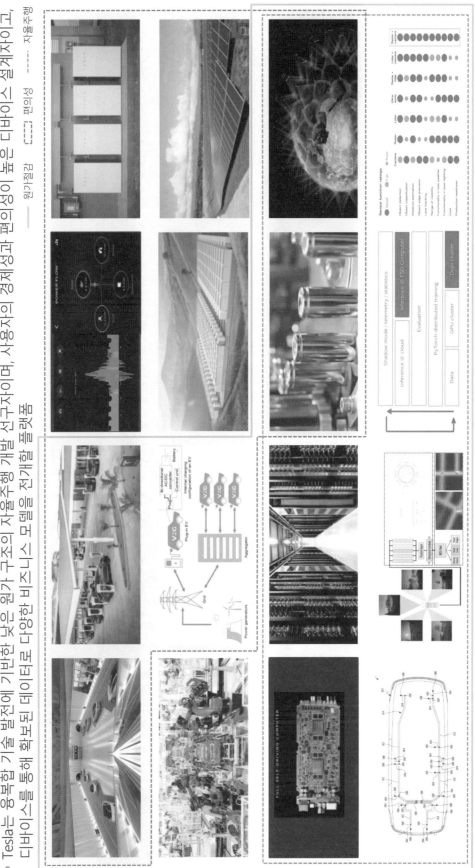

주: 첫 줄 : Loop, Supercharger, Autobidder, Powerwall/ 둘째 줄 : 공장자동화, VTG, Megapack, Solar Panel/ 셋째 줄 : FSD Computer, GPU cluster, Battery cell, Satellite Network/
넷째 줄 : 집중형 Architecture, Hydra Net, Dojo Computer, Ridar+Camera
자료: Tesla, 메리츠증권 리서치센터

Part III

Non-Tesla – Non-Tesla 연합의 '마지막 퍼즐' 찾기

자율주행, 그 역사의 시작은 전쟁

Non-Tesla 연합 완성의 조건
→ '마지막 퍼즐' 찾기

- 자율주행이라는 아이디어가 연구되기 시작한 배경은 9.11 테러.
테러 이후 진행된 아프가니스탄 · 이라크 전쟁 과정에서 미군 사상자 속출

- 미국 의회가 자율주행 전투 군용차의 개발을 서두른 배경. 2015년 개발 완료를 목표로 연구기관들의
개발 의지 독려하기 위해, 2004년 DARPA 무인로봇 자동차 경주대회 개최

- DARPA는 지금까지 총 5회 (2004 · 2005 · 2007 · 2012 · 2013년) 개최. 현재 자율주행을 이끌고 있는
주요 인재들의 등용문이었으므로, 자율주행 기술 개발에 대한 초석을 다진 계기

초기 DARPA의 주역이자, Google Project X 이끈 자율주행의 선구자들

Chris Urmson
Aurora CEO

Sebastian Thrun
Google VP & fellow

Anthony Levandowski
특허 소송으로 비참한 말로

자료 : Aurora, Marketplace, Getty Images

2004년 DARPA 참여한 자율주행 자동차

자료 : DARPA

Waymo, 상징적이나 기술적이지는 못하다

Non-Tesla 연합 완성의 조건
→ '마지막 퍼즐' 찾기

- DARPA 우수상을 일궈낸 주역 대부분은 Alphabet 자율주행 사업부 Project X에 합류. 이 중 상당수 지난 2016년 12월 Project X가 Waymo로부터 분사할 당시 다른 자율주행 개발 업체로 흩어졌음

- Waymo가 자율주행 개발을 선도했다는 점과 Waymo의 인력들이 외부로 나가 다양한 업체들의 연구 개발을 이끌고 있다는 점에서, Waymo의 개발 방식이 주를 이루고 있는 실정

- 문제는 상징적 역할을 맡아온 Waymo가 유의미한 기술적 진전을 이루어내지 못하고 있는데 있음

- 지난 2018년 12월 시험 주행을 시작한 Waymo 개발 차량은 여전히 Phoenix를 벗어나지 못하고 있으며, 저속 주행만 가능하고 초기 선정 사용자만이 이용 가능. 이용 가능. 언론은 Waymo가 Baby Step이라며 평가 절하

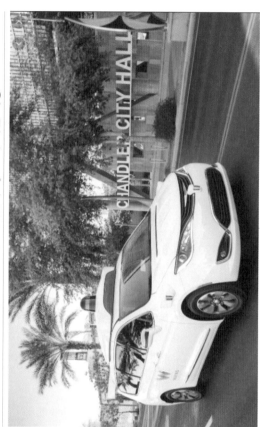

Phoenix Chandler 시청 옆을 지나고 있는 Waymo의 시험 차량

자료: Waymo

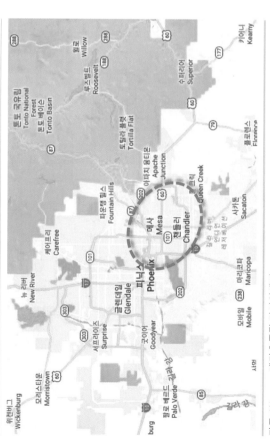

시험 주행 시작 2년이 흐른 지금, 여전히 작은 공간에 갇혀 있는 Waymo

자료: Waymo, 메리츠증권 리서치센터

선도 기업의 가치 평가 추락

Non-Tesla 연합 완성의 조건
→ '마지막 퍼즐' 찾기

- Waymo는 분할 전과 후 지속적으로 대규모의 연구 개발 비용 지출

- 지난 2019년 Waymo가 포함된 Alphabet Other Bets의 적자는 역대 최대치 경신. Other Bets 사업부는 Waymo, Loon (헬륨가스 풍선과 태양광 발전 통한 인터넷 서비스 제공), Wing (드론 배송) 등이 포함되어 있으며, 세부 실적 부문는 공개되지 않은 상황. 다른 자율주행 개발 업체들의 투자 규모에 비추어봤을 때, Waymo 적자 기여가 상당 부분일 것이라 판단

- 지속적인 적자 확대 기조 중에 유의미한 성과를 나타내지 못하고 있는 Waymo. 선도 기업의 자리를 Tesla에게 위협받고 있다는 이견이 팽배해지면서 가치 평가 하락 지속

지속적 투자 비용 확대에도 유의미한 성과 내지 못하고 있는 Waymo

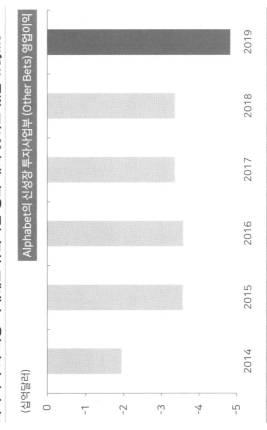

Alphabet의 신성장 투자사업부 (Other Bets) 영업이익

(십억달러)

2014 2015 2016 2017 2018 2019

자료 : Alphabet, 메리츠증권 리서치센터

Waymo의 기업 가치 평가 하락세 지속

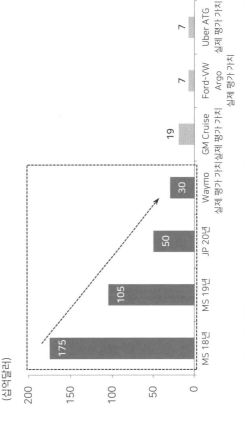

(십억달러)

MS 18년	MS 19년	JP 20년	Waymo 실제 평가 가치	GM Cruise 실제 평가 가치	Argo Ford-VW 실제 평가 가치	Uber ATG 실제 평가 가치
175	105	50	30	19	7	7

자료 : 언론 종합, 메리츠증권 리서치센터

디바이스 통한 '빅데이터' 확보에 소홀했던 Waymo, Tesla와의 격차 지속 확대 중

- Waymo가 기술적 진전을 이뤄내지 못하고 있는 이유는 바로 현실과 가상 간의 괴리 때문

- Waymo는 가상 현실 공간에서 25,000대의 '가상 차량'으로 자율주행 개발. 2019년 기준 현실 세계의 시험 차량은 600대에 불과. 가상 세계에서의 시험 주행 결과가 현실에서 적용되지 못하고 있음. 가상 세계는 코드로 설계된 공간이기에 Edge Case 미발현. 정해진 교통 법규 외 수 많은 파생 변수가 발생하는 현실 세계의 제어는 프로그래머가 규정한 가상 세계의 제어 데이터만으로는 대응 불가

Tesla의 부상은 Waymo 포함한 시뮬레이션 중심 개발 업체들에게 경종

(만대)

Tesla 연도별 판매량

'20년 판매목표 50만대 / '1H20

'10 '11 '12 '13 '14 '15 '16 '17 '18 '19 '1H20

자율주행 차량 대수

(대)

	대수
Tesla	1,065,001
Waymo	600
Cruise	200
Uber	200
BMW	140
Pony.ai	110
Argo	100
Aptiv	100
Apple	70
Zoox	50
Aurora	12
Daimler	12
Toyota	12

자료: 각 사, Bloomberg, 메리츠증권 리서치센터

실제 데이터 확보 보다 시뮬레이션 통한 연구개발에 집중했던 Waymo

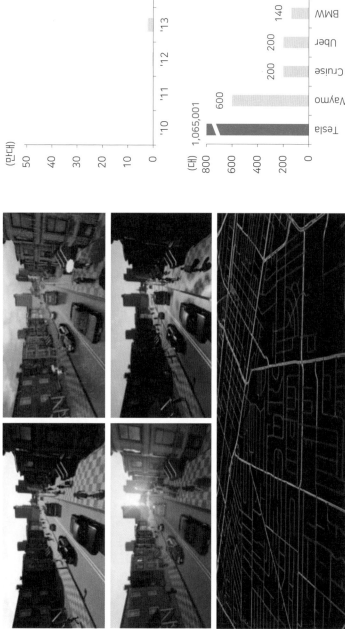

자료: Tesla

스타크래프트와 자율주행은 다르다

Non-Tesla 연합 완성의 조건
→ '마지막 퍼즐' 찾기

- 과거 Alphabet 자회사 DeepMind는 대량의 기보 정보에 대한 머신러닝과 이를 통해 얻은 알고리즘으로 이세돌을 꺾어 화제가 된 바 있음. 이는 바둑판 위에서 발현 가능한 모든 경우의 수를 체득한 결과. 이후 DeepMind는 유사한 준비를 통해 개발한 AI AlphaStar로 스타크래프트에서 최고 게이머를 상대로도 승리

- 자동차 주행은 명백한 범주가 정해져 있는 바둑과 달리, 운전자별 습관·컨디션과 돌발 변수 (날씨·인프라·나라마다 다른 법규)로 인해 많은 경우의 수 발생

- 과거 Alphabet은 1,000만개 유튜브 영상을 학습해 고양이를 통해 데이터셋으로 형성화. Tesla는 100만대 이상의 차량 센서를 통해 유튜브를 일종의 촬영 중이며, Deep Learning 통해 자율주행 학습. Waymo의 문제는 바로 이동 데이터 확보가 부재하다는 점

바둑·게임과 달리 경우의 수 제한 없는 주행

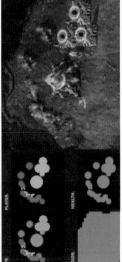

자료: DeepMind

1,000만개 유튜브 학습 통해 고양이 구현한 AI

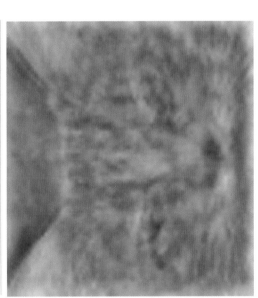

자료: Alphabet

Tesla는 차량을 통해 일종의 유튜브 촬영

자료: Tesla

데이터 확보 디바이스 (차량) 직접 구매 나섰던 Waymo, 과도한 부담으로 지연

Non-Tesla 연합 완성의 조건
→ '마지막 퍼즐' 찾기

- Waymo는 2018년 데이터 확보 디바이스 (BEV 차량, Jaguar I-PCAE) 구매하고 이에 자체 개발한 센서 · 프로세서 설치하는 방법 추진. 그러나 차량 구입 가격만 1억 원이 넘어서고 (국내 판매가격 1.27-1.28억원), LiDAR-HD Map 기반의 센서와 4단계 자율주행을 위한 프로세서를 추가하면 그 자체로 대당 2억원 이상이 필요했음. 결국 막대한 비용 부담으로, 아직까지도 유의미한 진척 부재

- 데이터 비즈니스 모델 독식하고자 했던 Waymo는 2018년 Honda의 협력 개발 요청 거절. 그러나 2020년 들어 1) Deep Learning 위한 데이터 확보 중요성 인지와 2) 이를 위한 디바이스 확보 필요성 증대로, 결국 자동차 OEM들과의 협업으로 발전 방향을 선회 (6월 Volvo · 7월 FCA 제휴)

- 이런 변화는 Waymo 발전모델을 따랐던 많은 자율주행 개발업체에게 OEM 협업 필요성 고양

대당 2억원 이상의 설치 비용 필요한 Waymo의 시험 주행 차량

자료: Alphabet

2020년 FCA · Volvo와 제약 맺은 Waymo, 그들은 준비가 됐을까?

VOLVO CAR GROUP

자료: 언론 종합

디바이스 파트너 필요한 Waymo의 긴박한 요구, Who is the 'Next Samsung'

- "Waymo focuses on providing its autonomous driving H/W & S/W, while leaving the customer experience to others". 지난 1월 Waymo CEO John Krafcik은 Fortune CES Conference에서 이 같이 언급

- 독자 개발에 매진했던 과거와 달리, 자율주행 솔루션 제공 업체로서의 역할만 수행한다는 뜻. 물론 Waymo이 숙내는 OS 공급이라는 트로이 목마를 심어 결국 비즈니스 모델 개입을 원할 것. 그러나 이 같은 상황 전개는 모빌리티 시장 참여를 위해 반드시 필요한 '집중형 Architecture 기반의, OTA가 가능한, 효율적 BEV'를 제공할 수 있는 OEM 역할이 매우 중요하고, OEM을 중심으로 다양한 가치 사슬의 업체들이 하나로 묶여 데이터 플랫폼을 비즈니스 모델을 실현할 수 있음을 시사

- Waymo와 같은 다종의 자율주행 개발 업체들은 스마트폰 개화기 당시 Android의 삼성 모바일폰 (갤럭시)과 같은 파트너가 필요. 그러나 모빌리티 데이터 시장에서의 역학 관계 (협상력과 리더십)는 스마트폰 매여는 양상이 다를 전망

스마트폰 개화기와 마찬가지로 거대한 경쟁 업체에 대응하기 위한 협업 필요성 대두. 그러나 그 안의 역학 관계는 당시와 다를 전망

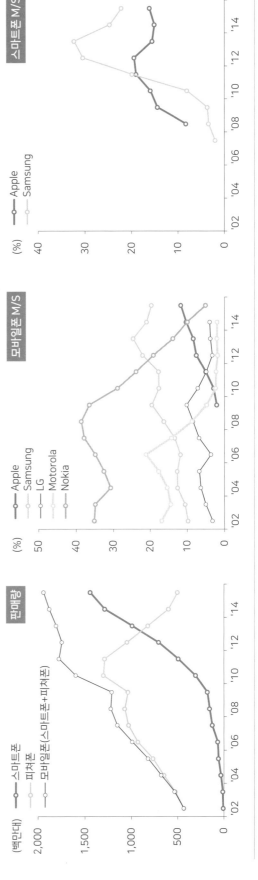

판매량 / 모바일폰 M/S / 스마트폰 M/S

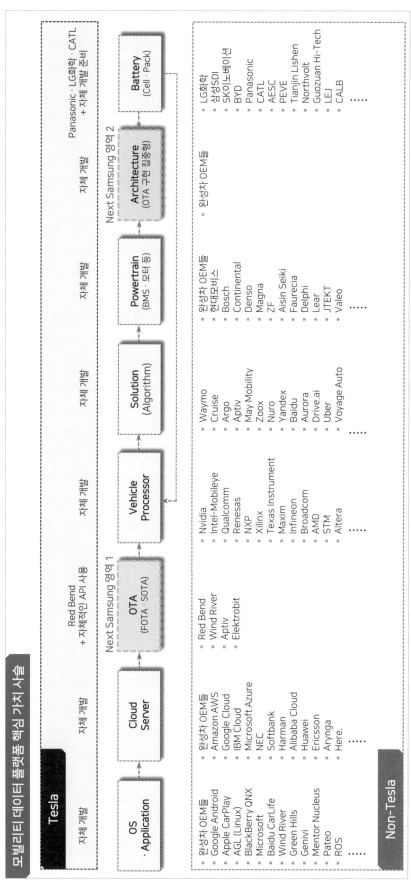

모빌리티 내 Next Samsung의 동향은 또한 데이터 플랫폼 핵심 벤더 모두의 니즈

- 모빌리티 데이터 플랫폼 시장 진입을 원하는 수 많은 가치 사슬에서 어느 누구도 Tesla와 같은 독자적인 비즈니스 전개 불가. 대부분의 핵심 가치 사슬을 수직 계열화하고 있는 Tesla는 매력적이지만, 그들을 필요로 하지 않는 동행 불가 고객

- 해결책은 'Non-Tesla 연합' 구성 통한 공동 대응. 문제는 역량을 갖춘 데이터 확보 디바이스 제공 업체가 제한적이라는 점

모빌리티 데이터 플랫폼 핵심 가치 사슬

Tesla

OS · Application	Cloud Server	OTA (FOTA · SOTA)	Vehicle Processor	Solution (Algorithm)	Powertrain (BMS · 모터 등)	Architecture (OTA 구현 집중형)	Battery (Cell · Pack)
자체 개발	자체 개발	Red Bend + 자체적인 API 사용	자체 개발	자체 개발	자체 개발	자체 개발	Panasonic · LG화학 · CATL + 자체 개발 준비

Next Samsung 영역 1 — OTA

Next Samsung 영역 2 — Architecture

Non-Tesla

OS · Application	Cloud Server	OTA	Vehicle Processor	Solution	Powertrain	Architecture	Battery
완성차 OEM들	완성차 OEM들	Red Bend	Nvidia	Waymo	완성차 OEM들	완성차 OEM들	LG화학
Google Android	Amazon AWS	Wind River	Intel-Mobileye	Cruise	현대모비스		삼성SDI
Apple CarPlay	Google Cloud	Aptiv	Qualcomm	Argo	Bosch		SK이노베이션
AGL (Linux)	IBM Cloud	Elektrobit	Renesas	Aptiv	Continental		BYD
BlackBerry QNX	Microsoft Azure		NXP	May Mobility	Denso		Panasonic
Microsoft	NEC		Xilinx	Zoox	Magna		CATL
Baidu CarLife	Softbank		Texas Instrument	Nuro	ZF		AESC
Wind River	Harman		Maxim	Yandex	Aisin Seiki		PEVE
Green Hills	Alibaba Cloud		Infineon	Baidu	Faurecia		Tianjin Lishen
Genivi	Huawei		Broadcom	Aurora	Delphi		Northvolt
Mentor Nucleus	Ericsson		AMD	Drive.ai	Lear		Guozuan Hi-Tech
Pateo	Arynga		STM	Uber	JTEKT		LEJ
ROS	Here.		Altera	Voyage Auto	Valeo		CALB
......	......		......	......	......		......

자료 : 메리츠종권 리서치센터

연합 결성을 위한 가장 큰 파티 CES, 20년 1월까지도 완성 위한 '마지막 퍼즐' 부재

Non-Tesla 연합 완성의 조건
→ '마지막 퍼즐' 찾기

- CES는 각 업체들이 새로운 기술을 공개하고, 협업이 발판 조성하는 합종연횡의 자리

- 그러나 최근까지도 (2020년 1월 CES) 연합 결성을 위한 마지막 퍼즐, 데이터 확보 가능한 BEV 플랫폼 부재 (= 집중형 Architecture 기반의 OTA 구현이 가능한 BEV)

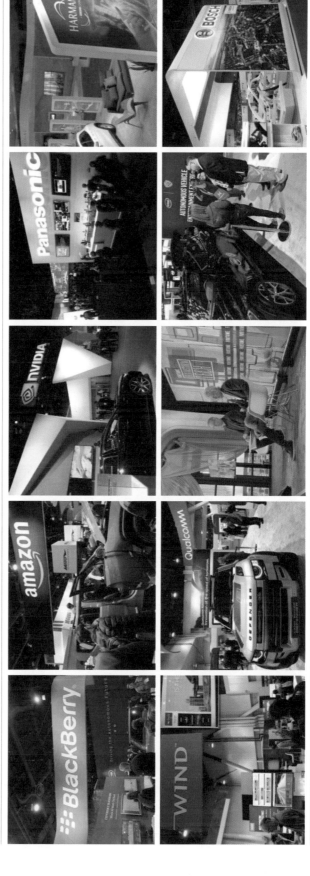

2020년 1월 CES 모빌리티 부스에 참여한 다종의 데이터 플랫폼 핵심 가치 사슬 업체들, 그들이 기대한 것은 데이터 확보 디바이스 제공자

참고: 윗줄 좌측부터 Blackberry, Amazon, Nvidia, Panasonic, Harman, 아랫줄 좌측부터 Wind River, Qualcomm, Waymo, Mobileye, Bosch
자료: CES, 메리츠증권 리서치센터

마지막 퍼즐, 집중형 Architecture 기반 OTA 가능한 높은 에너지 효율 지닌 BEV

Non-Tesla 연합 완성의 조건
→ '마지막 퍼즐' 찾기

■ Non-Tesla 연합 결성과 데이터 플랫폼 시장 진출 위한 전제 조건은
아래 네 가지 과정이 진행 가능한 효율적 네트워크 기반의 집중형 Architecture

■ 1) 높은 보안 환경에서 Cloud Server로부터 OTA 업데이트 전송
2) 이를 통해 차량 내 H/W · S/W · 인포테인먼트 성능 개선
3) Vehicle Computer 업그레이드 통해 각각의 Control Unit에 대한 융합적 성능 개선 명령
4) 차량 주행과 더불어 센서 · 프로세서 기능 구현에 필요한 소비 전력을 고효율 배터리로부터 조달

모빌리티 데이터 플랫폼 등장 위한 Non-Tesla 진영의 마지막 퍼즐

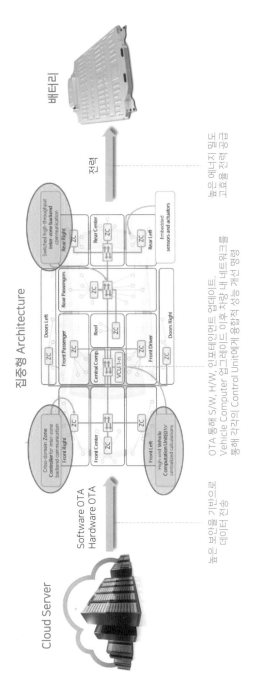

자료: 메리츠증권 리서치센터

2025년 전까지 이 퍼즐을 완성시킬 수 있는 OEM, 단 세 업체에 불과

**Non-Tesla 연합 완성의 조건
→ '마지막 퍼즐' 찾기**

- 집중형 Architecture로의 전환 준비를 마쳤거나 준비 과정을 가지고 있는 기존 OEM 업체 매우 제한적. 2025년 이전 1Q21 현대차그룹, 1Q21 VW그룹, 2H21 GM그룹 3개사가 유일

- VW은 2020년 3월 개발 완료를 목표했던 OTA 기능 구현이 1Q21로 지연. 2020년 시작된 유럽 과징금 규제 회피를 위해 ID.3는 9월 출시 (기존 계획 여름이나, OTA 개발 완료 여부는 지켜봐야 하는 상황

- Bosch에 따르면 2025-30년을 목표로 5개 OEM이 Architecture 전환을 준비 중이나, 이들을 포함해도 새로운 가치 구현을 요구 받게 될 플랫폼으로서의 BEV 출시를 예고한 업체 수는 전체 OEM 중 일부에 그치고 있음. 이 같은 차이는 향후 Non-Tesla 연합의 결성을 위한 파트너 업체로서의 매력도 저하 뿐만 아니라 향후 상품성 차별화에 근거한 브랜드 가치 격차 확대로 이어질 예정

Centralized Architecture로의 전환 준비하고 있는 OEM은 전체 브랜드 중 일부

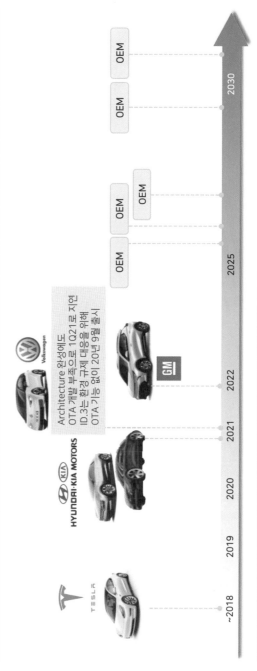

자료: Bosch, 메리츠증권 리서치센터

모빌리티 시장의 Next Samsung이 되기 위한 삼박자를 갖춘 현대차그룹

마지막 퍼즐이 되기 위한 조건

- 모빌리티 시장에서 데이터 확보 (센서) · 연산 (프로세서) · 서버 전송 (OTA) · 훈련 (Deep Learning) · 차량 전송 (OTA) · 주행기능 개선의 과정을 아우를 수 있는 디바이스 공급자가 되기 위해서는 세 가지가 필요

- 1) 상품성 높은 BEV 제조 (고효율 배터리 + 배터리 장착 최적 설계 + 고효율 파워트레인 (BMS) 기반)
  2) OTA 구현 가능 Architecture (높은 보안 + 효율적 네트워크 설계 + Control Unit의 기능별 통합 제어)
  3) 이 같은 성능을 지속 개선해가고, 다른 가치사슬에 대한 기술 투자 (수직 계열화)가 가능한 재원 확보

- 현대차그룹은 1) 비교 우위의 Core Efficiency (동일 거리 통일 무게 기준 전력 소비량: 배터리 용량/주행거리/공차 중량)을 바탕으로 지난 2Q20 글로벌 BEV 시장 점유율 2위 기록했으며, 2) 기존 OEM 중가장 빠른 시기에 집중형 Architecture에 기반한 FOTA 기능 구현할 전망이며 (IONIQ 5 또는 eG80, Domain Fusion Architecture 기반으로 Tesla 초기 모델 S · X 수준의 제한적 FOTA 예상), 3) 5년 90조원의투자를 통해 가치 사슬 전반에 대한 기술 내재화와 기술 제휴 진행

제한적 FOTA 구현 예상되는 IONIQ 5와 OTA 범위 확대될 향후 라인업

자료: 현대차

현대차그룹의 자율주행 가치 사슬 확장 이끌어갈 Motional (Aptiv JV)

자료: 현대차

① 현대차그룹, 상품 경쟁력 높은 BEV 제조, 비교 우위의 주행 거리 실현

■ 상품성 경쟁력 판단하는 가장 직관적 지표는 주행 가능 거리. 현대 · 기아차의 코나 · 니로는 공인 주행거리에서 Tesla에 이어 OEM 중 2위.
영국 WhatCar가 평가한 실질 주행 가능 거리에서는 코나가 1위 기록. 또한 저온 주행거리 성능의 경우 가장 높은 평가 확보

미국 기존 공인 주행거리 비교

Electric Cars with the Longest Range in 2019

(mile)

Tesla Model S LR	370
Tesla Model X LR	325
Tesla Model 3 LR	310
Hyundai Kona EV	258
Kia Niro EV	239
Chevrolet Bolt	238
Jaguar I-Pace	234
Nissan Leaf Plus	226
Audi e-Tron	204
BMW i3	153
Volkswagen e-Golf	125
Hyundai Ioniq EV	124
Kia Soul EV	111
Honda Clarity EV	89
Fiat 500e	84

자료: U.S.News, 메리츠증권 리서치센터

영국 WhatCar 기존 실제 주행거리 비교

What Car? : Real Range Test (2020)

(mile)

Hyundai Kona EV	259
Jaguar I-Pace	253
Kia Niro EV	253
Tesla Model 3 Performance	239
Tesla Model X 100D	233
Nissan Leaf e+	217
Mercedes EQC	208
Tesla Model S 75D	204
Audi E-tron 55 quattro	196
Renault Zoe R135	192
Nissan Leaf	128
BMW i3	121
Volkswagen e-Golf	117
Volkswagen e-Up	66
Smart Fortwo EQ Cabrio	59
Smart Forfour EQ	57

자료: WhatCar, 메리츠증권 리서치센터

한국 상온 대비 저온 주행거리 비율 비교

2019 국내 주요 전기차 상온대비 저온 주행거리 비율

(%)

Kia Niro EV	90.5
Tesla Model S Performance	89.1
Hyundai Kona	76.5
Hyundai Ioniq EV	76.2
Chevrolet Bolt EV	69.5
Jaguar I-Pace	68.2
Nissan Leaf	67.5
BMW i3	64.5
Tesla Model 3 Performance	60.5
Mercedes EQC	55.3

자료: 환경부, 메리츠증권 리서치센터

전비 (EPA MPGe)를 통해 확인 가능한 높은 BEV 에너지 효율

- 에너지 효율성 측정 기준 전비 (EPA 산정 MPGe, Miles per gallon gasoline equivalent) 관점에서도 양 사는 상대비교 우위의 수치를 기록

동일 주행거리 이동해 요구되는 에너지량 비교인 전비, 현대차의 모델들이 Tesla와 더불어 최상위권으로 평가

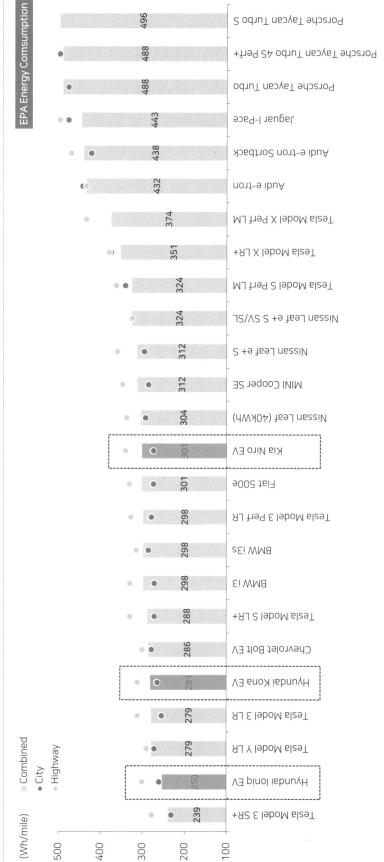

EPA Energy Comsumption

(Wh/mile)

■ Combined
● City
● Highway

	수치
Porsche Taycan Turbo S	496
Porsche Taycan Turbo 4S Perf+	488
Porsche Taycan Turbo	488
Jaguar I-Pace	443
Audi e-tron Sortback	438
Audi e-tron	432
Tesla Model X Perf LM	374
Tesla Model X LR+	351
Tesla Model S Perf LM	324
Nissan Leaf e+ S SV/SL	324
Nissan Leaf e+ S	312
MINI Cooper SE	312
Nissan Leaf (40kWh)	304
Kia Niro EV	301
Fiat 500e	301
Tesla Model 3 Perf LR	298
BMW i3s	298
BMW i3	298
Tesla Model S LR+	288
Chevrolet Bolt EV	286
Hyundai Kona EV	281
Tesla Model 3 LR	279
Tesla Model Y LR	279
Hyundai Ioniq EV	253
Tesla Model 3 SR+	239

자료 : InsideEVs, 메리츠증권 리서치센터

배터리 용량·무게·주행거리 복합 지표 (Core Efficiency) 종합 역량도 고무적

- 가장 구체적인 에너지 효율 역량 비교를 위한 기준은 Core Efficiency. 동일 무게로 동일 주행거리를 이동할 때 얼마나 많은 양의 에너지를 소비하는지를 비교하는 척도. 해당 기준에서도 현대차 코나는 Tesla에 이어 두 번째로 높은 효율성을 보이고 있음

동일 무게로 동일 주행거리를 주행할 때 요구되는 에너지량 (Core Efficiency) 관점에서도 현대차그룹은 Tesla 외 경쟁 모델 대비 비교 우위

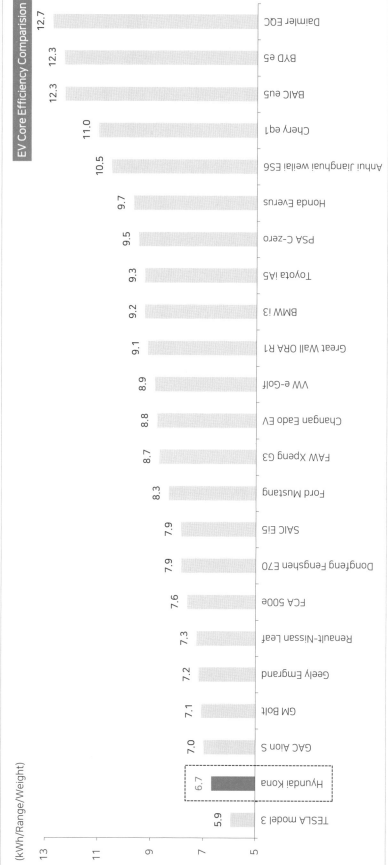

(kWh/Range/Weight)

EV Core Efficiency Comparision

Daimler EQC	12.7
BYD e5	12.3
BAIC eu5	12.3
Chery eq1	11.0
Anhui Jianghuai weilai E56	10.5
Honda Everus	9.7
PSA C-zero	9.5
Toyota iA5	9.3
BMW i3	9.2
Great Wall ORA R1	9.1
VW e-Golf	8.9
Changan Eado EV	8.8
FAW Xpeng G3	8.7
Ford Mustang	8.3
SAIC Ei5	7.9
Dongfeng Fengshen E70	7.9
FCA 500e	7.6
Renault-Nissan Leaf	7.3
Geely Emgrand	7.2
GM Bolt	7.1
GAC Aion S	7.0
Hyundai Kona	6.7
TESLA model 3	5.9

자료: InsideEVs, 메리츠종권 리서치센터

높은 상품성에 기반해 지난 3년 판매성장 강도 가장 높았던 OEM, 현대차그룹

마지막 퍼즐이 되기 위한 조건

- 2019년 전세계 BEV 판매량은 160만대 기록. 이 중 70%인 112만대가 지난 3년간 (2017-2018년) 발생.
  중국·유럽의 BEV 확대 정책과 경쟁력 있는 BEV 모델 출시 증가에 기인

- 최근 3년간 글로벌 BEV 판매성장 규모 압도적 1위 업체 Tesla와 해외시장에서의 판매 비중이 낮은 중국
  OEM을 제외하면, 가장 많이 성장한 브랜드는 차별화된 상품성을 지닌 현대차그룹이었음

현대차그룹, 지난 3년 글로벌 OEM 중 가장 높은 판매 성장 기록

2017-2019 주요 글로벌 OEM BEV 판매량증가 톡

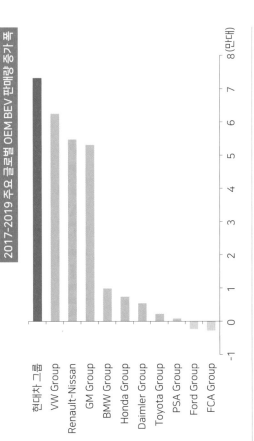

자료: SNE Research, 메리츠증권 리서치센터

늘어나는 시장 수요에 경쟁력 있는 모델 출시가 이어진 결과

2017-2019 글로벌 BEV 판매량 증가 112만대 중 OEM별 점유율

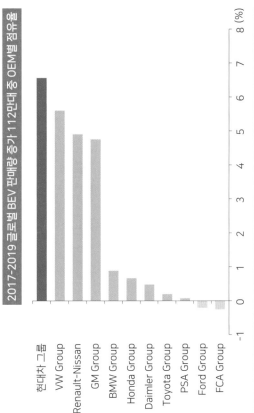

자료: SNE Research, 메리츠증권 리서치센터

BEV 시장 점유율 확장 지속

마지막 퍼즐이 되기 위한 조건

- 높은 상품성에 근거한 판매 신장을 통해 17년 13위였던 현대차그룹이 글로벌 BEV 판매점유율 순위는 18년 8위, 19년 5위까지 올라섰으며, 지난 1Q20 4위, 2Q20 2위까지 상승

- 2H20에는 ID.3에 대한 사전 계약 물량 (37,000대)에 대한 기 생산 물량 (2019년 12월부터 양산)을 출하할 VW의 영향으로 점유율 순위 한 단계 내려갈 가능성 존재

- 다만, 현재 이루어지고 있는 증산 공장의 증산 물량 반영과 2021년 신규 BEV 라인업 출시 확대를 통해 Tesla를 제외한 기존 OEM 중 가장 높은 점유율 유지 가능하다고 판단

빠르게 성장하고 있는 현대 · 기아차 글로벌 BEV 판매

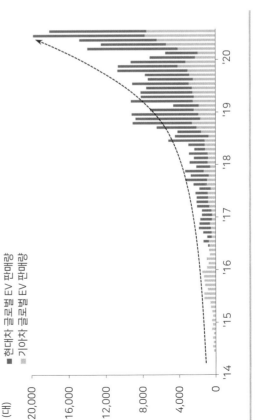

자료: 현대차, 기아차, 메리츠증권 리서치센터

글로벌 OEM 중 가장 기파른 점유율 상승 기록

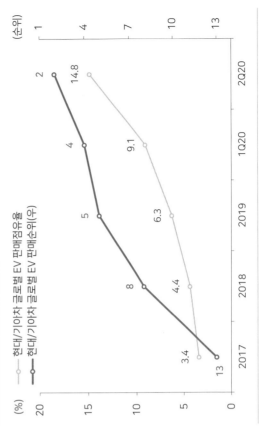

자료: SNE Research, 현대차, 기아차, 메리츠증권 리서치센터

② 비교 우위 상품성 확보 넘어, 가치 사슬을 확장 위해 투자 확대 중인 현대차그룹

■ 2025년까지 모빌리티 가치 사슬 전반에 대한 90조원 투자 진행 계획한 현대차그룹. 상품성 우위 BEV를 넘어 응부합 기술 확보 매진

시기	업체	분야	세부	규모(억원)	투자 주체
2017.12	Optsys	자율주행	섬유광학 및 라이다 개발	33	현대차
2017.12	Grab	모빌리티/플랫폼	동남아 차량 호출 서비스	270	현대차
2018.01	Aurora	자율주행	자율주행 기술	N/A	현대차
2018.02	Early bird	N/A	혁신 기술 기업 투자 VC	37	현대차
2018.03	Ionic Materials	전동화	전기차용 전고체 배터리	56	현대차
2018.05	Solid Power	전동화	전기차용 전고체 배터리	33	현대차
2018.05	CND	모빌리티/플랫폼	차량공유	16	현대차
2018.06	Metawave	자율주행	자율주행차용 Radar 및 AI	8	현대차
2018.06	Seematics	자율주행	딥러닝 엔진	11	현대차
2018.06	Obsidian	자율주행	열화상 센서	22	현대차
2018.06	Autotalks	커넥티비티	차량용 통신 반도체, V2X	56	현대차
2018.06	Percepto	모빌리티/플랫폼	드론	11	현대차
2018.06	Allegro.ai	자율주행	AI	11	현대차
2018.06	Strad Vision	자율주행	ADAS S/W	80	현대모비스
2018.07	Car Next Door	모빌리티/플랫폼	P2P 차량 공유	N/A	현대차
2018.07	Mesh Korea	모빌리티/플랫폼	라스트mile(물류/배송)	225	현대차
2018.07	Immotor	모빌리티/플랫폼	배터리 공유 서비스	N/A	현대차
2018.08	Revv	모빌리티/플랫폼	인도 차량 공유	N/A	현대차
2018.09	Migo	모빌리티/플랫폼	모빌리티 서비스 플랫폼	23	현대차
2018.09	Wayray	자율주행	증강 현실 네비게이션	110	현대차
2018.09	Percept Automata	자율주행	AI	16	현대차
2018.11	Top Flight	N/A	드론	N/A	현대차
2018.11	Grab	모빌리티/플랫폼	동남아 차량 호출 서비스	2,839	현대차
2018.12	Maniv Fund	N/A	자동차 기술 투자 VC	11	현대차
2018.12	JIMU	자율주행	중국 ADAS 솔루션	33	현대차
2019.03	Legend Fund	N/A	혁신 기술 기업 투자 VC	9	현대차
2019.03	Ola	모빌리티/플랫폼	인도 차량 호출 서비스	2,600	현대차
2019.03	Grab	모빌리티/플랫폼	동남아 차량 호출 서비스	851	기아차
2019.03	Ola	모빌리티/플랫폼	인도 차량 호출 서비스	660	기아차
2019.04	Audioburst	자율주행	AI 음성인식 플랫폼	55	현대차
2019.05	Realtime Robotics	로보틱스	자율주행 로봇 기술	16	현대차
2019.05	Aurora	자율주행	자율주행 기술	239	현대차
2019.05	Fun Share	자율주행	액션 카메라 업체	27	현대차
2019.05	Arybelle	모빌리티/플랫폼	디지털 후각센서	12	현대차
2019.05	Aurora	자율주행	자율주행기술	60	기아차
2019.05	Rimac	전동화	고성능 전기차 제조	1,000	기아차
2019.05	Deep Glint	자율주행	AI	60	현대모비스
2019.06	MDGo	자율주행	커넥티드 카 의료 서비스	N/A	현대차
2019.06	KST Mobility	모빌리티/플랫폼	호출형 전기차 공유	10	기아차
2019.07	Rimac	전동화	고성능 전기차 제조	211	기아차
2019.08	Yellow Line	N/A	스타트업	11	현대차
2019.09	UBiAi	커넥티비티	자동차 네트워킹 빅데이터	13	현대차
2019.09	Upstream	자율주행	자동차 사이버보안	27	현대차
2019.09	Cowin Fund	N/A	중국 VC 펀드	3	현대차
2019.09	Aptiv	자율주행	전장 부품 및 자율주행	24,000	현대차
2019.09	Code42	모빌리티/플랫폼	모빌리티 통합 플랫폼	150	기아차
2019.09	Obsidian	자율주행	열화상 센서	24	현대모비스
2019.09	IONITY	전동화	초고속 EV 충전 인프라	N/A	현대차
2020.01	Arrival	전동화	도심용 소형 상용 전기차	1,032	현대차
2020.01	Arrival	전동화	도심용 소형 상용 전기차	258	기아차

자료: 현대차, 기아차, 현대모비스, 메리츠증권 리서치센터

자율주행 솔루션 · 고성능 파워트레인 · 플랫폼 설계 고도화 · 고속 충전에 집중

- 투자의 중심은 Aptiv와의 자율주행 솔루션 (데이터 확보 → 연산 → 알고리즘 설계 → 기능 개선 및 자율주행 실현), Rimac과의 고성능 BEV 파워트레인 개발, 효율적인 장착 플랫폼 설계, 고속 배터리 충전 인프라 구축

Rimac, 고성능 BEV Powertrain [0-100: 1.85초]

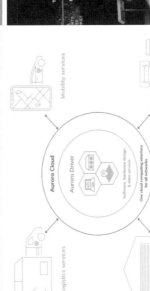

Aptiv, 자율주행 플랫폼 & Robotaxi

Arrival, Skateboard Platform [상용 BEV]

Aurora, 자율주행 플랫폼 [Chris Urmson]

Canoo, Skateboard Platform [중소형 BEV PBV]

Ionity, 초고속 충전 인프라 [350kW · 800V 이상]

자료: 현대차그룹, 메리츠증권 리서치센터

자율주행 솔루션 개발 역량, 글로벌 OEM 중 3위

마지막 퍼즐이 되기 위한 조건

- 지난 15년 글로벌 OEM 중 12위에 불과했던 현대차그룹의 자율주행 개발 역량은 20년 현재 3위까지 상승. Aptiv와의 5:5 JV를 통해 자율주행 컴퓨팅 플랫폼과 다양한 자율주행 제반 기술 (Architecture 기반 OTA, 센서 (LiDAR · 카메라 · Radar, GPS 안테나), 데이터 저장 장치 등)에 대한 지적 재산권 및 관련 개발 인력을 확보한 결과

- 현대차의 집중형 Architecture와 Aptiv의 자율주행 솔루션의 결합은 데이터 확보 디바이스를 구축함에 있어 경쟁 업체 대비 더 빠른 성과를 실현할 수 있다고 판단

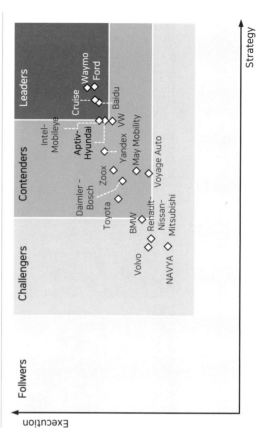

2020년 Navigant Research, 현대차그룹 기술 순위 6위 (OEM 중 3위)

자료: Navigant Research, 메리츠증권 리서치센터

2015년 Navigant Research, 현대차그룹 기술 순위 15위 (OEM 중 12위)

자료: Navigant Research, 메리츠증권 리서치센터

다양한 글로벌 OTA 개발 업체들과 공동 개발 진행

마지막 퍼즐이 되기 위한 조건

- 현대차는 OTA 기술 상용화를 위해 Wind River와 지속 협력해왔으며, JV를 맺은 Aptiv의 OTA 기술 또한 자율주행 솔루션 (Vehicle-to-Cloud, Cloud-to-Vehilce)에 적용할 전망

- 최근 삼성그룹과의 협업은 모빌리티 데이터 플랫폼 가치 사슬 전반에 대한 협업 의지로써 해석. 삼성전자-Harman 자회사 Red Bend의 OTA 기술도 포함되었을 것으로 추정

- VW의 OTA 개발업체인 Continental-Elektrobit (Continental 자회사)의 기술 완성 지연. 만약 현대차가 계획대로 2021년 중 FOTA 기술을 실현해낸다면, 기업가치 평가에 대한 프리미엄이 기존의 제조 중심에서 서비스 중심으로 이전되며 프리미엄 부여 가능

JV 설립한 Aptiv는 OTA 개발 역량 또한 보유

자료: DeepMind

Wind River와 OTA 구현 위한 공동 개발 진행

자료: Alphabet

글로벌 주요 Automotive OTA 개발 업체

자료: 메리츠종금권 리서치센터

③ 미래 투자를 위한 재원, 기존 자동차 제조 · 판매 성과에 연동

마지막 퍼즐이 되기 위한 조건

- 상품 경쟁력 뛰어난 BEV 개발, OTA 가능한 집중형 Architecture 구현, 이 같은 기술을 기반으로 확대 적용 가능한 다양한 가치 사슬에 대한 투자를 지속하기 위해서는 결국 이에 대한 재원 확보가 필수

- 투자 재원은 현재의 자동차 제조 · 판매 비즈니스에서의 성과 연동.

- 중차대한 변화의 길목에 들어선 자동차 업종은 안타깝게도 지난 1H20 C19 (코로나)에 의한 생산과 소비 절벽을 경험. 영업실적 훼손에 의한 투자 가능 재원의 총발을 지켜볼 수 밖에 없었던 실정

- C19 영향 반영에도 불구하고, 현대 · 기아차의 2020년 · 2021년 영업이익 컨센서스는 전년대비 소폭 축소에 그치거나, 오히려 증가한 모습

21년 영업이익 컨센서스는 C19 전 수준 이상으로 회복

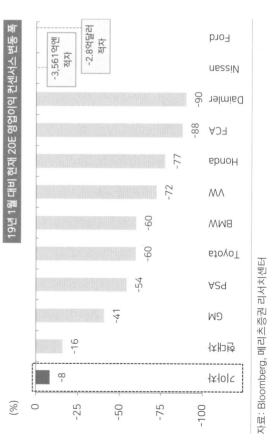

19년 1월 대비 현재 21E 영업이익 컨센서스 변동 폭

자료 : Bloomberg, 메리츠증권 리서치센터

C19 영향에도, 현대 · 기아차 20년 영업이익 컨센서스 조정 제한적

19년 1월 대비 현재 20E 영업이익 컨센서스 변동 폭

자료 : Bloomberg, 메리츠증권 리서치센터

성공적 신차 효과를 통해 C19 영향에 가장 강한 방어력을 보였던 현대 · 기아차

마지막 퍼즐이 되기 위한 조건

- 이는 똑같은 시장 수요 저하 과정에서도, 상대적으로 낮은 재고 수준을 지켜낼 수 있었고 출시 신차에 대한 소비자들의 높은 가동률 이를 통한 가동률 방어 및 인센티브 축소에 근거

- 지난 1Q20 현대 · 기아차는 글로벌 OEM 중 Tesla와 더불어 단 세 개 뿐인 YoY 이익 개선을 실현한 업체였으며, 2Q20에는 대부분의 OEM들의 적자 전환 속에서도 흑자 영업실적 기록을 지켜냈음

- 판매 경쟁력 강화를 통한 위기 대응으로 현금 유동성에 있어 가장 안정적 흐름을 유지했던 양 사는, 글로벌 OEM 중 C19 우려가 가장 컸던 지난 5월에도 경쟁 업체 대비 압도적으로 낮은 CDS Premium 유지

우려 컸던 5월에도 안정적 CDS Premium 유지

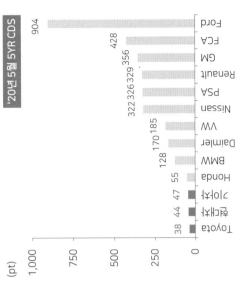

자료: Bloomberg, 메리츠증권 리서치센터

글로벌 OEM 중 단 세 업체만이 1Q20 성장 기록

영향 컸던 2Q20에도 흑자 지켜낸 현대 · 기아

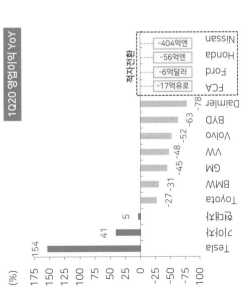

자료: 각 사, 메리츠증권 리서치센터

주: 일회성 비용 제거 (BMW 1Q19 일회성 총당부채 14억 유로 발생, 기아차 1Q20 일회성 통상임금 환입기저 2,800억원 발생)
자료: 각 사, 메리츠증권 리서치센터

이미 C19 영향 이전 수준 이상으로 회복된 현대·기아차 영업이익 컨센서스

마지막 퍼즐이 되기 위한 조건

- 현대·기아차의 2020년·2021년 영업이익 컨센서스 추이는 성공적 신차 효과에 대한 반영으로 C19 우려 발현 전까지 지속 우상향 기조를 이어왔으며, 21년의 경우 이미 위기 발현 전 수준 회복

- 여전히 C19 우려가 존재함에도 현대·기아차의 신차 판매 역량이 조기 정상화되고, 투자 확대를 위한 영업현금흐름 유입이 지속 가능하다는 시장의 공감 형성을 의미

위기 전 이상으로 회복한 현대차 21년 영업이익 컨센서스

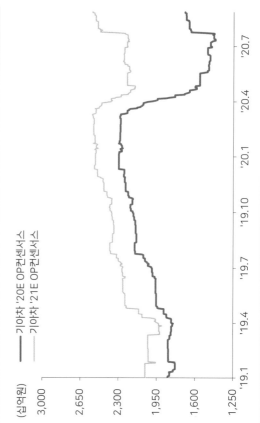

자료: Bloomberg, 메리츠증권 리서치센터

기아차 21년 영업이익 컨센서스 또한 위기 전 수준으로 회복

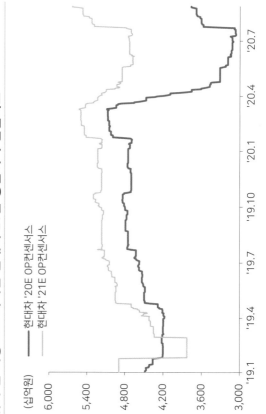

자료: Bloomberg, 메리츠증권 리서치센터

반면 경쟁 업체들의 영업이익 컨센서스 추이는 C19 전에도·후에도 하향·정체

- 현대·기아차와 달리 글로벌 경쟁 OEM들의 영업이익 컨센서스는 여전히 하향 조정 중이거나, 위기 전 수준과 비교해 매우 낮은 수준에 머물러 있는 상황. C19는 업체들 가려가며 영향을 미치지 않았으나, 업체별 위기 대응 능력은 상이했음을 의미

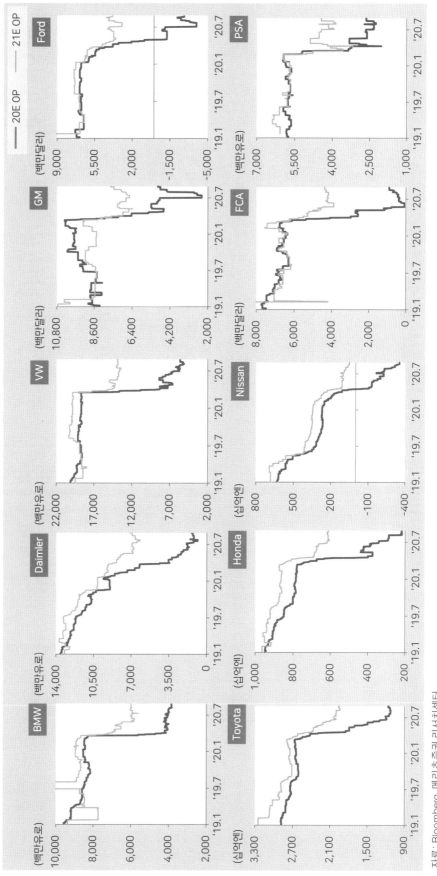

자료: Bloomberg, 메리츠증권 리서치센터

신차 효과를 통해 C19 전과 후 모든 국면에서 주요 시장 점유율 상승 기조 지속

마지막 퍼즐이 되기 위한 조건

- 이 같은 차별화는 결국 판매 성과에 근거. 현대·기아차는 2H18 시작된 새로운 신차 출시 지속으로 미국·유럽 등 주요 볼륨시장에서 지속적인 판매 점유율 확장세를 이어가고 있음

- 판매 역량 차이에 의한 실적 차별화는 궁극적으로 투자를 위한 영업현금흐름 확보에서도 큰 차이를 유발. 그리고 지금과 같은 산업의 구조적 헤게모니 변화 시기에서는 준비를 위한 재원 차이가 새로운 '데이터 플랫폼 비즈니스' 구현 개화 단계에서 격차로 이어질 수 있다고 판단

현대·기아차, 미국 시장에서 지난 7월까지 24개월 연속 점유율 상승

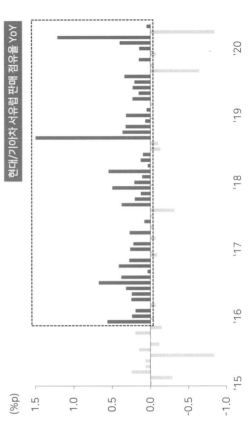

자료: 현대차, 기아차, Motor Intelligence, 메리츠증권 리서치센터

현대·기아차, 유럽 시장에서 지속적인 점유율 확장 기록 중

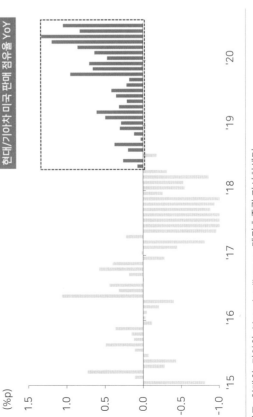

자료: 현대차, 기아차, ACEA, 메리츠증권 리서치센터

SUV · Luxury 중심 신차 효과 호조, 여전히 현재 진행형

마지막 퍼즐이 되기 위한 조건

■ 현대·기아차의 실적 및 투자 재원 차별화를 견인하고 있는 신차 라인업은 기존에 판매하지 않았던 새로운 세그먼트의 차량들 (기존 C·D 세그먼트 모델만 존재했던 현대차의 경우, A·B·E·F 세그먼트에서 SUV 신 모델 출시)

■ 신규 세그먼트 모델들의 출시는 여전히 진행 중이며, Mix 개선을 통한 이익 개선이 향후 2~3년간 지속될 수 있다고 판단

현대차 SUV 판매 비중 지속 상승

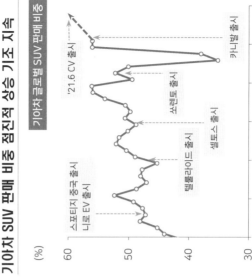

자료: 현대차, 메리츠증권 리서치센터

라인업 확대로 제네시스 판매 비중 지속 확대

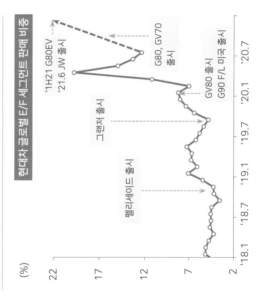

자료: 현대차, 메리츠증권 리서치센터

기아차 SUV 판매 비중 점진적 상승 기조 지속

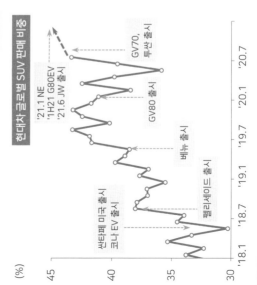

자료: 기아차, 메리츠증권 리서치센터

판매 Mix 개선 · 재고 감축 통한 인센티브 축소로 역대 최대 ASP 경신 지속

마지막 퍼즐이 되기 위한 조건

- SUV · Luxury 세그먼트의 신차 출시가 평균 ASP 상승을 이끌고 있는 가운데, 기존 주력 판매 세그먼트였던 Sedan은 인센티브 하락에 기여

- 현대 · 기아차의 판매 전략은 연간 판매 가능 볼륨이 낮아진 Sedan은 신차가 출시되어도 판매량을 고양시키기보다 인센티브를 낮추는 것에 집중하고, 대신 SUV · Luxury 모델들이 지난 6년 동안 Sedan 판매 부진으로 좁아졌어온 전체 판매물량을 증대시키는 구조

- SUV · Luxury 모델들은 판매 호조를 통해 높은 판매가격에도 낮은 인센티브 지출을 이어가고 있고 Sedan 모델들은 판매 중진 부담을 벗고 적은 인센티브 지급을 실현하며, 결과적으로 양 사의 실질 ASP는 지속적으로 역사적 최대치를 경신해가고 있음

역대 최대 ASP 경신 중인 현대차

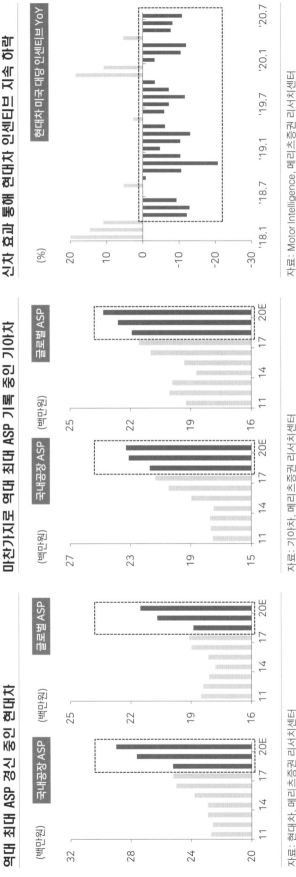

미전가지로 역대 최대 ASP 기록 중인 기아차

신차 효과 통해 현대차 인센티브 지속 하락

자료 : 현대차, 메리츠종금 리서치센터

자료 : 기아차, 메리츠종금 리서치센터

자료 : Motor Intelligence, 메리츠종금 리서치센터

삼박자가 준비된 현대차그룹, Non-Tesla 연합의 마지막 퍼즐로 부상

마지막 퍼즐이 되기 위한 조건

이를 갖춘 OEM의 등장, 현대차

- 경쟁력 있는 신차 출시로 위기 속에서도 실적 눈높이 상향을 이어가고 있는 현대 · 기아차

- 견고한 영업실적 실현을 통해 공격적으로 이어왔던 데이터 플랫폼 가치 사슬에 대한 투자 지속 확장 전망

- 기술 투자 통한 데이터 플랫폼 비즈니스 발현에 대한 이해가 높은 OEM이자, 가치 사슬 내 다종 산업의 업체들과 시너지를 낼 수 있는 '집중형 Architecture 기반의 OTA 구현이 가능한 높은 에너지 효율성의 BEV'를 제공할 수 있는 업체

- 현대 · 기아차, 모빌리티 데이터 비즈니스 전개를 위한 Non-Tesla 연합군의 경쟁력 높은 '마지막 퍼즐'로서, 제조가 아닌 서비스 비즈니스 모델 내에서 새로운 성장 동력 확보 가능할 전망

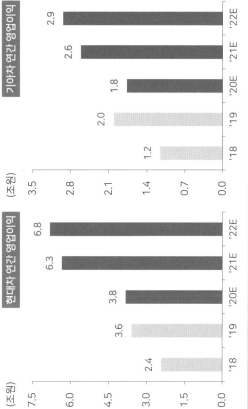

현대 · 기아차, 신차 효과 통한 영업지표 개선으로 높은 이익 성장 실현 전망

자료: 현대차, 기아차, 메리츠증권 리서치센터

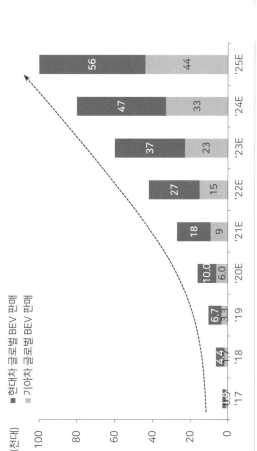

현대 · 기아차, 높은 상품 경쟁력 바탕으로 BEV 판매 가파른 성장 전망

자료: 현대차, 기아차, 메리츠증권 리서치센터

Appendix. 용어정리

용어	풀이
Architecture	하드웨어와 소프트웨어를 포함한 컴퓨터 시스템 전체의 설계방식 자동차의 Architecture는 분산형 Architecture → Domain 집중형 Architecture → Vehicle 집중형 Architecture로 발전
BEV	Battery Electric Vehicle, 배터리로 전기 모터에 전력을 공급하여 주행하는 자동차
BMS	Battary Management System, 차량에 탑재된 배터리를 효율적으로 관리, 제어하는 시스템
CASE	모빌리티 산업의 핵심 키워드 '연결(Connectivity), 자율주행(Autonomous), 공유(Sharing). 전동화(Electrification)'의 준말
CDS	Credit Default Swap, 신용부도스와프. 기업이 부도위험 등 '신용'을 사고 팔 수 있는 신용파생상품 거래
Cell to Pack	배터리는 일반적으로 Cell → Module → Pack으로 포장 후 차량에 설치. Cell to Pack은 중간과정인 Moduling을 제거해 에너지 밀도를 높이는 기술
Cloud Computing	모든 소프트웨어 및 데이터는 클라우드(IDC 등 대형 컴퓨터의 연합체)에 저장되고 네트워크 접속이 가능한 PC나 휴대폰, PDA 등이 다양한 단말기를 통해 장소에 구애받지 않고 원하는 작업을 수행할 수 있는 컴퓨팅 기술
Core Efficiency	동소비전력/주행거리/무게, 각각의 전기차가 동일 무게로 동일 주행거리를 주행할 때 얼마나 많은 에너지를 소비하는지를 비교하는 방법
DARPA	Defense Advanced Research Projects Agency, 미국방위고등연구계획국. 군사 기술을 주로 연구하는 미국 국방부 소속 기관
Deep Learning	머신 러닝의 한 분야로 데이터로 데이터를 컴퓨터가 처리 가능한 형태인 벡터나 그래프 등으로 표현하고 이를 학습하는 모델을 구축하는 기법
ECU	Electronic Control Unit, 자동차의 뇌. 엔진 내 여러 기능을 최적 상태로 유지해주는 전자제어 장치
Edge Computing	기존 클라우드 서비스처럼 대규모 중앙 데이터센터에서 모든 컴퓨팅 파워를 제공하는 것이 아니라 기지국이나 공장등 데이터가 생성되는 곳과 가까운 말단(edge) 영역에 소규모 컴퓨팅 파워를 설치해 데이터를 처리하는 방식
ESS	Energy Storage System, 남는 전력을 따로 저장했다가 필요한 시기에 공급하는 시스템
FSD	Full self driving, Tesla의 부분 자율주행 기능명
Gbps	초당 얼마나 많은 양의 정보를 보낼 수 있는지를 나타내는 단위. 1Gbps는 1초에 대략 10억비트의 데이터를 보낼 수 있다는 뜻
GPS	Global Positioning System, GPS 위성에서 보내는 신호를 수신해 사용자의 현재 위치를 계산하는 위성항법시스템

용어	풀이
GPU	Graphic Processing Unit, 컴퓨터의 영상정보를 처리하거나 화면 출력을 담당하는 연산처리장치. 중앙처리장치의 그래픽 처리 작업을 돕기 위해 만들어짐
HP	Horse power, 동력이나 일률을 측정하는 단위. 보통 짐마차를 부리는 말이 단위시간 (1분)에 하는 일을 실측하여 1마력으로 삼은 데서 유래.
ICE	Internal combustion engine, 흡입, 압축, 연소, 배기의 4행정으로 연료가 기통 내에서 연소하여 동력을 발생하는 내연기관
Latency	네트워크에서 하나의 데이터 패킷이 한 지점에서 다른 지점으로 보내지는 데 소요되는 시간
LiDAR	레이저를 목표물에 비춰 사물과의 거리 및 다양한 물성을 감지할 수 있는 기술
MaaS	Mobility as a Service, 전동킥보드, 자전거, 버스, 택시, 승용차, 철도, 비행기 등 모든 운송수단(모빌리티)의 서비스화
Machine Learning	인공지능의 연구 분야 중 하나로, 인간의 학습 능력과 같은 기능을 컴퓨터에서 실현하고자 하는 기술 및 기법
MPGe	Miles per gallon gasoline equivalent, 전기차의 연비
Neural Network	Cloud에서 인공지능 학습을 수행하는 GPU의 클러스터로 인간의 뇌 기능을 모방한 네트워크
OEM	SOriginal equipment manufacturing, 주문자가 요구하는 제품과 상표명으로 완제품을 생산하는 것. 자동차 산업에서도 각 제조사를 나타냄
OTA	Over the air update, 무선 업데이트
Platform	엔진과 섀시, 차체 등으로 구성된 자동차의 뼈대를 이루는 구조
Robotaxi	운전자없이 자율주행차가 스스로 운전하는 택시
SoC	System on Chip, 하나의 칩에 여러 시스템을 집적시킨 단일 칩 시스템 반도체

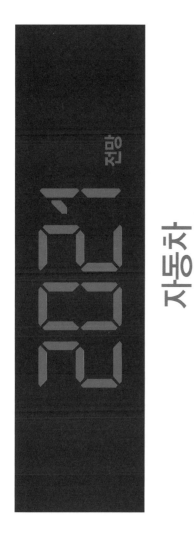

2021 전망

자동차

P-Cycle Outperformer

Summary

P-Cycle Outperformer

P-Cycle Outperformer

I

- 4개 분기 연속 시장 기대치 상회 실적 기록 중인 현대·기아차. 실적 개선 핵심 근거는 신차 판매 호조를 통한 ASP 상승
- 성공적 신차 효과 확산 통해, 현대·기아차는 21년 연간 영업이익 역대 최대 수준 기록 전망
- 자동차 업종에 대한 Overweight 투자 전략 지속 유효, 이제 업종 내 최적 포트폴리오 구성 고민 필요
- 19-23년 신차 Cycle은 09-13년의 'Q-Cycle'과 다른 'P-Cycle'
- P-Cycle 실적 개선의 세 가지 특징은 1) 신차 비중 확대 통한 ASP Mix 개선, 2) 중고차 잔존가치 상승 통한 금융 손익 증대, 3) 높은 수익성의 옵션 채택 소비자 비율 확대를 통한 영업 레버리지 발현
- P-Cycle의 수혜는 완성차에 집중. 업종 내 '분산형'이 아닌 '집중형' 포트폴리오 구성 필요
- 부품 업종은 완성차 P-Cycle의 특징에 기반한 선호 기준 수립과 이에 근거한 '선택과 집중' 전략 유효
- 세 가지 선호 기준: 1) 옵션 채택 확대 수혜 가능한 ADAS 제품 공급, 2) 현대·기아차 외 대규모 판매 확산될 중인 OEM (ex. Tesla)에 대한 수주 확보, 3) 중국 시장 수요 회복 수혜 누리기 위한 로컬 OEM 공급 확대
- 21년 최선호 부품 업체는 세 가지 기준 충족을 통해 +251% 영업이익 개선 가능한 만도

BEV 대중화 시작 →
두드러질 업체별 경쟁력 격차

II

- 21년 글로벌 BEV 시장, 본격적인 대중화 시작 전망
- 이미 시장은 BEV의 'Early Adopter → Early Majority 전환'에 따른 새로운 가치 부여 시작
- 커져갈 시장과 함께 깐깐해질 소비자 → OEM 간 경쟁력·가치 평가 차별화 확대 예상
- 시장 확산과 더불어 'Computer on Wheel'로서의 BEV에 대한 소비자 선호 및 가치 증대 확산될 예정
- 향후 디바이스로서 역할이 부여될 BEV의 핵심 경쟁력은 FOTA·집중형 Architecture·Powertrain
- 경쟁우위의 BEV 상품성 실현 통해 판매 점유율 확장 이어가고 있는 현대·기아차 (20년 YTD 기준, 글로벌 점유율 2위)
- 21년 집중형 Architecture 기반의 FOTA 기능 구현을 실현한다면, 새로운 가치 평가 프리미엄 적용 시작될 수 있다고 판단

시나리오별 2021년 전망

항목	변수	Worst	Base	Best
1. 재고 · 인센티브 축소	▪ 신차 판매 호조 지속 ▪ 주요 시장 C19 락다운 여부	▪ 신차 출시 지연 및 판매 부진 ▪ C19 재확산으로 주요 시장의 락다운 재개 및 영업 활동 축소	▪ 신규 투입 신차 판매 호조에 따른 영업지표 (재고 · 인센티브 등) 개선 지속 ▪ 미국 · 유럽 · 한국 등 주요 시장의 C19 영향 완화 기조 유지	▪ 신차 판매 수요 확장 통한 가동률 급등 ▪ 백신 개발 통한 C19 영향 완전 해제
2. 옵션 선택 비율 상승	▪ 신차 옵션 선택 비율 상승 ▪ 신차 판매 비중 확대 ▪ 안전 · 편의 기능 수요 증대	▪ 안전 기능에서의 불량 발생으로 소비자의 옵션 선택 비율 축소 ▪ 신차 판매 부진에 따른 옵션 가격 인하 및 옵션 선택 비율 하락	▪ 20년 출시 신차와 마찬가지로 21년 출시 신차들에 대해서도 소비자의 옵션 선택 비율 높은 수준을 유지 ▪ 높은 옵션 선택 비율을 기록 중인 신차 판매 비중 확대 ▪ 소비자의 안전 · 편의 가능 확산 지향 가능 옵션에 대한 수요 확산 지속	▪ 옵션 기능 고도화와 수요 확산에 따른 옵션 가격 인상 및 수익성 추가 개선 ▪ 안전 · 편의 기능에 대한 수요 증대로 옵션 선택 비율 추가 상향
3. BEV 판매 점유율 확대	▪ 2세대 BEV 출시 지속 ▪ 2세대 BEV 성능 개선 ▪ FOTA · Architecture 개발	▪ 2세대 BEV 출시 지연 ▪ 2세대 BEV 미진한 성능 개선 실현 ▪ FOTA 상용화 실패	▪ IONIQ5를 비롯한 현대 · 기아차 2세대 BEV 4종의 지연 없는 출시 ▪ 1세대 BEV를 넘어서는 성능 개선 실현 ▪ 제네시스 BEV JW 이후 FOTA 구현	▪ 두드러진 기능 개선 통해 경쟁 업체 대비 더욱 차별화되는 상품성 확보 ▪ 2세대 BEV 생산 CAPA 확장 ▪ 구체적인 데이터 비즈니스 발현
산업 투자 전략		▪ 비중 축소 ▪ 미진한 신차 Cycle 확산에 따른 시장의 실적 기대치 하향 조정 ▪ BEV 시장에서의 역량 부족으로 밸류에이션 de-rating 시작	▪ 비중 확대 ▪ P-Cycle 신차 효과 확산 통해 현대 · 기아차 중심 실적 이익 개선 유효 ▪ FOTA 구현 2세대 BEV 판매 확대 통해 새로운 가치 평가 프레임 적용 시작	▪ 비중 확대 ▪ 가동률 상승 통한 고정비 승수효과 확대되며 이익 개선 강도 상향 ▪ Non-Tesla 진영 중심 축으로 다종의 데이터 비즈니스 실적 반영
Top-Picks		▪ 만도	▪ 현대차 · 기아차 · 만도	▪ 현대차 · 기아차 · 만도 · 모비스

주가 결정 요인

2021 전망과 전망 자동차

Part I

P-Cycle Outperformer

4개 분기 연속 시장 기대치 상회 중인 현대·기아차

성공적 신차 Cycle 시작

- C19 영향에 의한 생산 및 판매 차질 불구, 현대·기아차 지난 4개 분기 연속 시장 기대치 상회
- 특히 지난 2Q20과 3Q20 영업이익은 양 사 모두 50% 이상 기대치 상회
- 현대차 2Q20 +98% · 3Q20 +73%, 기아차 2Q20 +67% · 3Q20 +123%

C19 영향 불구, 현대차 지난 4개 분기 연속 시장 기대치 상회 실적 실현

기아차 또한 4개 분기 연속 시장 기대치 상회 실적 기록 중

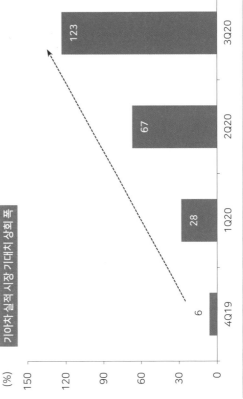

자료: 현대차, Bloomberg, 메리츠증권 리서치센터

자료: 기아차, Bloomberg, 메리츠증권 리서치센터

실적 개선의 핵심 근거, 신차 판매 호조 통한 ASP 상승

■ 20년 C19 영향에 의한 물량 감소 영향에도 불구, 신차 판매 호조 및 ASP 개선으로 차별화된 실적 실현 지속

현대 · 기아차, 신차 판매 호조에 따른 ASP 상승 효과를 통해 4개 분기 연속 시장 기대치 성회 실적 실현

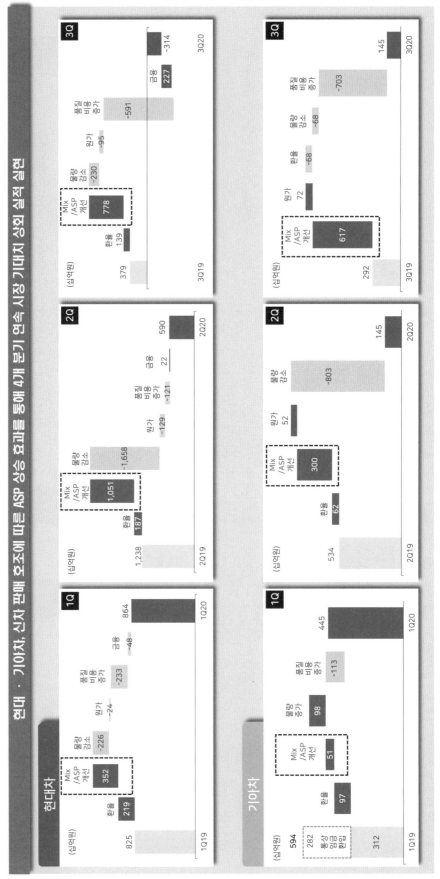

자료: 현대차, 기아차, 메리츠증권 리서치센터

주력 신차 출시 시작된 2H19 기점으로 가파른 ASP 상승

역대 최대 ASP 상승

- 현대·기아차, 주력 볼륨 모델 신차 출시 시작된 2H19 이후 가파른 ASP 상승 본격화
- 양사 모두 역대 최대 ASP 기록 중

현대차, 주력 신차 출시 이후 가파른 ASP 상승 실현 중

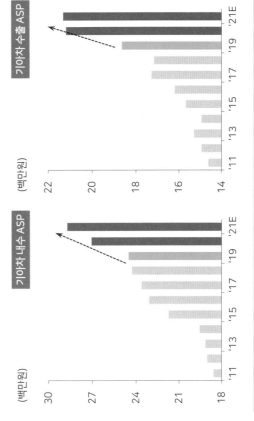

자료: 현대차, 메리츠증권 리서치센터

기아차, 내수·수출 ASP 역대 최고치 경신 중

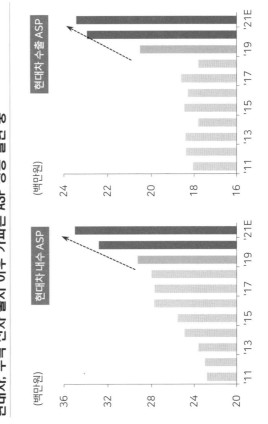

자료: 기아차, 메리츠증권 리서치센터

성공적 신차 효과 확산 기대감으로 21년 연간 영업이익 기대치 상향지속

21년 영업이익
시장 기대치 상향 지속

- 신차 판매 호조 및 ASP 상승 통한 기대치 상회 실적 발현 지속으로, 현대·기아차 21년 연간 영업이익 눈높이 C19 이전 수준을 넘어 더 높은 레벨을 향해 확대일로

- 20년 초 대비 양 사의 21년 연간 영업이익 시장 기대치는 현재 각각 +27%, +44% 증가

현대차 21년 영업이익 시장 기대치, 20년 초 대비 +27% 증가

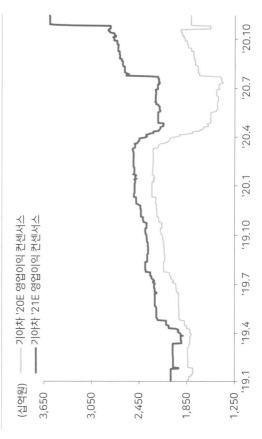

자료: Bloomberg, 메리츠증권 리서치센터

기아차 21년 영업이익 시장 기대치, 20년 초 대비 +44% 증가

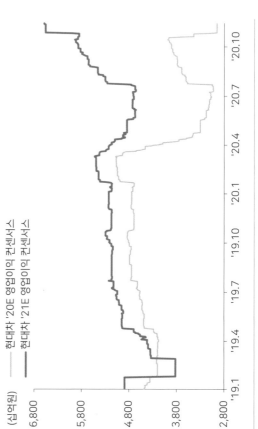

자료: Bloomberg, 메리츠증권 리서치센터

현대·기아차 역대 최대 수준의 21년 연간 영업이익 전망

새로운 Cycle 시작

- 09-13년 Cycle의 성공과 14-18년 Cycle의 실패 경험한 현대·기아차
- 19-23년 Cycle의 성공을 통해 10년 만의 실적 확장 국면 진입
- 21년 양 사 모두 역대 최대 규모의 영업이익 실현 전망
  현대차 7.42조원 (+154% YoY) · 기아차 3.92조원 (+122% YoY)

현대차, 성공적인 신차 효과 확장 통해 21년에도 이익 개선세 지속 전망

(조원)

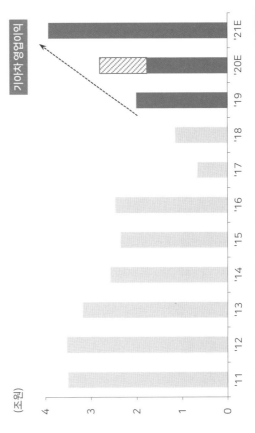

주: 20년 품질비용 Big bath 2.14조원 반영
자료: 현대차, 메리츠증권 리서치센터

기아차, 신차 Mix 개선 지속으로 21년 역대 최대 연간 이익 실현 전망

(조원)

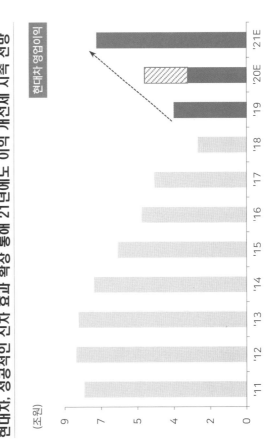

주: 20년 품질비용 Big bath 1.03조원 반영
자료: 기아차, 메리츠증권 리서치센터

자동차 업종에 대한 'Overweight 투자 전략' 유효할 전망

자동차 업종 비중 확대
필요성 명백

- 21년 자동차 업종에 대한 Overweight 투자 전략 필요
- 국내 시장 모든 업종 중 21년 연간 영업이익·순이익 성장률 및 추정치 상향 강도 가장 높은 '자동차'

실현 가능 21년 이익 기대치의 상향 조정이 지속 중인 자동차 업종

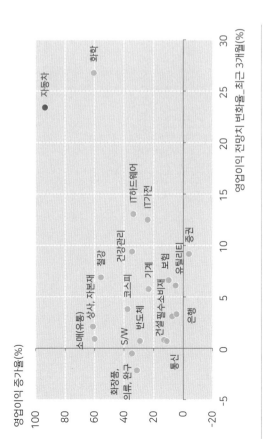

자료 : Bloomberg, 메리츠증권 리서치센터

21년 업종에 대한 Overweight 투자 전략 지속 유효하다고 판단

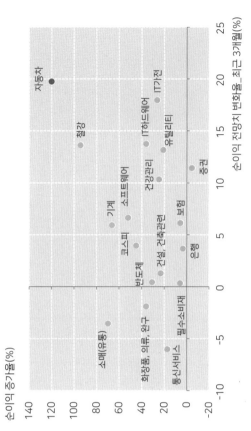

자료 : Bloomberg, 메리츠증권 리서치센터

업종 내 최적 포트폴리오 구축 위해 '19-23년 Cycle에 대한 정의' 필요

- 자동차는 Cycle 산업. 효과적인 업종 투자 판단 위해 1) Cycle 성패 여부와 2) Cycle 별 성격 구분 필요

2000년대 들어 내 번째 신차 Cycle이 진행 중인 현대 · 기아차

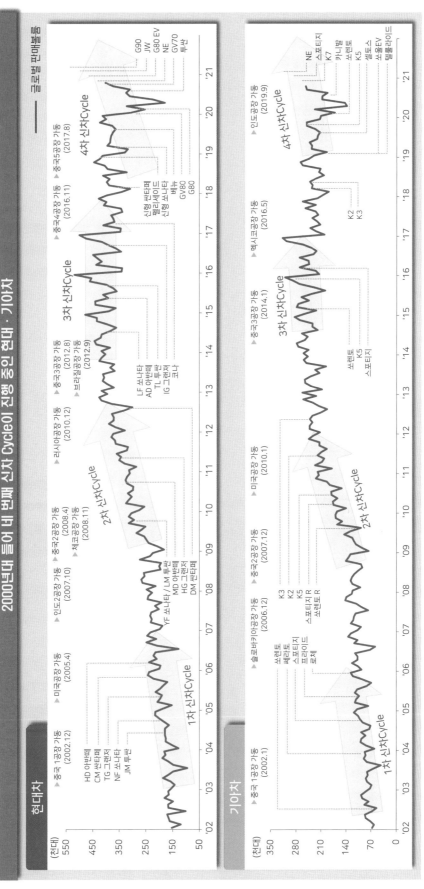

자료: 현대차, 기아차, 메리츠증권 리서치센터

19-23년은 09-13년 'Q-Cycle'과는 다른 'P-Cycle'

Q-Cycle vs. P-Cycle

- Cycle의 성격 변화에 주목
- 09-13년 = Q-Cycle. 현대·기아차 합산 판매량 419만대 (08년 기준)에서 5년간 +80% 증가
- 19-23년 = P-Cycle. 양 사 합산 판매량 728만대 (18년 기준) 에서 Cycle 시작. 전체 시장 수요도 팽창이 아닌 안정·성숙 국면. 지금은 제한적 'Q' 성장 속 'P' 확장이 이익 증가를 견인

현대·기아차의 이번 신차 Cycle은 Q-Cycle이 아닌 P-Cycle

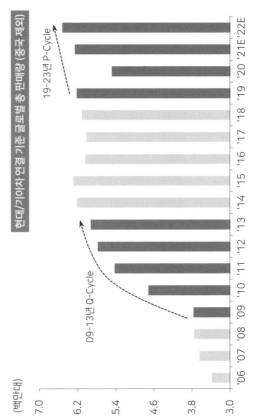

현대/기아차 글로벌 총 판매량

(백만대)

09-13년 Q-Cycle

19-23년 P-Cycle

'06 '07 '08 '09 '10 '11 '12 '13 '14 '15 '16 '17 '18 '19 '20 '21E '22E

자료: 현대차, 기아차, 메리츠증권 리서치센터

양적 팽창에 근거한 포트폴리오 구성보다는 질적 성장 업체 집중 전략 필요

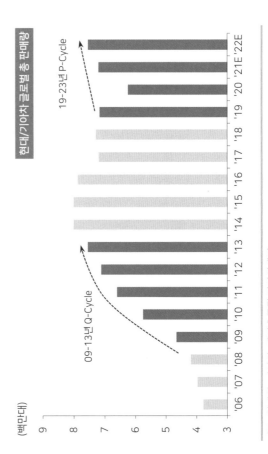

현대/기아차 연결 기준 글로벌 총 판매량 (중국 제외)

(백만대)

7.0

6.2

5.4

4.6

3.8

3.0

19-23년 P-Cycle

09-13년 Q-Cycle

'06 '07 '08 '09 '10 '11 '12 '13 '14 '15 '16 '17 '18 '19 '20 '21E '22E

자료: 현대차, 기아차, 메리츠증권 리서치센터

19-23년 P-Cycle 특징 1. Mix 개선

19-23년 P-Cycle의 세 가지 성격

- 19-23년 P-Cycle 이익 개선은 크게 세 개의 축으로 구성

  - ① 신차 판매 호조 통한 인센티브 지급액 축소 (총 매출 상승 → 매출원가율 하락)
  - ② 신차 가격 상승과 동행한 중고차 가치 개선 (잔존가치 상승 → 금융 (리스·할부) 수익성 개선)
  - ③ 신차 구매 시 옵션 선택 소비자 비율 확대 (높은 수익성의 옵션 이익 기여도 상승)

- Cycle의 성패 확인을 위한 가장 명확한 방법은 신차 판매 비중 추이 점검

- 신차 흥행이 이루지지 못했던 14-18년 Cycle, 신차 판매 비중 상승 또한 제한적 수준에 그침

- 반면, 21년 신차 판매 비중은 주력 모델 출시로 큰 폭의 확대 전망 (양 사 모두 50% 도달)

현대·기아차 출시 3년 이내 차량의 연도별 판매 비중 추이

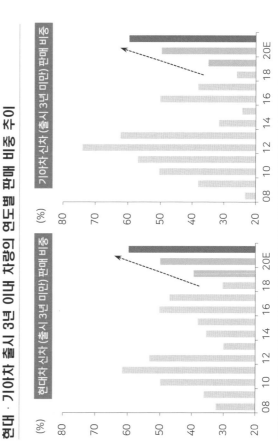

자료: 현대차, 기아차, 메리츠증권 리서치센터

2년 이내 차량 연도별 판매 비중 추이, 21년 50%에 이를 전망

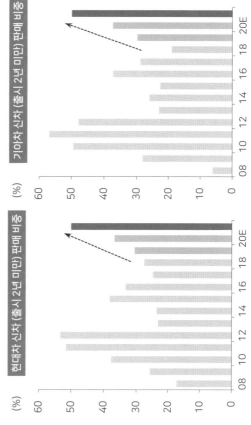

자료: 현대차, 기아차, 메리츠증권 리서치센터

신차 판매 확장 통한 영업지표 호전

19-23년 P-Cycle의
세 가지 성격

- 신차 판매 비중 확장 통한 영업지표 (인센티브 · 재고 · 판매 점유율) 개선 지속 중
- 특히 높은 수익성의 미국 시장 판매 성과 고무적. 27개월 연속 YoY 판매 점유율 상승

산업 평균 대비 차별화되는 대당 인센티브 감축 실연 중인 현대 · 기아차

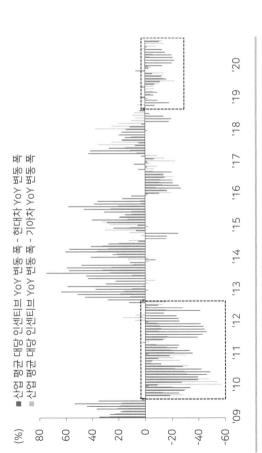

자료: Motor Intelligence, 메리츠증권 리서치센터

주요 해외 시장에서 지속적인 점유율 상승 추세를 이어가고 있는 모습

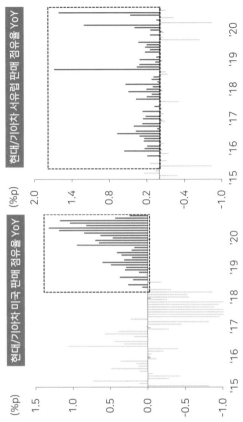

자료: Auto Data, 현대차, 기아차, 메리츠증권 리서치센터

Sedan ↓ vs. SUV · Luxury ↑

19~23년 P-Cycle의 세 가지 성격

- 제품 Mix 개선 지속 통한 ASP 상승과 대당 이익 개선 실현 중
- Sedan: 적정 재고 유지 → 인센티브 ↓ · 대당 이익 ↑
- SUV · Luxury: 판매량 확대 · 재고 축소 → ASP Mix ↑ · 대당 이익 ↑

기아차 SUV 신차 효과 통해 판매 비중 상승

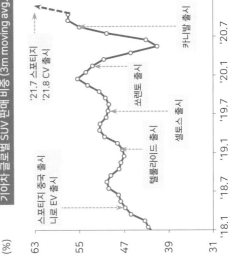

기아차 글로벌 SUV 판매 비중 (3m moving avg.)

스포티지 중국 니로 EV 출시 / 텔룰라이드 출시 / 셀토스 출시 / 쏘렌토 출시 / '21.7 스포티지 '21.8 CV 출시 / 카니발 출시

자료: 기아차, 메리츠증권 리서치센터

현대차 Luxury 라인업 확장으로 판매 비중 증대

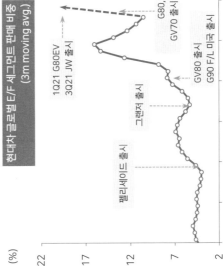

현대차 글로벌 E/F 세그먼트 판매 비중 (3m moving avg.)

팰리세이드 출시 / 그랜저 출시 / 1Q21 G80EV 3Q21 JW 출시 / GV80 출시 G90 F/L 미국 출시 / G80, GV70 출시

자료: 현대차, 메리츠증권 리서치센터

현대차 SUV 신차 판매호조로 판매 비중 확대

현대차 글로벌 SUV 판매 비중 (3m moving avg.)

싼타페 미국 출시 코나 EV 출시 / 팰리세이드 출시 / 베뉴 출시 / GV80 출시 / GV70, 투싼 출시 / '21.4 NE 1Q21 G80EV 2Q20 쎈타크루즈 3Q21 JW 출시

자료: 현대차, 메리츠증권 리서치센터

19-23년 P-Cycle 특징 2. 신차 가격 ↑ → 중고차 잔존가치 ↑ → 금융 실적 ↑

19-23년 P-Cycle의 세 가지 성격

- SUV·Luxury 판매 비중 확대 통한 평균 MSRP 상승·대당 평균 인센티브 축소 → ASP 상승 중
- 신차 판매 호조와 판매 가격 상승은 금융 실적 개선으로 연결
  ① 신차 ASP 상승 → 중고차 거래가격 상승 → 금융거래 (할부·리스) 위한 잔존가치 상승
  ② 신차 판매 호조 → 딜러 재고 축소 → 할인 판매 압력 축소 → 금융 인센티브 (ex: 무이자 할부) 필요성 축소

신차 인센티브 지급액 축소는 금융 순익 개선 근거

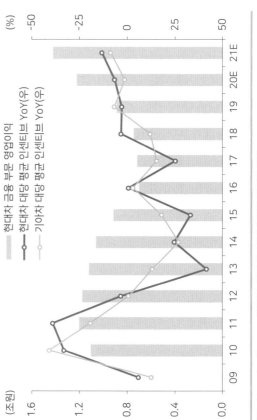

자료: Motor Intelligence, 현대차, 기아차, 메리츠증권 리서치센터

전체 시장의 중고차 가치 상승 기조 또한 금융 실적 개선에 긍정적

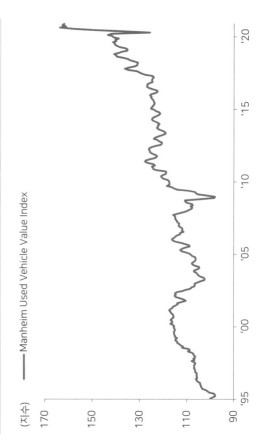

자료: Manheim, 메리츠증권 리서치센터

19-23년 P-Cycle 특징 3. 신차에 대한 옵션 선택 소비자 비율 급증

19-23년 P-Cycle의
세 가지 성격

- 이번 P-Cycle에서의 가장 강력한 실적 개선 요인은 바로 소비자 옵션 채택 비율 증가
- 기아차는 K5·쏘렌토 신차의 소비자 옵션 채택 비율이 기존 모델과 비교해 큰 폭으로 증가했다고 공개
- 옵션 채택 통한 ASP 상승의 수익 기여는 신차 Mix 개선을 통한 ASP 상승보다 월등히 높은 상황
- 옵션 채택 비율이 높은 신차 판매 비중의 확대는 연결 실적에 대한 대규모 승수 효과 발현 근거

옵션 채택 통한 ASP 상승은 실적 개선 강도 확장 근거

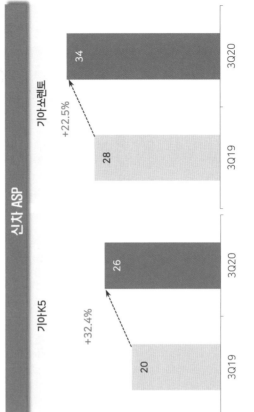

자료: 기아차, 메리츠증권 리서치센터

19-23년 Cycle의 신차들은 기존과 비교해 높은 옵션 채택 비율 기록 중

옵션 채택률 (3Q19 vs. 3Q20)			
	Drive Wise	UVO 내비게이션	HUD/ 프리미엄 사운드
K5	23% →71%	48% →86%	24% / 18%
쏘렌토	58% →83%	73% →96%	34% / 17%

자료: 기아차, 메리츠증권 리서치센터

소비자의 옵션 선택 비율 증가는 대규모 수익성 향상의 근거

19~23년 P-Cycle의 세 가지 성격

- Oliver Wyman이 지난 15년 공개한 독일 OEM 자료를 통해 옵션의 수익 기여에 대한 유의미한 해석 가능

- 연간 약 200만대를 판매 중인 OEM이 옵션을 제외한 '기본 차량' 판매를 통해 거두는 이익 규모와 이들 차량 중 약 25%가 채택한 '옵션'을 통해 거둔 이익 규모가 유사

- 소비자가 선택하는 옵션은 대부분 안전 및 편의 사양으로, 이는 추가적인 하드웨어에 부착 아닌 '기능'의 추가

- 예를 들어 '긴급 자동제동 (AEB)' 옵션을 선택한 차량과 선택하지 않은 차량 모두 Actuator인 브레이크가 동일하게 탑재. 즉, 가공비·재료비·인건비 등 대당 원가는 유사. '기능' 추가 과정에서 부수적 비용 발생하나, 가장 높은 원가 구성 요인들의 변화 제한적. 즉, 옵션 판매는 OEM 영업 레버리지 확대 요인

옵션 가격, 기본 차량 MSRP의 10~20%

옵션 가격, 기본 차량 MSRP의 10~20%

(천원)

자료: 현대차, 기아차, 메리츠증권 리서치센터

높은 수익성의 옵션 이익 = 기본 차량 판매 이익

높은 수익성의 옵션 이익 = 기본 차량 판매 이익

완성차 이익비중

- 부품 및 서비스 40%
- 금융 서비스 20%
- 차량 판매 20%
- 옵션 판매 20%

자료: Oliver Wyman, 메리츠증권 리서치센터

옵션은 '기능', 대당 제조원가 변화 제한적

옵션은 '기능', 대당 제조원가 변화 제한적

- Front Camera
- 24GHz BSD Radars (2)
- Ultrasonic Sensors (12) + SPAS ECU
- Parallel & Perpendicular Parking Assist
- LDW / LKA / DAA
- FCW / AEB (Sensor Fusion)
- 77GHz Front Radar
- Navigation-linked ACC Stop&Go HDA (Highway Driving Assist)

자료: 만도

안전·편의 사양에 대한 소비자 요구 증가는 구조적→옵션 채택 확대 지속 전망

- Deloitte에 따르면 이미 소비자들은 안전·편의 기능에 대해 $1,475~2,178의 추가 비용 지급 용의 충분
- 새롭게 출시되는 차량에 포함된 옵션 '기능'에 대한 소비자의 요구 확대는 구조적이며, 이를 통한 수익 기여 지속 증가할 전망

안전·편의 기능에 대한 소비자의 요구 및 비용 지불 의사 지속 확대

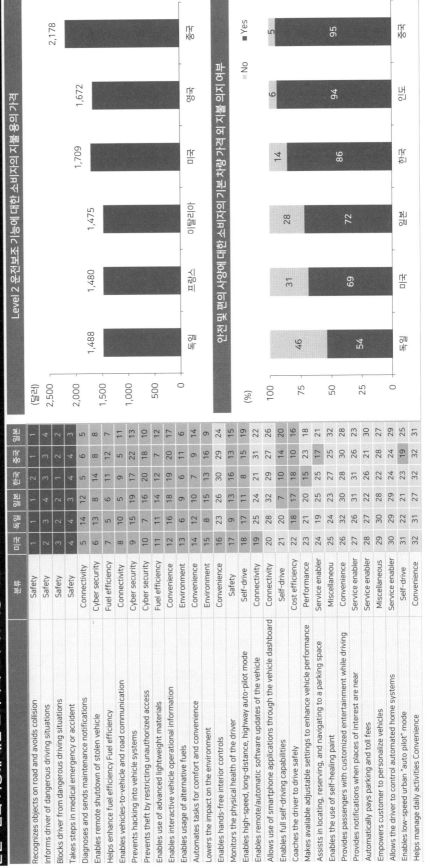

Level 2 운전보조 기능에 대한 소비자의 지불 용의 가격 (달러)

독일	프랑스	이탈리아	미국	영국	중국
1,488	1,480	1,475	1,709	1,672	2,178

안전 및 편의 사양에 대한 소비자의 기본 차량 가격 외 지불 의지 여부 (%)

■ No ■ Yes

	독일	미국	일본	한국	인도	중국
No	46	31	28	14	6	5
Yes	54	69	72	86	94	95

	분류	미국	독일	일본	한국	중국	일본
Recognizes objects on road and avoids collision	Safety	1	1	1	2	1	1
Informs driver of dangerous driving situations	Safety	2	3	4	3	3	4
Blocks driver from dangerous driving situations	Safety	3	2	2	1	2	2
Takes steps in medical emergency or accident	Safety	4	4	4	4	4	3
Diagnoses and sends maintenance notifications	Connectivity	5	14	12	5	6	5
Enables remote shutdown of stolen vehicle	Cyber security	6	13	8	14	8	8
Helps enhance fuel efficiency Fuel efficiency	Fuel efficiency	7	5	6	11	12	7
Enables vehicles-to-vehicle and road communication	Connectivity	8	10	5	9	5	11
Prevents hacking into vehicle systems	Cyber security	9	15	19	17	22	13
Prevents theft by restricting unauthorized access	Cyber security	10	7	16	20	18	10
Enables use of advanced lightweight materials	Fuel efficiency	11	11	14	12	7	12
Enables interactive vehicle operational information	Convenience	12	16	18	19	20	17
Enables usage of alternative fuels	Environment	13	6	9	6	11	6
Automates tasks for comfort and convenience	Convenience	14	12	10	7	9	14
Lowers the impact on the environment	Environment	15	8	15	13	16	9
Enables hands-free interior controls	Convenience	16	23	26	30	29	24
Monitors the physical health of the driver	Safety	17	9	13	16	13	15
Enables high-speed, long-distance, highway auto-pilot mode	Self-drive	18	17	11	8	15	19
Enables remote/automatic software updates of the vehicle	Connectivity	19	25	24	21	31	22
Allows use of smartphone applications through the vehicle dashboard	Connectivity	20	28	32	29	27	26
Enables full self-driving capabilities	Self-drive	21	20	7	10	14	20
Coaches the driver to drive safely	Cost efficiency	22	18	18	18	10	16
Makes available adjustable settings to enhance vehicle performance	Performance	23	21	20	15	23	18
Assists in locating, reserving, and navigating to a parking space	Service enabler	24	19	25	25	17	21
Enables the use of self-healing paint	Miscellaneou	25	24	23	27	25	32
Provides passengers with customized entertainment while driving	Convenience	26	32	30	28	30	28
Provides notifications when places of interest are near	Service enabler	27	26	31	31	26	23
Automatically pays parking and toll fees	Service enabler	28	27	22	26	21	30
Empowers customer to personalize vehicles	Miscellaneous	29	30	28	22	28	27
Allows the driver to control automated home systems	Service enabler	30	29	29	24	24	29
Enables low-speed urban "auto pilot" mode	Self-drive	31	22	21	23	19	25
Helps manage daily activities Convenience	Convenience	32	31	27	32	32	31

자료:Deloitte, 메리츠증권 리서치센터

P-Cycle 수혜 완성차에 집중, '분산형' 아닌 '집중형' 포트폴리오 구성 필요

업종 내 수익률 차별화 위해 집중형 포트폴리오 필요

- 09~13년 Q-Cycle에서도 업종 전반 이익 성장 이끌어간 현대·기아차의 주가 수익률이 부품 업종 대비 우위

- 다만, 당시에는 양적 팽창 흐름 속 가동률 상승에 따른 고정비 축소 수수효과의 수혜를 부품 업종도 공유

- 19~23년 P-Cycle의 수혜는 ASP 상승·금융 실적 개선·옵션 채택 증가로 점철되며, 이는 완성차에 집중

- 물론 부품 업체 또한 단기적으로는 C19 영향으로 이익 가동률 회복을 통해 이익 개선과 기업가치 상승 가능. 그러나 향후 지속될 Cycle 진행 과정에서 실적 및 기업가치 상승의 폭은 현대·기아차의 비교우위가 명백

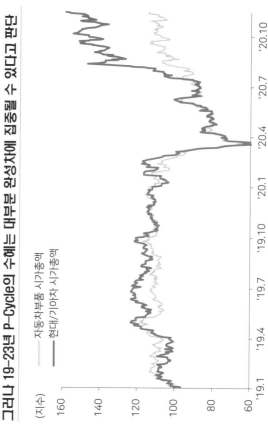

09~13년 Q-Cycle에서는 완성차와 부품 업종 모두 높은 가치 상승 영위

(지수)

— 자동차부품 시가총액
— 현대/기아차 시가총액

주: 2009. 1. 1=100인 지수
자료: Bloomberg, 메리츠증권 리서치센터

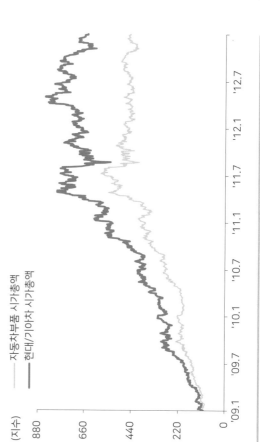

그러나 19~23년 P-Cycle의 수혜는 대부분 완성차에 집중될 수 있다고 판단

(지수)

— 자동차부품 시가총액
— 현대/기아차 시가총액

주: 2019. 1. 1=100인 지수
자료: Bloomberg, 메리츠증권 리서치센터

부품 업종, 완성차 P-Cycle에 기반한 선호 기준 수립과 '선택과 집중' 전략 필요

부품 업체, 세 가지 논거에 기반한 선별적 접근 필요

- 현대·기아차 P-Cycle 내에서는 부품 업종에 대한 선별적 접근이 필요

- 차별화된 이익 개선을 실현하기 위한 근거는 세 가지
  - ① 현대·기아차 옵션 채택 비율 상승의 수혜가 가능한 높은 ASP의 ADAS 제품 라인업 구축
  - ② 현대·기아차 아닌 높은 Q 성장 실현 중인 순수 BEV 업체에 대한 공급 확대로 차별화된 외형 확대 실현
  - ③ 현대·기아차 중국 부진 영향을 최소화하고 시장 수요 회복 수혜를 누릴 수 있도록, 중국 로컬 OEM 및 현지 순수 BEV 업체에 대한 수주 확보

소비자 옵션 선택 상승 수혜 부품 업체: ADAS

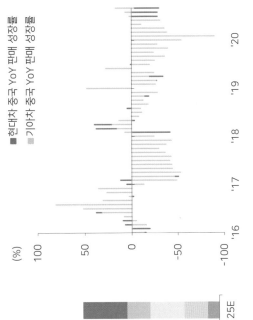

자료: 현대차

non-현대/기아 공급 확대로 매출 성장: Tesla

(백만대)

Austin / Fremont / Shanghai / Berlin / Others

18 · 19 · 20E · 21E · 22E · 23E · 24E · 25E

자료: Tesla, 메리츠증권 리서치센터

현대/기아 중국 부진 영향 최소화: 중국 로컬OE

(%)

■ 현대차 중국 YoY 판매 성장률
■ 기아차 중국 YoY 판매 성장률

'16 · '17 · '18 · '19 · '20

자료: 현대차, 기아차, 메리츠증권 리서치센터

21년 최선호 부품 업체, 삼박자 실현으로 +251% 영업이익 성장 기록할 만도

삼박자 갖춘 부품업체, 만도

- 현대·기아차 P-Cycle에서의 차별화된 성장을 위한 세 가지 요건을 모두 갖춘 부품 업체, 만도

- 현대·기아차 ADAS 공급 점유율 70%. 높은 수익성의 ADAS 매출 20년 7,900억 원 → 21년 9,000억 원

- 북미 BEV 업체 구동·조향 장치 독점 공급하며, 동행 성장 중. 매출 20년 3,700억 원 → 21년 7,000억 원

- 중국 로컬 OEM 매출 확대로 3Q20 현대·기아차 매출 확대로 3Q20 현대·기아차 매출 -33%에도 현지 매출 +2% 증가. 중국 수요 반등 수혜

옵션 채택 증가 → 높은 ASP의 ADAS 매출 성장

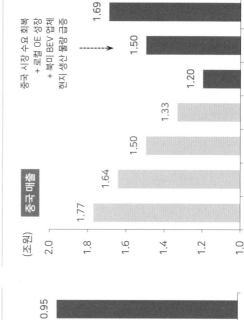

자료: 만도, 메리츠증권 리서치센터

가파른 성장세의 북미 BEV 업체 독점 공급 수혜

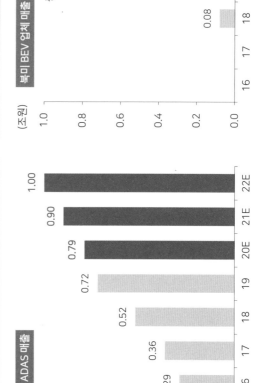

자료: 만도, 메리츠증권 리서치센터

21년 중국 수요 성장·수주 확대 수혜 전망

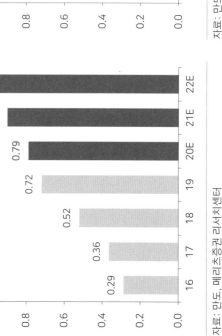

자료: 만도, 메리츠증권 리서치센터

현대차 20-21년 주요 시장 신차 출시 일정

출시시장		2018	2019	1H20	2H20	2021E
현대차	한국	▪ 싼타페 (3월) ▪ 투싼 기반 FCEV (3월) ▪ 코나 EV (4월) ▪ 투싼 F/L (5월) ▪ 벨로스터 N (5-6월) ▪ 아반떼 HEV(9월) ▪ G90 F/L (12월) ▪ 팰리세이드 (12월)	▪ 아이오닉 HEV F/L (1월) ▪ 쏘나타 신형 (3월) ▪ 아이오닉 EV F/L (5월) ▪ 베뉴 (7월) ▪ 쏘나타 HEV (9월) ▪ 코나HEV(8월) ▪ 포터 F/L (11월) ▪ 그랜저 F/L (11월) ▪ 포터EV (12월)	▪ GV80 (1월) ▪ G80 (3월) ▪ i30 F/L(3월) ▪ 아반떼 (4월)	▪ 아반떼 HEV (7월) ▪ 싼타페 F/L (7월) ▪ 투싼 (8월) ▪ 투싼 HEV (8월) ▪ G70 F/L (8월) ▪ 코나 F/L (11월) ▪ GV70 (12월)	▪ NE (4월) ▪ G80 EV (1Q) ▪ 싼타크루즈 (2Q) ▪ JW (3Q) ▪ 팰리세이드 F/L (4Q) ▪ G90 (4Q) ▪ 넥쏘 (2H)
	미국	▪ 신형 벨로스터 (3월) ▪ 코나 (4월) ▪ G70 (4월) ▪ 싼타페 (7월) ▪ 아반떼 F/L (7월) ▪ 코나 EV (9월 수출) ▪ 투싼 F/L (10월 수출) ▪ 벨로스터 N (3Q)	▪ G90 F/L (5월) ▪ 팰리세이드 (7월) ▪ 베뉴 (9월) ▪ 쏘나타 (10월) ▪ 아이오닉 F/L (11월)	▪ GV80 (4월) ▪ G80 (6월)	▪ 아반떼 (11월) ▪ G80 (12월) ▪ GV80 (12월)	▪ 싼타페 F/L (1Q) ▪ GV70 (1Q) ▪ 투싼 (1Q) ▪ 코나 F/L (1Q) ▪ G70 F/L (1Q) ▪ JW (2H) ▪ G80 EV (2H)
	중국	▪ 쏘나타 PHEV (2월) ▪ 코나 (3월) ▪ 아반떼 AD F/L (7월) ▪ 투싼 F/L (9-10월) ▪ 싼타페 (11월) ▪ 라페스타 (12월)	▪ 싼타페 (3월) ▪ 아반떼 AD F/L (3월) ▪ 아반떼 AD F/L (7월) ▪ 엔씨노 EV(9월) ▪ ix25 (9월) ▪ 베르나 F/L (10월)	▪ 라페스타 EV (1월)	▪ 쏘나타 (6월) ▪ 아반떼 (9월) ▪ ix35 F/L (11월)	▪ 중국형 MPV (1Q) ▪ 미스트라 (1Q) ▪ 라페스타 F/L (3Q)
	유럽	▪ 싼타페 (수출, 4월) ▪ 코나 EV (5월) ▪ FE (5월) ▪ i20 F/L (6월) ▪ 투싼 F/L (3Q) ▪ i30 F/L (3Q) ▪ PD N (12월)	▪ 아이오닉 F/L (5월) ▪ i10 (12월)	▪ i30 F/L (6월)	▪ i20 (7월) ▪ 코나 F/L (9월) ▪ 싼타페 F/L (11월)	▪ NE (3월) ▪ 투싼 (1Q) ▪ NEXO (1H)
	인도		▪ 베뉴 (5월) ▪ 코나 (5월) ▪ I10(12월)	▪ Creta (3월) ▪ 베르나 F/L (3월)	▪ i20 (10월)	▪ Creta 롱바디 (1Q)

자료: 현대차, 메리츠증권 리서치센터

기아차 20-21년 주요 시장 신차 출시 일정

	출시시장	2018	2019	1H20	2H20E	2021E
기아차	한국	■ K5 F/L (2월) ■ K3 신형 (3월) ■ K9 신형 (4월) ■ 카니발 F/L (4월) ■ 니로 EV(7월) ■ 스포티지 F/L (7월) ■ 쏘울 신형 (10월)	■ 쏘울 EV (2월) ■ 니로 F/L (3월) ■ K7 F/L (6월) ■ 셀토스 (7월) ■ 봉고 F/L (8월) ■ 모하비 F/L (9월) ■ K5 (11월) ■ K5 PHEV (11월)	■ 봉고 EV (1월) ■ 쏘렌토 (2월) ■ 쏘렌토 HEV (2월) ■ 모닝 F/L (3월)	■ 카니발 (8월) ■ 스팅어 F/L (9월)	■ K7(3월) ■ K7HEV(3월) ■ K3 F/L (4월) ■ K9 F/L (5월) ■ 스포티지 (7월) ■ 스포티지 HEV (7월) ■ CV (8월)
	미국	■ 쏘렌토 F/L (4월) ■ 카니발 F/L (4월) ■ K5 F/L (7월) ■ K3 신형 (8월) ■ K9 신형 (9월) ■ 니로 EV(11월)	■ 스포티지 F/L (1월) ■ 텔루라이드 (2월) ■ 쏘울 EV (2월) ■ 쏘울 (3월) ■ 니로 F/L (11월) ■ 셀토스 (12월)	■ K7 F/L (1월) ■ K5 (5월)	■ 쏘렌토 (12월) ■ 쏘렌토 HEV(12월) ■ 리오 F/L (12월)	■ 카니발 (1Q) ■ 쏘렌토 PHEV (1Q) ■ 스팅어 F/L (1Q) ■ CV (4Q) ■ 스포티지 (4Q)
	중국	■ NP (3월) ■ K5 F/L (6월) ■ K5 PHEV (6월) ■ KX1 (8월) ■ KX3 (10월)	■ K3 PHEV (7월) ■ 스포티지 F/L (2월) ■ 셀토스 (11월)	■ K3 EV (5월)	■ K5 (8월)	■ 즈파오 F/L (1Q) ■ 카니발 (3Q)
	유럽	■ K5 F/L (5월) ■ Ceed 신형 (6월) ■ 니로 EV (9월) ■ 스포티지 F/L (9월) ■ Ceed 웨건 (11월)	■ 스포티지 F/L (2월) ■ K3 (4월) ■ K3 PHEV (5월) ■ 니로 F/L (6월) ■ Ceed CUV (8월) ■ Ceed CUV PHEV (11월) ■ Ceed CUV 웨건 PHEV (11월)	■ 쏘렌토 (4월) ■ 쏘렌토 HEV (4월) ■ 모닝 F/L (5월) ■ 프라이드 F/L (5월)	■ 스토닉 F/L (9월) ■ 스팅어 F/L (11월) ■ 쏘렌토 HEV (12월) ■ 쏘렌토 (12월)	■ 쏘렌토 PHEV (1월) ■ CV (8월) ■ Ceed F/L(3Q) ■ 스포티지 (4Q)
	인도		■ 셀토스 (7월)	■ 카니발 CKD (1월)	■ 쏘넷 (9월)	

자료: 기아차, 메리츠증권 리서치센터

리스크 점검: 비우호적 환율은 불명 부담 요인

우려 요인 점검

- 4Q20 들어 주요국 화폐 대비 원화의 가치 강세 이어지고 있는 상황.
  기존 추정 대비 추가적인 원화 강세가 이루어진다면, 이는 실적 추정치 조정 근거

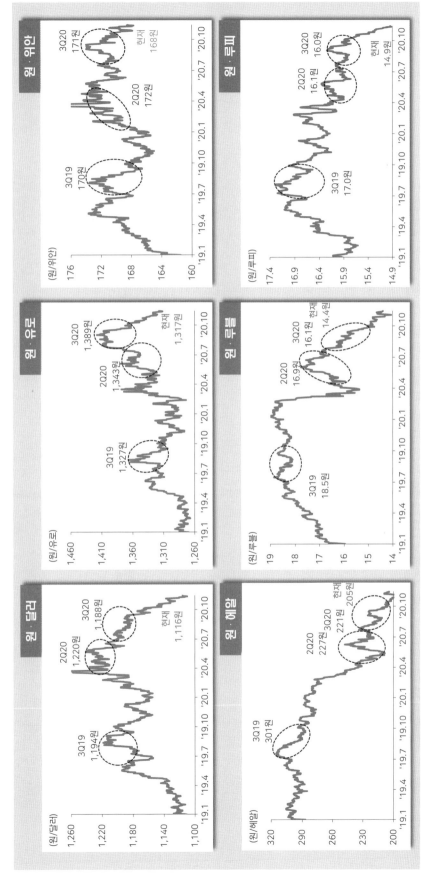

자료: Bloomberg, 메리츠증권 리서치센터

그러나 구조적 실적 방향성은 환율이 아닌 본질적인 영업지표 흐름이 결정

우려 요인 점검

- 원화 가치 강세는 실적 부담 요인임이 분명. 그러나 현재 발현되고 있는 P-Cycle의 성공 통한 실적 개선의 강도는 민감도 분석을 통해 개선된 환율의 부정적 영향을 충분히 극복할 수 있는 수준

- 실제로 09-13년 Cycle 국면은 지속적 원화 강세 추이 속에서도 높은 이익 성장이 지속.
  반면, 14-18년 Cycle은 우호적 환율 흐름이 지속됐음에도, 영업지표 악화라는 본질적 문제로 실적 부진 지속

현대차의 이익 흐름은 환율이 아닌 Cycle의 성패에 연동

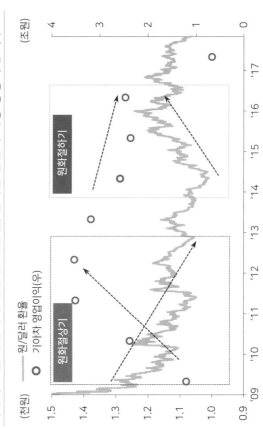

자료: Bloomberg, 현대차, 메리츠증권 리서치센터

기아차 또한 마찬가지. 환율은 거들 뿐, 실적은 본질적 차량 경쟁력에 좌우

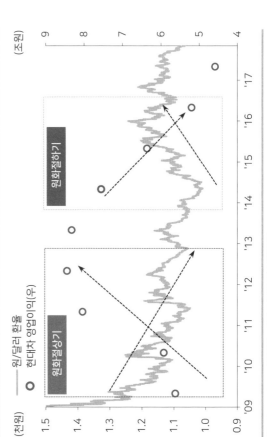

자료: Bloomberg, 기아차, 메리츠증권 리서치센터

현대차 환율 민감도 점검, 10원 당 영업이익 변동 폭 2.0%

결과값: 환율가정 10원 변동시 손익 변동

매출	0.5%
영업이익	2.0%

기존 환율가정

(원)	2021E평균	2021E기말
달러	1,110.0	1,100.0
유로	1,350.0	1,340.0
루블	15.5	15.0
헤알	210.0	200.0
루피	16.0	15.5

신규 환율가정

(원)	2021E평균	2021E기말
달러	1,100.0	1,090.0
유로	1,337.8	1,327.8
루블	15.4	14.9
헤알	208.1	198.2
루피	15.9	15.4

(십억원, %)	기존 환율 가정하에 2021E 요약 I/S	신규 환율 가정하에 2021E 요약 I/S
매출	120,319	119,709
자동차 매출	94,082	93,566
수출 매출	29,145	28,925
달러비중	62.0	62.0
유로비중	22.0	22.0
기타비중	16.0	16.0
미국법인 매출	9,459	9,374
체코법인 매출	7,781	7,711
터키법인 매출	3,058	3,031
러시아법인 매출	3,076	3,049
인도법인 매출	7,745	7,675
브라질법인 매출	1,678	1,663
내수 및 기타 매출	32,139	32,139
기타 매출	26,237	26,142

(십억원, %)	기존 환율 가정하에 2021E 요약 I/S	신규 환율 가정하에 2021E 요약 I/S
매출원가	98,109	97,678
자동차 매출원가	68,999	68,739
기타 매출원가	29,110	28,939
매출원가율	81.5	81.6
해외공장 매출 변동		-295
해외공장 매출 변동률		-0.9
자동차 매출 중 해외공장 비중		34.9
자동차 매출원가 중 해외공장 매출원가		28,865
해외공장 매출원가 변동		-260
판관비	14,793	14,765
판관비율	12.3	12.3
외화판매보증충당부채	3,255	3,255
달러화표시	2,278	2,278
유로화표시	976	976
판보충 전입 (+)/환입 (-)	-76.7	-105.6
영업이익	7,417	7,266
OPM	6.2	6.1
연결기준 판매대수 (대)	3,725,000	3,725,000
연결기준 ASP (백만원)	25.3	25.1

자료: Bloomberg, 메리츠증권 리서치센터

기아차 환율 민감도 점검, 10원 당 영업이익 변동 폭 3.9%

결과값: 환율가정 10원 변동시 손익 변동

매출	0.6%
영업이익	3.9%

기존환율가정

(원)	2021E 평균	2021E 기말
달러	1,110.0	1,100.0
유로	1,350.0	1,340.0
루블	15.5	15.0
헤알	210.0	200.0
루피	16.0	15.5

신규환율가정

(원)	2021E 평균	2021E 기말
달러	1,100.0	1,090.0
유로	1,337.8	1,327.8
루블	15.4	14.9
헤알	208.1	198.2
루피	15.9	15.4

(십억원, %)	기존 환율 가정하에 2021E 요약 I/S	신규 환율 가정하에 2021E 요약 I/S
매출	69,241	68,819
수출 매출 (북미, 유럽 제외)	5,379	5,345
달러비중	33.0	33.0
유로비중	36.0	36.0
기타비중	31.0	31.0
북미 매출	23,663	23,450
유럽 매출	19,487	19,311
내수 및 기타 매출	20,713	20,713
매출원가	56,862	56,606
매출원가율	82.1	82.3
해외공장 매출 변동		-389
해외공장 매출 변동률		-0.9
연결 매출 중 해외공장 비중		62.3
연결 매출원가 중 해외공장 매출원가		28,348
해외공장 매출원가 변동		-255

(십억원, %)	기존 환율 가정하에 2021E 요약 I/S	신규 환율 가정하에 2021E 요약 I/S
판관비	8,455	8,440
판관비율	12.2	12.3
외화판매보증충당부채	1,749	1,749
달러화표시	1,224	1,224
유로화표시	525	525
판보증 전입 (+)/환입 (-)	-41.2	-56.7
영업이익	3,924	3,773
OPM	5.7	5.5
연결기준 판매대수 (대)	2,249,939	2,249,939
연결기준 ASP (백만원)	30.8	30.6

자료: Bloomberg, 메리츠증권 리서치센터

만도 환율 민감도 점검, 10원 당 영업이익 변동 폭 1.6%

결과값: 환율가정 10원 변동시 손익 변동

매출	0.9%
영업이익	1.6%

기준환율 가정

(원)	2021E 평균	2021E 기말
달러	1,128.9	1,130.0
유로	1,278.0	1,278.0
루블	17.3	17.4
헤알	295.9	295.0
루피	16.4	16.5
위안	167.0	165.0

신규 환율 가정

(원)	2021E 평균	2021E 기말
달러	1,152.0	1,150.0
유로	1,293.0	1,300.0
루블	17.8	17.8
헤알	294.0	295.0
루피	16.6	16.7
위안	170.4	167.0

기준 환율 가정하에 2021E 요약 I/S

(십억원, %)	
매출	6,593
국내 매출	3,184
미주 매출	1,350
중국 매출	1,497
기타 매출	562
매출원가	5,624
매출원가율	85.3
판관비	607
판관비율	9.2
외화판매보증충당부채	17
달러화표시	12
유로화표시	5
판보충 전입 (+)/환입 (-)	0.2
영업이익	362
OPM	5.5

신규 환율 가정하에 2021E 요약 I/S

(십억원, %)	
매출	6,651
국내 매출	3,184
미주 매출	1,378
중국 매출	1,528
기타 매출	562
매출원가	5,676
매출원가율	85.3
해외공장 매출 변동	58
해외공장 매출 변동률	1.7
연결 매출 중 해외공장 비중	51.7
연결 매출원가 중 해외공장 매출원가	3,054
해외공장 매출원가 변동	52
판관비	608
판관비율	9.1
외화판매보증충당부채	17
달러화표시	12
유로화표시	5
판보충 전입 (+)/환입 (-)	0.5
영업이익	368
OPM	5.5

자료: Bloomberg, 메리츠증권 리서치센터

2024 전망 자동차

Part II

BEV 대중화 시작 → 두드러질 경쟁력 격차

21년 BEV 대중화 시대 개막

21년 BEV 대중화 시작

- 21년 글로벌 BEV 시장, 본격적인 대중화 시대 시작. 이는 세 가지 변화에 근거
    - 1) 20년 YTD 기준 전체 BEV 시장의 94%를 구성하고 있는 중국·유럽·미국 BEV 확대 정책 강화
    - 2) 글로벌 OEM들의 BEV 라인업 출시 증가·충전 인프라 확장으로, 소비자의 인식 변화 구체화
    - 3) 편의성·경제성·재미 갖춘 디바이스(Computer on Wheel)로서의 BEV 등장으로 '자동차'의 가치 전환 시작 (이동 수단 → 데이터 플랫폼)

21년을 기점으로 대중화 시대가 열린 BEV 시장

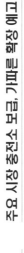

(백만대)

■ 중국　■ 유럽
■ 미국　■ 한국
■ 기타

'20E-'25E 연평균
성장률 54% 전망

'14　'16　'18　'20E　'22E　'24E

자료: SNE Research, 메리츠증권 리서치센터

주요 시장 충전소 보급, 가파른 확장 예고

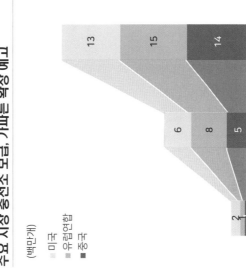

(백만개)

■ 미국
■ 유럽연합
■ 중국

2020E　2　2025E　6 8 5　2030E　13 15 14

자료: Mckinsey, 메리츠증권 리서치센터

중국·유럽·미국 BEV 판매, 전체의 94%

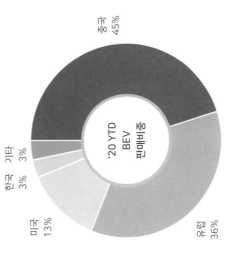

'20 YTD
BEV
판매비중

중국 45%
유럽 36%
미국 13%
한국 3%
기타 3%

자료: SNE Research, 메리츠증권 리서치센터

중국·유럽·미국, 새로운 각도의 가파른 수요 성장 시작

21년 BEV 대중화 시작

- 규제 강화·소비자 인식 전환·판매 채널 내 구매가능 모델 라인업 확장 통해 주요 시장 BEV 판매 확장 전망
- 글로벌 BEV 판매량 20-25년 연평균 성장률 54% 성장 기대
- 동기간 중국 50%, 미국 68%, 유럽 49% 성장세 실현 예상

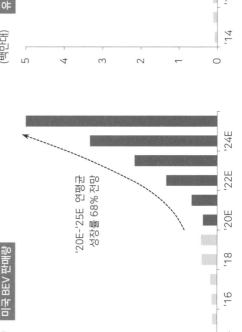

미국 BEV 판매량 20-25년 연평균 성장률 68%

(백만대) 미국 BEV 판매량

'20E-'25E 연평균 성장률 68% 전망

자료: SNE Research, 메리츠증권 리서치센터

유럽 BEV 판매량 20-25년 연평균 성장률 49%

(백만대) 유럽 BEV 판매량

'20E-'25E 연평균 성장률 49% 전망

자료: SNE Research, 메리츠증권 리서치센터

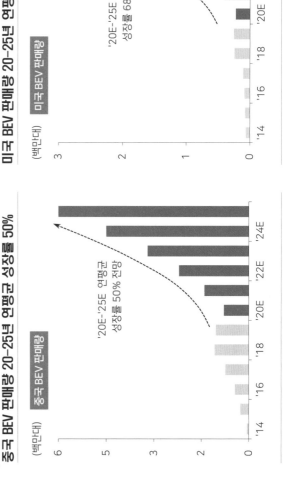

중국 BEV 판매량 20-25년 연평균 성장률 50%

(백만대) 중국 BEV 판매량

'20E-'25E 연평균 성장률 50% 전망

자료: SNE Research, 메리츠증권 리서치센터

가장 큰 BEV시장 중국, '전기차 기술 로드맵 2.0' 21년 개시

주요 시장의 정책 강화 통해 BEV 판매 가파른 성장 전망

- 1H20 C19 영향으로 주춤했던 중국 BEV 시장은, 1) 경제 재개 및 시장 수요 회복·2) 소비자 구매 보조금 연장·3) OEM 업체에 대한 NEV Credit 규제 강화 등을 통해 빠르게 성장 전망

- 지난 10월 중국 자동차 공정 학회가 발표한 BEV 활성화를 통한 ICE(내연기관 자동차) 퇴출 로드맵을 따른다면, 전체 시장 내 BEV 판매 비중은 현재의 5%에서 25년 20%·30년 40%로 빠르게 증가 가능

중국의 BEV 시장 활성화 로드맵

중국 친환경차 로드맵

■ NEV
■ PHEV
□ ICE+HEV

	2020년	2025년	2030년	2035년
NEV	5%	20%	40%	50%
PHEV		40%	45%	50%
ICE+HEV	95%	40%	15%	

NEV의 95% BEV, 5% FCEV

자료: 중국 자동차 공정 학회, 메리츠증권 리서치센터

NEV 판매 지원 보조금 22년까지 연장

(2016=100위안)

	'16	'17	'18	'19	'20E	'21E	'22E
	100	80	70	35	32	25	18

■ 신에너지차 구매 보조금

2021년부터 보조금 폐지 계획이었으나, 2022년까지 지급

주: 신에너지차(NEV) = BEV+PHEV+HEV
자료: 메리츠증권 리서치센터

NEV Credit 규제 강도 지속 확대

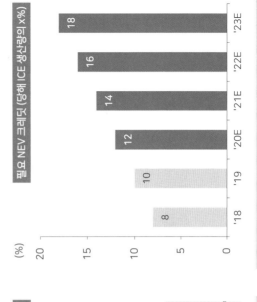

(%)

	'18	'19	'20	'21E	'22E	'23E
필요 NEV 크레딧 (당해 ICE 생산량의 x%)	8	10	12	14	16	18

자료: 메리츠증권 리서치센터

2021년 이후 더욱 강화될 중국의 NEV Credit 제도

중국 NEV Credit 계산식 / 중국 ZEV 규제 사항

NEV		1차	2차	3차
발표시점		2016년 9월	2017년 6월	2019년 7월
의무시행연도		2018년	2019년	2021년 1월 1일
주요내용		2018년 내연기관차 생산량의 8%에 해당하는 Credit 필요 2019년 내연기관차 생산량의 10%에 해당하는 Credit 필요 2020년 내연기관차 생산량의 12%에 해당하는 Credit 필요	2019년 내연기관차 생산량의 10%에 해당하는 Credit 필요 2020년 내연기관차 생산량의 12%에 해당하는 Credit 필요	2021년 내연기관차 생산량의 14%에 해당하는 Credit 필요 2022년 내연기관차 생산량의 16%에 해당하는 Credit 필요 2023년 내연기관차 생산량의 18%에 해당하는 Credit 필요
적용대상		승용차 연간 판매량 50,000대 이상 업체	승용차 연간 판매량 30,000대 이상 업체	승용차 연간 판매량 30,000대 이상 업체 고에너지 승용차 생산할 경우 해당 대수의 1/2를 내연기관차 생산량에서 차감 후 의무 비율 적용 (규제완화)
Credit 이월		불가	원칙적으로 불가하나 2019→2020, 2020→2019 이월은 예외적으로 가능	21년 이후 취득한 NEV 초과 Credit의 경우 연비규제 목표를 달성한 경우에만 이월 인정
EV Credit	계산	80km ≤ 주행거리 <150, 2 credit 150km ≤ 주행거리 < 250, 3 credit 250km ≤ 주행거리 < 350, 4 credit 주행거리 ≥ 350km, 5 credit	$[(0.012 \times 주행거리) + 0.8] \times 가산점^* \le 6$	$[(0.006 \times 주행거리) + 0.4] \times 가산점^* \le 3.4$
	가산점*	1) $SP<100km/h$ or $R<100km$ 해당 시 가산점 0 (Credit 없음) 2) $Y \le 0.014 \times m-0.5$ ($m \le 1000$), $Y \le 0.012 \times m+2.5$ ($1000<m \le 1600$), $Y \le 0.005 \times m+13.7$ ($m>1600$) 미충족 시 가산점 0.5 (Credit cap 2.5), 3) $Y \le 0.0098 \times m-0.35$ ($m \le 1000$), $Y \le 0.0084 \times m+1.75$ ($1000>m \le 1600$), $Y \le 0.0035 \times m+9.59$ ($m>1600$) 미충족 시 가산점 1 (Credit cap 5), 충족 시 가산점 1.2 (Credit cap 6)		1) $SP<100km/h$ or $R<100km$ 해당 시 가산점 0, $R<150km$ 해당 시 가산점 1 2) $Y \le 0.0112 \times m+0.4$ ($m \le 1,000$), $Y \le 0.0078 \times m+3.81$ ($1,000>m \le 1,600$), $Y \le 0.0038 \times m+10.28$ ($m>1,600$) 미충족 시 가산점 0.5 (가산점 cap 1.5)
PHEV Credit	계산	2	$2 \times 가산점^*$	$1.6 \times 가산점^*$
	가산점*	$R<50km$ 해당 시 가산점 0 (Credit 없음) $R<80km$ 해당 시 non-electric 모드에서 동급 내연기관 모델 연료소모량(L/100km)의 70% 미만일 경우 가산점1, 이상일 경우 가산점 0.5 $R \ge 80km$ 해당 시 EV Credit 가산점 2번 조건 부합하면 가산점 1, 부합하지 않으면 가산점 0.5		non-electric 모드에서 동급 내연기관 모델 연료소모량(L/100km)의 70% 이상 경우 가산점 0.5electric 모드에서 동급 BEV 모델 에너지소모 량 목표치의 135% 이상일 경우 가산점 0.5
FCEV Credit	계산	250km ≤ 주행거리 <350, 4 credit 주행거리 ≥ 350km, 5 credit	$[0.16 \times KW] \times 가산점^*] \le 5$	$[(0.08 \times KW) \times 가산점^*] \le 6$
	가산점*	$R<300km$ 해당 시 가산점 0 (Credit 없음) $R \ge 300km$ 해당 시 수소연료파워가 10KW일 시 30% 초과할 경우 가산점 0.5		$R<300km$ 해당 시 가산점 0 (Credit 없음) $R \ge 300km$ 해당 시 수소연료 파워가 10KW의 30% 초과할 경우 가산점 1, 이하일 경우 가산점 0.5

주: SP는 최고속력 (km/h), R은 주행거리 (Km), m은 차량중량(Kg), Y는 에너지소비량(KWh/100km)
자료: 메리츠증권 리서치센터

강력한 '규제 도입'으로 가장 빠르게 성장하고 있는 BEV 시장 유럽

주요 시장의 정책 강화 통해
BEV 판매 가파른 성장 전망

- 유럽은 20년부터 강력한 탄소 배출 규제를 시작. 규제의 강도는 연도별로 지속 강화될 예정

- 도입 첫 해인 20년 95%룰 적용이 적용됐으나 21년부터는 100%로 확대되고, Super Credit 제도 (BEV · PHEV에 대해 탄소 배출량 산정 시 판매량 가중치 부여)도 3년에 걸쳐 점진적 소멸

- 규제에 부합하지 못할 경우, 존속 가능성에 문제가 생길 수 있는 강력한 과징금 부과

- 생존을 위한 기존 OEM 업체들의 BEV 라인업 확장 시작
  경쟁력 있는 BEV를 양산할 수 있는 OEM들의 지변 확대 통해 유럽 BEV 수요의 가파른 성장 전망

유럽, 강력한 이산화탄소 배출 규제 20년 도입

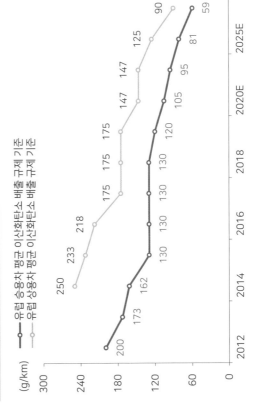

○ 유럽 승용차 평균 이산화탄소 배출 규제 기준
○ 유럽 상용차 평균 이산화탄소 배출 규제 기준

자료: ICCT, EU집행위원회, 메리츠증권 리서치센터

OEM 업체에 대한 이산화탄소 배출 규제 신설, 점진적 강화 예고

- 19년 탄소배출 기준 (g/km):
  130 + 0.046 X (신차 평균중량 − 1,372.00)

- 20년 탄소배출 기준 (g/km):
  95 + 0.033 X (신차 평균중량 − 1,379.88)

- 21-24년 탄소배출 기준 (g/km):
  95 + 0.033 X ((각 연도별 신차 평균중량 − 1,379.88) − (20년 신차 평균중량 −1,379.88))

	2019	2020E	2021E	2025E	2030E
승용차	120g/km	105g/km	95g/km	80.75g/km (95g*0.85) 21년 대비 15% 감축	59.38g/km (95g*0.625) 21년 대비 37.5% 감축
상용차	147g/km	147g/km	147g/km	124.95g/km (147g*0.85) 21년 대비 15% 감축	89.67g/km (147g*0.625) 21년 대비 31% 감축

자료: ICCT, EU집행위원회, 메리츠증권 리서치센터

탄소 배출 규제와 더불어, 주요 유럽 국가들의 ICE 금지 법안 도입 확대

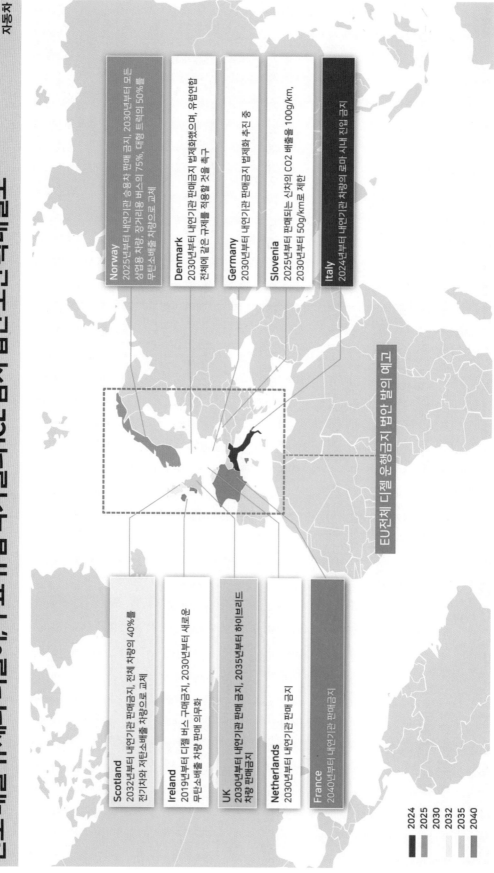

Norway
2025년부터 내연기관 승용차 판매 금지, 2030년부터 모든 상업용 차량, 장거리용 버스의 75%, 대형 트럭의 50%를 무탄소배출 차량으로 교체

Denmark
2030년부터 내연기관 판매금지 법제화했으며, 유럽연합 전체에 같은 규제를 적용할 것을 촉구

Germany
2030년부터 내연기관 판매금지 법제화 추진 중

Slovenia
2025년부터 판매되는 신차의 CO_2 배출을 100g/km, 2030년부터 50g/km로 제한

Italy
2024년부터 내연기관 차량의 로마 시내 진입 금지

Scotland
2032년부터 내연기관 판매금지, 전체 차량의 40%를 전기차와 저탄소배출 차량으로 교체

Ireland
2019년부터 디젤 버스 구매금지, 2030년부터 새로운 무탄소배출 차량 판매 의무화

UK
2030년부터 내연기관 판매 금지, 2035년부터 하이브리드 차량 판매금지

Netherlands
2030년부터 내연기관 판매금지

France
2040년부터 내연기관 판매금지

EU전체 디젤 운행금지 법안 발의 예고

2024
2025
2030
2032
2035
2040

자료: 메리츠증권 리서치센터

'정책 변화' 시작될 미국, 정체됐던 BEV 수요 21년 재점화 전망

주요 시장 정책 강화 통해 BEV 판매 가파른 성장 전망

- 트럼프 행정부 출범 이후 완화됐던 미국 내 환경 규제, 정권 변화와 더불어 다시 강화될 전망
- 규제 완화로 인해 미국 시장 BEV 수요는 18년 이후 3년간 전혀 성장하지 못했던 상황
- 새로운 행정부에서의 환경 규제 강화와 Tesla를 위시한 소비자의 BEV 선호 현상 확산으로, 21년 미국 BEV 수요 성장 재점화 예상

트럼프 행정부가 완화했던 탄소배출 및 평균연비 규제 재강화될 전망

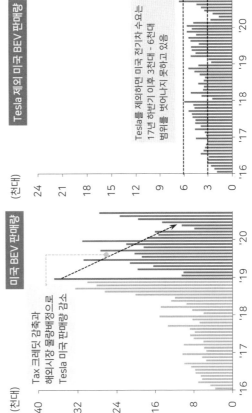

자료: EPA, NHTSA, 메리츠증권 리서치센터

환경규제 및 세제혜택 축소로 정체됐던 미국 BEV 수요, 재점화 예상

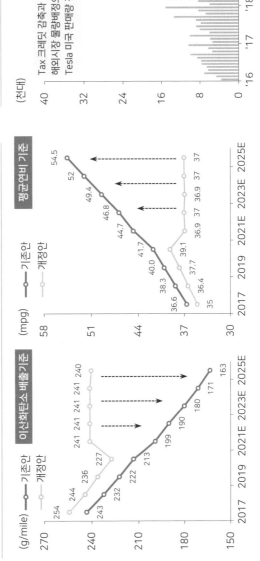

자료: SNE Research, 메리츠증권 리서치센터

연방 정부의 정책 변화와 무관하게 강행 중인 미국 ZEV 규제, 지속 강화

미국 Credit 계산식 / 미국 ZEV 규제 사항

	ZEV		TZEV	
	거리	Credit	거리	Credit
	R<50miles	0	R<10miles	0
	R≥50miles	(0.01×R)+0.5	R≥10miles	(0.01×R)+0.3
	R>350miles	4.0	R>80miles	1.1

의무비율 (credit)	Minimum ZEV	TZEV	Total ZEV
2009~2011	11.0		
2012~2014	12.0		
2015~2017	14.0		
2018	2.0	2.5	4.5
2019	4.0	3.0	7.0
2020E	6.0	3.5	9.5
2021E	8.0	4.0	12.0
2022E	10.0	4.5	14.5
2023E	12.0	5.0	17.0
2024E	14.0	5.5	19.5
2025E	16.0	6.0	22.0

주 : ZEV는 BEV, FCEV. TZEV는 PHEV이며 미국 10개 주만 적용 중
자료 : 메리츠증권 리서치센터

거부할 수 없는 변화, BEV 시장으로의 뒤늦은 출발을 알린 기존 OEM들

■ 주요 시장 내 규제 대응과 소비자 선호 증가에 대응하기 위해, 다수의 OEM들이 21년 새로운 BEV 출시를 예고
실제 보여질 상품성에 따라 업체별 성패가 다르겠으나, 소비자의 구매 가능 선택지가 넓어진다는 점은 시장 확산에 긍정적 기재

Fiat 500e (첫 BEV)

Ford Mach-E (첫 BEV)

JLR XJ (두 번째 BEV)

Nissan Ariya (11년 만의 첫 BEV)

Benz EQS (두 번째 BEV)

Lexus UX 300e (중국 외 첫 BEV)

Volvo Polestar 2 (첫 BEV)

BMW iX3 & i4 (8년 만의 첫 BEV)

Honda e (첫 BEV)

자료: 각 사, 메리츠증권 리서치센터

이미 시장은 BEV의 'Early Adopter → Early Majority 전환' 반영하기 시작

이미 변화가 시작됨

BEV에 대한 시장 가치평가

- BEV대중화와 높은 판매 성장 가시성에 대한기대감, 이미 시장의 가치 평가에 반영되기 시작

- Tesla의 총 판매량은 VW의 5%에 불과하나, BEV 판매량은 3배 수준. 시가총액은 Tesla가 VW의 4배 이상

- Nio의 총 판매량은 GM의 0.3%에 불과하며, BEV 판매량 또한 12% 수준. 그러나 양 사의 시가총액은 유사. 양 사 BEV 상품성 경쟁력 및 판매 전략 가치성에 대한 시장의 가치부여가 크게 다르다는 점 확인할 수 있음

이미 시장은 BEV와 ICE에 대해 새로운 가치평가 기준을 적용 중

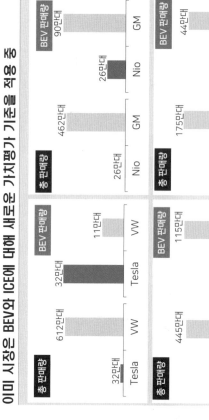

주 : BEV 판매량은 20년 YTD 기준
자료 : SNE Research, 메리츠증권 리서치센터

BEV를 판매 중인 주요 OEM들의 시가총액 비교

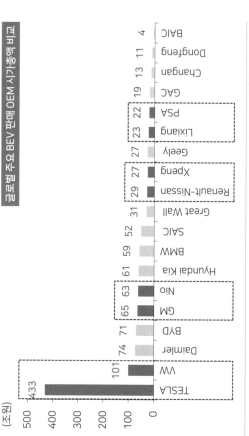

글로벌주요 BEV 판매 OEM 시가총액 비교

(조원)

TESLA 433 / VW 101 / Daimler 74 / BYD 71 / GM 65 / Nio 63 / Hyundai Kia 61 / BMW 59 / SAIC 52 / Great Wall 31 / Renault-Nissan 29 / Xpeng 27 / Geely 27 / Lixiang 23 / PSA 22 / GAC 19 / Changan 13 / Dongfeng 11 / BAIC 4

주 : 글로벌 주요 시장에서 BEV를 판매하지 않고 있는 OEM은 배제, Lixiang은 PHEV
자료 : EPA, NHTSA, 메리츠증권 리서치센터

커져갈 시장과 함께 깐깐해질 소비자→OEM 간 경쟁력·가치평가 차별화 확대

이미 변화가 시작된
BEV에 대한 시장 가치평가

- 준비되지 못한 기존 OEM들에게는 현재의 변화의 변화가 매우 큰 기업가치 하락의 위기로 인지될 수 있는 상황

- ICE를 통해 쌓아 올린 기존의 브랜드 가치는 새롭게 부상한 BEV 시장에서 작동하지 않는 모습

- 지난 19년 10월 출시된 Mercedes Benz EQC는 출시 전 예고했던 성능과 동떨어진 상품성의 BEV라는 평가를 받으며, 부진한 영업성과 기록 중

- 주력 판매 시장인 유럽의 BEV 수요가 C19 영향에도 불구 20년 매월 가파른 성장세를 이어왔으나, EQC의 판매량은 20년 9월까지 연간 목표였던 50,000대에 대비 크게 부족한 8,445대에 그치고 있음

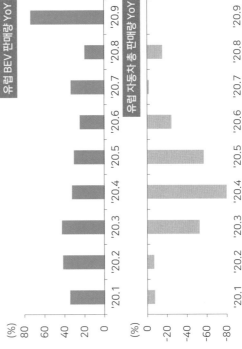

성장하는 유럽 BEV 시장 상황과 괴리 → 기존 브랜드 가치 무용

자료 : SNE Research, 메리츠증권 리서치센터

판매 목표가 무색한 부진한 성과

자료 : Daimler, 메리츠증권 리서치센터

부족한 상품성으로 혹평을 받고 있는 EQC

EV > NEWS >
THE MERCEDES EQC IS OFFICIALLY A FAILURE
"Too late, too expensive, too boring"

자료 : Drivetribe

준비된 업체·준비되지 못한 업체 간 판매 점유율·기업가치 격차 확대 전망

- 20년 글로벌 BEV수요는 C19 영향으로 지난 1~9월 누적 기준 전년 대비 소폭 감소했으나, 전체 자동차 시장 상황과 비교하면 유의미한 차별화. 동일한 수요 환경에서도 업체별 성과 극단적으로 구분되고 있음. 기존·신생 OEM을 막론하고, BEV 판매 성과에 따른 기업가치 격차 확대 불가피

19년 vs. 20년 글로벌 OEM별 판매량 및 판매 점유율 변동 폭 비교

(대, %, %p)	3Q19 YTD	M/S	3Q20 YTD	M/S	YoY	M/S YoY
글로벌 자동차 총 판매	65,988,785		53,361,509		-12,627,276	
글로벌 BEV 판매	1,256,459		1,227,826		-28,633	
TESLA	255,200	20.3	318,350	25.9	63,150	5.6
Hyundai Kia	69,553	5.5	121,379	9.9	51,826	4.4
Renault-Nissan	116,316	9.3	115,499	9.4	-817	0.1
VW Group	48,024	3.8	112,652	9.2	64,628	5.4
GM Group	65,714	5.2	89,928	7.3	24,214	2.1
BYD	125,169	10.0	65,760	5.4	-59,409	-4.6
PSA Group	4,938	0.4	44,154	3.6	39,216	3.2
Guangzhou Automobile Group	21,479	1.7	34,457	2.8	12,978	1.1
BMW Group	30,476	2.4	27,510	2.2	-2,966	-0.2
Nio	12,341	1.0	26,375	2.1	14,034	1.2
BAIC Group	92,936	7.4	25,963	2.1	-66,973	-5.3
Daimler Group	13,174	1.0	25,312	2.1	12,138	1.0
Great Wall Motor	37,166	3.0	22,950	1.9	-14,216	-1.1
SAIC Group	29,268	2.3	21,880	1.8	-7,388	-0.5
Chery Automobile	41,149	3.3	20,551	1.7	-20,598	-1.6
Geely Holding Group	52,128	4.1	18,512	1.5	-33,616	-2.6
WM	12,710	1.0	18,173	1.5	5,463	0.5
Lixiang	0	0.0	18,160	1.5	18,160	1.5
Changan Automobile Group	32,500	2.6	16,413	1.3	-16,087	-1.2
Xpeng	9,507	0.8	14,077	1.1	4,570	0.4
Dongfeng Motor	24,733	2.0	10,444	0.9	-14,289	-1.1
Others	161,978	12.9	59,327	4.8	-102,651	-8.1

글로벌 OEM 판매량 증가 폭 순위

Grand Total	-28,633
VW Group	64,628
TESLA	63,150
Hyundai Kia Automotive Group	51,826
PSA Group	39,216
GM Group	24,214
Lixiang	18,160
Nio	14,034
Daimler Group	12,138
Guangzhou Automobile Group	12,978
WM	5,463
Xpeng	4,570
Renault-Nissan	-817
BMW Group	-2,966
SAIC Group	-7,388
Great Wall Motor	-14,216
Dongfeng Motor	-14,289
Changan Automobile Group	-16,087
Chery Automobile	-20,598
Geely Holding Group	-33,616
BYD	-59,409
BAIC Group	-66,973
Others	-102,651

자료:SNE Research, 메리츠증권 리서치센터

시장 확산과 더불어 'Computer on Wheel BEV'에 대한 가치 부여 확대 전망

시장 확산과 더불어
Computer on Wheel로서의
BEV에 대한 가치 부여 증가

- Computer 구동을 위한 전략공급 관점에서의 BEV디바이스를 판매 중인 Tesla, 가파른 판매 성장 지속 중.
  Tesla 글로벌 판매량은 20년 50만대에서 21년 100~120만대로의 성장이 전망되고 있음

- Tesla의 판매 확산과 소비자 선호 증가는, BEV를 단순한 친환경 이동수단이 아닌 데이터 디바이스
  (Computer on Wheel) 구현을 위한 플랫폼으로 인지하게 만드는 촉매제가 되고 있음

- Tesla BEV의 특징은 OTA를 통해 차량 내 Computer의 주행 역량을 지속적으로 업그레이드하고 있다는 점.
  업데이트되는 기능이 구매 가격과 가치 상승은 사용자의 '편의성과 재미'를 고양시킬 뿐 아니라,
  중고차 가격 하락 방어 기제로도 작용하며 '경제성' 측면에서도 경쟁 모델 대비 차별화 포인트로 작용

Tesla, OTA를 통한 기능의 가치 상승으로 차별화된 중고차 가치 실현

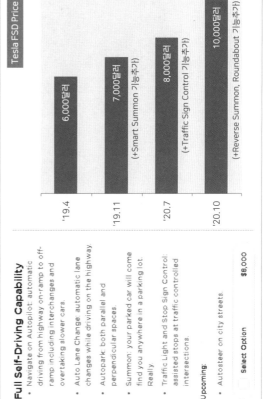

자료 : iSeeCars.com, 메리츠증권 리서치센터

Tesla FSD, 기능 추가에 따른 가격 (가치) 상승 지속 실현 중

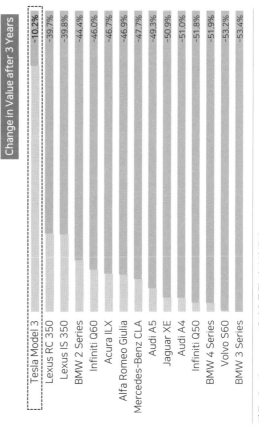

자료 : Tesla, 메리츠증권 리서치센터

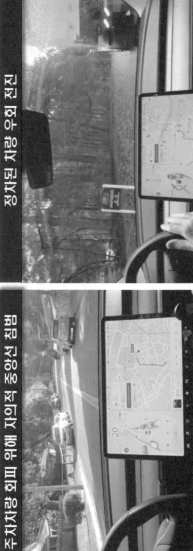

Updatable Device vs. Eco-friendly Car, 소비자의 선택은 명백할 것

- 커져가는 BEV 시장에서의 OEM별 상품성 경쟁력은 주행 역량을 넘어 OTA 업데이트 구현 여부에 따라 크게 차별화될 전망

우회전 대기

주차된 차량에서 나오는 사람 인식

비보호 좌회전

차선 없는 복잡한 도로 이동

정차된 차량 우회 전진

주차차량 회피 위해 지의적 중앙선 침범

자료 : Tesla, 메리츠증권 리서치센터

디바이스 경쟁력 좌우할 세 가지 기준, FOTA · Architecture · Powertrain

- BEV 경쟁력을 좌우할 세 가지 조건은 1) FOTA (지속적인 기능 업데이트 구현 위한 조건), 2) 집중형 Architecture (FOTA 실현 위한 전제조건, 높은 속도의 차량 내 네트워크 구성), 3) 높은 효율성의 Powertrain (주행거리 · 출력 등)

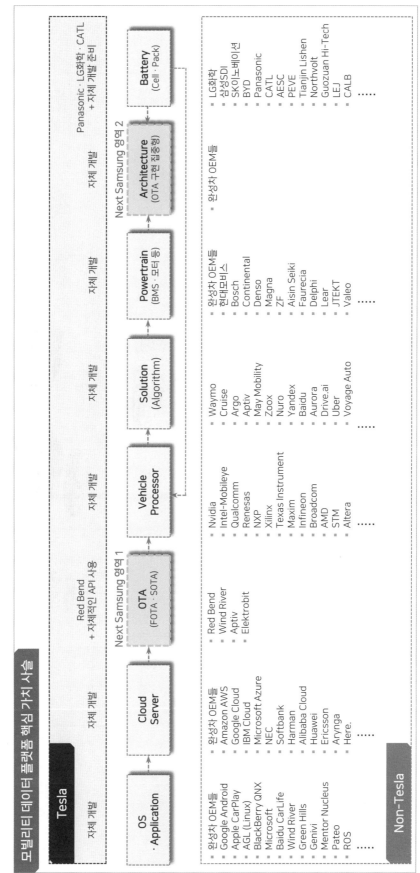

모빌리티 데이터 플랫폼 핵심 가치 사슬

Updatable Device 전제 조건 FOTA 상용화 시점 비교

디바이스로서의 BEV
실현 위한 전제 조건 FOTA

- BEV 대중화와 함께 차별화된 상품성 경쟁력 확보 조건인 'FOTA 기반 Updatable 기능'의 수요 확장 전망
- Tesla가 개척한 새로운 정의의 BEV 역량 구현을 위해 기존 OEM 업체들의 투자·개발 의지 빠르게 증가할 것
- 현 시점에서 25년 이전에 이 같은 기능 구현을 예고한 업체는 현대·기아차, VW, GM 뿐
- 이들 업체들이 계획대로 21~22년 중 FOTA 역량 상용화에 성공한다면, 상품성 차별화에 근거한 판매 점유율 확장과 기업가치 상승이 가능하다고 판단

집중형 Architecture로의 전환 준비하고 있는 업체는 기존 OEM 중 일부에 불과

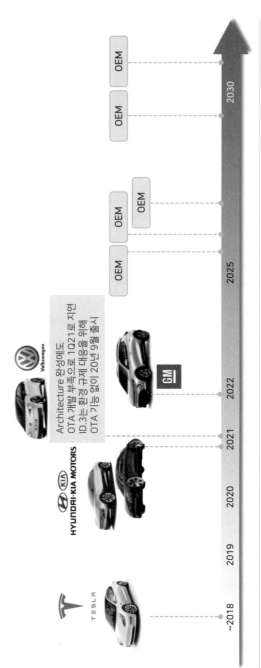

Architecture 완성에도
OTA 개발 부족으로 1Q21로 지연
ID.3는 환경 규제 대응을 위해
OTA 기능 없이 20년 9월 출시

FOTA 구현 위한 전제조건인 Architecture 진화 과정 점검

- FOTA 구현을 통한 Edge-to-Cloud 소통 구조를 갖추기 위해서는 차량 내 네트워크 속도 고도화가 필요
- 6단계로 이루어진 차량 Architecture에서 Cross Domain Control Architecture부터를 집중형 Architecture로 부르며 FOTA가 가능

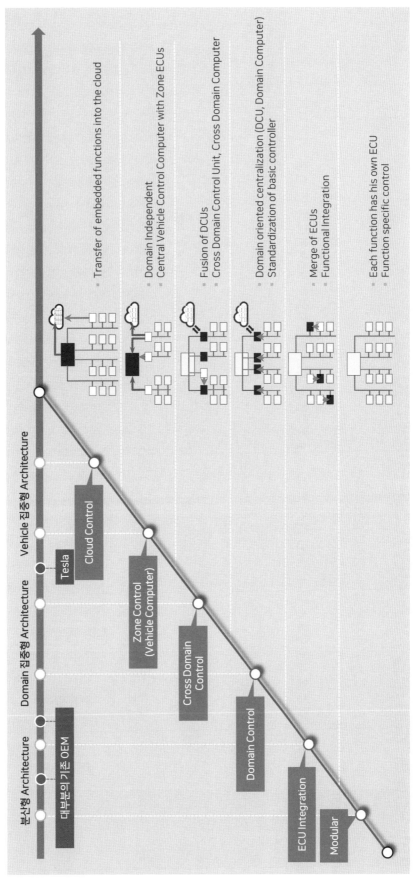

자료: Bosch, 메리츠증권 리서치센터

BEV Powertrain 종합 역량 지표인 Core Efficiency 비교

- 디바이스로서 BEV 역량을 갖추기 위해서는 높은 에너지 효율성 확보가 필요

- 현재 출시된 주요 BEV들 중 가장 높은 Core Efficiency를 보이고 있는 업체는 Tesla이며, 기존 OEM 중에서는 현대 · 기아차, VW이 경쟁 우위

동일 무게로 동일 주행거리를 주행 시 요구되는 에너지량인 Core Efficiency 관점에서 가장 앞선 기업은 Tesla이며, 이를 현대 · 기아차가 뒤따르는 중

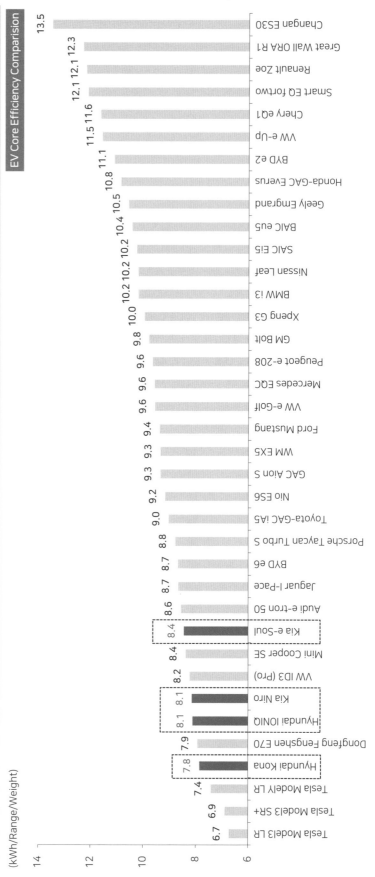

EV Core Efficiency Comparision

(kWh/Range/Weight)

Changan E530	13.5
Great Wall ORA R1	12.3
Renault Zoe	12.1
Smart EQ fortwo	12.1
Chery eQ1	11.6
VW e-Up	11.5
BYD e2	11.1
Honda-GAC Everus	10.8
Geely Emgrand	10.5
BAIC euS	10.4
SAIC Ei5	10.2
Nissan Leaf	10.2
BMW i3	10.2
Xpeng G3	10.0
GM Bolt	9.8
Peugeot e-208	9.6
Mercedes EQC	9.6
VW e-Golf	9.6
Ford Mustang	9.4
WM EX5	9.3
GAC Aion S	9.3
Nio ES6	9.2
Toyota-GAC iA5	9.0
Porsche Taycan Turbo S	8.8
BYD e6	8.7
Jaguar I-Pace	8.7
Audi e-tron 50	8.6
Kia e-Soul	8.4
Mini Cooper SE	8.4
VW ID3 (Pro)	8.2
Kia Niro	8.1
Hyundai IONIQ	8.1
Dongfeng Fengshen E70	7.9
Hyundai Kona	7.8
Tesla Modely LR	7.4
Tesla Model3 SR+	6.9
Tesla Model3 LR	6.7

주 : WattEV2Buy (중국 OEM), EV Compare (미국 OEM), EV Database (한국/유럽/기타 국가 OEM)에서 모델 별 Kwh/ Range/ Weight 확인
각 국가 별 기준에 따라 상이한 주행거리는 Inside EV가 제시한 EPA : WLTP : NEDC = 1 : 1.121 : 1.428 비율을 적용하여 같은 기준으로 조정

강의자료 (전망) 48

자료 : WattEV2Buy, EV Compare, EV Database 메리츠종금 리서치센터

경쟁우위의 BEV 상품성 실현을 통해 점유율 확장 이어가고 있는 현대 · 기아차

현대 · 기아차 20년 YTD
글로벌 BEV 시장 점유율 2위

- 상품성 높은 BEV 모델 출시를 통해 지난 3년간 가파른 판매량 · 판매 점유율 상승을 이어온 현대 · 기아차

- 20년 YTD 기준 양사 합산 글로벌 BEV 시장 판매 점유율은 Tesla의 뒤를 이어 2위이며, 이를 추격하는 Renault-Nissan과 성장하는 VW이 뒤따르고 있는 모습

빠르게 성장하고 있는 현대 · 기아차 글로벌 BEV 판매

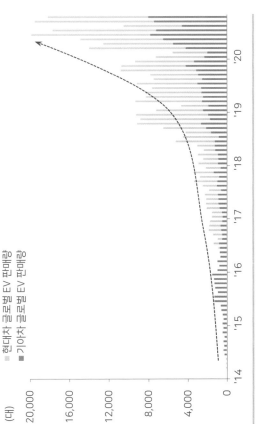

자료: 현대차, 기아차, 메리츠증권 리서치센터

글로벌 OEM 중 가장 가파른 점유율 상승세 기록 중

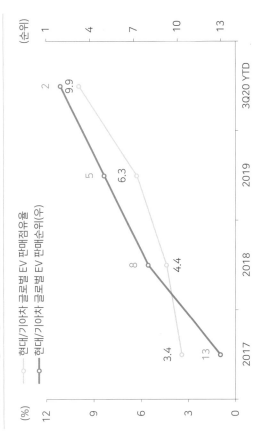

자료: Auto Data, SNE Research, 현대차, 기아차, 메리츠증권 리서치센터

FOTA를 시작으로 모빌리티 저변 확장 이어갈 수 있다면 새로운 가치 부여 가능

- BEV에 기반한 모빌리티 디바이스 구축 투자에 매진 중인 현대·기아차. 새로운 기술 역량 발현된다면, 지금까지와는 다른 가치 부여 가능할 전망

시기	업체	분야	세부	규모(억원)	기업
2017.12	Optsys	자율주행	섬유광학 및 라이다 개발	33	현대차
2017.12	Grab	모빌리티/플랫폼	동남아 차량호출 서비스	270	현대차
2018.01	Aurora	자율주행	자율주행기술	N/A	현대차
2018.02	Early bird	기타혁신기술	혁신 기술 기업 투자 VC	37	현대차
2018.03	Ionic Materials	전동화	전기차용 전고체배터리	56	현대차
2018.05	Solid Power	전동화	전기차용 전고체배터리	33	현대차
2018.05	CND	모빌리티/플랫폼	차량공유	16	현대차
2018.06	Metawave	자율주행	자율주행용 레이더 및 AI	8	현대차
2018.06	Seematics	자율주행	딥러닝 엔진	11	현대차
2018.06	Obsidian	자율주행	열화상 센서	22	현대차
2018.06	Autotalks	커넥티비티	차량용 통신 반도체, V2X	56	현대차
2018.06	Percepto	모빌리티/플랫폼	드론	11	현대차
2018.06	Allegro.ai	자율주행	AI	11	현대차
2018.06	Strad Vision	자율주행	ADAS S/W	80	현대모비스
2018.07	Car Next Door	모빌리티/플랫폼	P2P 차량공유	N/A	현대차
2018.07	Mesh Korea	모빌리티/플랫폼	라스트mile(물류 배송)	225	현대차
2018.07	Immotor	모빌리티/플랫폼	배터리 공유 서비스	N/A	현대차
2018.08	Revv	모빌리티/플랫폼	인도 차량공유	N/A	현대차
2018.09	Migo	모빌리티/플랫폼	모빌리티 서비스 플랫폼	23	현대차
2018.09	Wayray	자율주행	증강현실 네비게이션	110	현대차
2018.09	Percept Automata	자율주행	AI	16	현대차
2018.11	Top Flight	기타혁신기술	드론	N/A	현대차
2018.11	Grab	모빌리티/플랫폼	동남아 차량호출 서비스	2,839	현대차
2018.12	Maniv Fund	기타혁신기술	자동차 기술 투자 VC	11	현대차
2018.12	JIMU	자율주행	중국 ADAS 솔루션	33	현대차
2019.03	Legend Fund	기타혁신기술	혁신 기술 기업 투자 VC	9	현대차
2019.03	Ola	모빌리티/플랫폼	인도 차량호출 서비스	2,600	현대차
2019.03	Grab	모빌리티/플랫폼	동남아 차량호출 서비스	851	기아차
2019.03	Ola	모빌리티/플랫폼	인도 차량호출 서비스	660	기아차
2019.04	Audioburst	자율주행	AI 음성인식 플랫폼	55	현대차
2019.05	Realtime Robotics	로보틱스	로봇 기술	16	현대차
2019.05	Aurora	자율주행	자율주행기술	239	현대차
2019.05	Fun Share	자율주행	역선 카메라 업체	27	현대차

자료: 현대차, 기아차, 현대모비스, 메리츠증권 리서치센터

시기	업체	분야	세부	규모(억원)	기업
2019.05	Arybelle	모빌리티/플랫폼	디지털 후각센서	12	현대차
2019.05	Aurora	자율주행	자율주행기술	60	기아차
2019.05	Rimac	전동화	고성능 전기차 제조	1,000	기아차
2019.05	Deep Glint	자율주행	AI	60	현대모비스
2019.06	MDGo	자율주행	커넥티드 카 의료서비스	N/A	현대차
2019.06	KST Mobility	모빌리티/플랫폼	호출형 전기차 공유	10	현대차
2019.07	Rimac	전동화	고성능 전기차 제조	211	기아차
2019.07	태양광펀드	기타혁신기술	태양광발전소 21곳에 투자	59	현대차
2019.08	Yellow Line	자율주행	스타트업	11	현대차
2019.09	UBiAi	커넥티비티	자동차 네트워킹 빅데이터	13	현대차
2019.09	Upstream	자율주행	자동차 사이버보안	27	현대차
2019.09	Cowin Fund	기타혁신기술	혁신기술 VC 펀드	3	현대차
2019.09	Aptiv	모빌리티/플랫폼	전장부품 및 자율주행	24,000	현대차
2019.09	Code42	자율주행	모빌리티 통합플랫폼	150	현대차
2019.09	Obsidian	자율주행	열화상 센서	24	현대모비스
2019.09	IONITY	전동화	초고속 EV 충전 인프라	N/A	현대차
2019.10	Velodyne	자율주행	라이다	587	현대모비스
2019.10	Revv	모빌리티/플랫폼	인도 차량공유	24	기아차
2019.10	Mocean	자율주행	현대차그룹 차량공유 법인	38	현대차
2019.11	Ola Electric	전동화	전기차 및 충전 인프라	36	현대차
2019.11	Ola	모빌리티/플랫폼	인도 차량호출 서비스	698	기아차
2019.11	Impact Coatings	전동화	수소연료전지 분리판 코팅	51	현대차
2019.11	Maniv Revel Fund	기타혁신기술	차량 기술 스타트업 투자 VC	24	현대차
2019.12	P3 Mobility	모빌리티/플랫폼	모빌리티 소프트웨어 개발	42	현대차
2019.12	Arrival	전동화	도심용 소형 상용 전기차	1,032	현대차
2019.12	Kardome	자율주행	위치기반 음성인식	12	현대차
2020.01	Arrival	전동화	도심용 소형 상용 전기차	258	현대차
2020.02	GRZ	전동화	수소 저장·운송 기술	13	기아차
2020.03	Hyundai-Aptiv AD	자율주행	전장부품 및 자율주행	6,910	기아차
2020.03	Hyundai-Aptiv AD	자율주행	전장부품 및 자율주행	4,942	현대모비스
2020.04	MakinaRocks	기타혁신기술	AI 제조솔루션	24	기아차
2020.06	ACVC partners	기타혁신기술	센서, 생체인식, 로보틱스	N/A	현대모비스
2020.06	Smart World Inno	기타혁신기술	혁신기술 VC 펀드	N/A	현대모비스

자료: 현대차, 기아차, 현대모비스, 메리츠증권 리서치센터

중장기 투자 재원 확보 여부의 갈림길, 유럽 탄소배출 과징금 우려 비교 점검

■ 모빌리티 디바이스로서의 BEV 역량 확보를 위해서는 지속적인 투자 확장이 필수적. 21년 초 유럽에서의 20년 판매성과에 따른 탄소배출 과징금 청구서가 각 업체에게 전해질 예정. 과징금 유무에 따른 업체 별 설현 가능 실적 규모와 기업가치 re-rating · de-rating 여부 또한 결정될 전망

OEM별 유럽 탄소배출 실제 값 및 20년 목표 값

브랜드	평균 중량 (kg)	2011	2013	2015	2016	2017	2018	2019	20년 기준 목표 배출량
Daimler	1,592	153.0	136.6	124.7	124.7	129.0	134.3	137.0	102.1
Volvo	1,796	154.0	130.8	121.9	119.2	121.9	130.2	132.0	108.9
BMW	1,616	145.0	134.4	126.4	121.4	121.8	127.1	127.0	102.9
FCA	1,360	118.3	123.8	122.2	120.0	119.6	125.3	116.0	94.3
Ford	1,466	132.7	121.8	118.0	120.0	120.7	123.7	131.0	97.9
Hyundai-Kia	1,360	134.0	129.8	127.3	124.4	120.8	121.9	123.5	94.3
VW	1,453	135.4	128.9	121.5	120.0	121.9	121.2	124.0	97.4
PSA	1,288	128.5	115.7	104.6	110.3	113.0	114.2	115.0	91.9
Renault-Nissan	1,360	129.0	119.2	112.1	109.7	110.7	113.2	117.1	94.3
Toyota	1,365	126.4	119.2	108.3	105.5	102.8	101.3	108.0	94.5

3Q20 YTD 유럽 세그먼트별 판매량 구분

브랜드	ICE	EV	HV	PHV	FCV	실질 탄소배출량	슈퍼Credit 적용	괴리율 (%)
Daimler	499,911	21,731	23,466	49,092	0	112.8	103.1	1.0
Volvo	200,249	14	0	0	0	127.4	127.4	17.0
BMW	396,899	23,866	20,315	62,211	0	107.5	95.2	-7.5
FCA	503,998	60	32,791	2,179	0	123.9	123.5	30.9
Ford	604,837	0	31,522	22,646	0	121.7	118.8	21.4
Hyundai-Kia	460,857	62,276	52,930	27,454	363	104.8	92.0	-2.4
VW	2,013,068	92,527	73,449	65,014	0	117.5	110.5	13.4
PSA	1,355,438	43,831	0	31,281	0	121.3	115.7	25.9
Renault-Nissan	1,107,976	95,608	1,560	3,403	0	116.5	107.2	13.7
Toyota	201,318	0	296,476	2,222	0	96.4	96.1	1.7

자료: ICCT, SNE Research, 메리츠증권 리서치센터

2차전지

2차전지 기초

Part I   전기차 산업
Part II   배터리 산업 이해
Part III   배터리 기술 진보 방향

전기전자/2차전지
Analyst 주민우

기초

Part I

1

전기차 산업

전기차 판매량 전망

- 2019년 기준 순수전기차(BEV) 침투율은 2.2%
- 전기차 산업은 방향성의 문제가 아닌, 속도의 문제

글로벌 순수전기차 판매량 전망

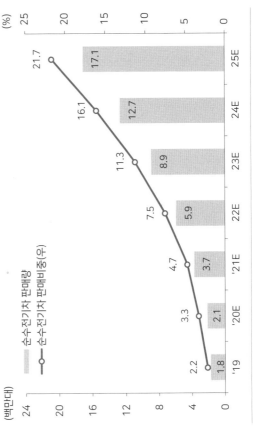

자료: SNE리서치, 메리츠증권 리서치센터

xEV 내 BEV(순수전기차) 비중 증가

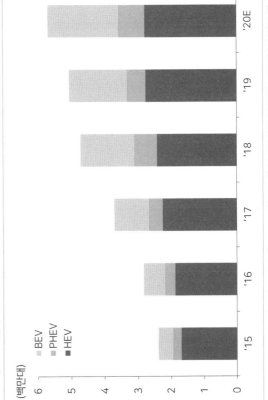

참고: xEV=HEV(하이브리드 전기차)+PHEV(플러그인 하이브리드 전기차)+BEV(순수전기차)
자료: SNE리서치, 메리츠증권 리서치센터

지역별 전기차 판매량

- 글로벌 순수전기차 판매량의 가장 큰 비중을 차지하는 국가는 중국
- 중국의 글로벌 순수전기차 판매 비중 66%(2018년) → 53%(2020년)
- 향후 성장속도는 유럽이 가장 가파를 전망

국가별 순수전기차 판매 비중

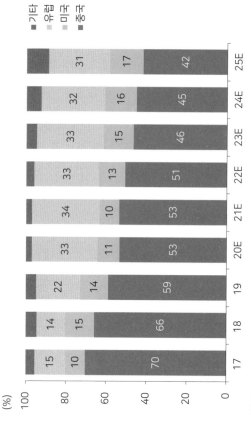

자료 : SNE리서치, 메리츠증권 리서치센터

국가별 순수전기차 판매량 전망

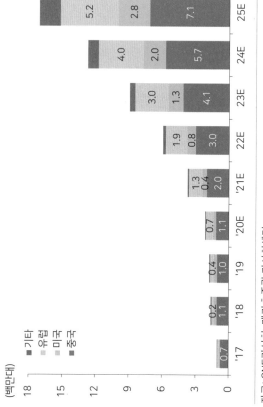

자료 : SNE리서치, 메리츠증권 리서치센터

업체별 전기차 판매량

- 2020년 11월 누적 기준 순수전기차 판매량은 TESLA(23%), SHANGHAI GM(8%), BYD(6%), RENAULT(5%), VOLKSWAGEN(4%), HYUNDAI(4%) 순

- 테슬라의 판매량은 공격적인 Capa 증설과 강한 수요에 힘입어 가파른 성장 지속 예상

글로벌 순수전기차 판매 Top10 업체

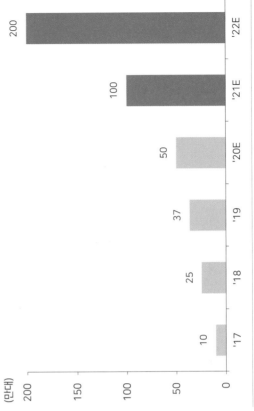

자료: SNE리서치, 메리츠증권 리서치센터

테슬라 판매량 추이

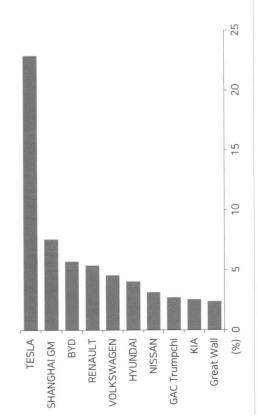

자료: Tesla, 메리츠증권 리서치센터

전기차 판매량이 늘어날 수 밖에 없는 이유 (이유-1) 규제 (유럽)

- 2020년 유럽 탄소배출 규제 강화 (평균 120g/km → 95g/km)
- 2030년까지 탄소배출 규제는 더욱 강화 예정
- 배출허용치 초과할 경우 '(배출한 CO_2-배출허용 CO_2) × 95유로 × 판매대수' 과징금 부과
- 100만대 판매한 A 업체 배출허용 CO_2가 100g/km인데 120g/km 배출할 경우, 20g × 95유로 × 100만대 = 19억 유로(2조원 이상) 과징금
- 아직 전기차 플랫폼, 배터리 조달 등이 준비가 미흡한 업체들은 CO_2 크레딧 계약을 통해 과징금 회피

유럽 이산화탄소 배출 규제 산식

- 2019년 탄소배출 기준 (g/km): 130 + 0.046 X (신차 평균중량 – 1,372.00)
- 2020년 탄소배출 기준 (g/km): 95 + 0.033 X (신차 평균중량 – 1,379.88)
- 2021-2024년 탄소배출 기준 (g/km):
  95 + 0.033 × ((각 연도별 신차 평균중량 – 1,379.88)
  – (20년 신차 평균중량 –1,379.88))

	2019	2020	2021E	2025E	2030E
승용차	120g/km	105g/km	95g/km	80.75g/km (95g × 0.85)	59.38g/km (95g × 0.625)
				21년 대비 15% 감축	21년 대비 37.5% 감축
상용차	147g/km	147g/km	147g/km	124.95g/km (147g × 0.85)	89.67g/km (147g × 0.625)
				21년 대비 15% 감축	21년 대비 31% 감축

자료: ICCT, EU집행위, 메리츠증권 리서치센터

CO2 크레딧 풀링 계약 (연론자료)

Fiat Chrysler pools fleet with Tesla to avoid EU emissions fines

Tough new targets for average CO2 output from cars will be introduced next year

Honda Joins Fiat in Paying Tesla for Europe CO2 Compliance

자료: FT, Bloomberg, 메리츠증권 리서치센터

전기차 판매량이 늘어날 수 밖에 없는 이유-1) 규제

	2024	2025	2030	2035
아테네		1		
오클랜드		1		2
발레아릭 제도			1	
바르셀로나			2	
케이프타운			2	
코펜하겐			2	
런던			2	
로스앤젤레스			2	
마드리드		1		
멕시코시티		1	2	
밀란			2	
옥스퍼드			2	
파리	1		2,3	
로마	1			
시애틀			2	
스톡홀름			3	
벤쿠버			2	

1	디젤차량 진입금지
2	내연기관 없는 도로
3	내연기관 진입금지
4	내연기관 판매금지

자료 : 산업자료 취합 정리, 메리츠증권 리서치센터

전기차 판매량이 늘어날 수 밖에 없는 이유-1) 규제 (중국)

중국 NEV 크레딧 계산식 / 중국 ZEV 규제 사항

NEV		1차안	2차안	3차안
발표시점		2016년 9월	2017년 6월	2019년 7월
의무시행년도		2018년	2019년	**2021년 1월 1일**
주요내용		2018년 내연기관차 생산량의 8%에 해당하는 크레딧 필요 2019년 내연기관차 생산량의 10%에 해당하는 크레딧 필요 2020년 내연기관차 생산량의 12%에 해당하는 크레딧 필요	2019년 내연기관차 생산량의 10%에 해당하는 크레딧 필요 2020년 내연기관차 생산량의 12%에 해당하는 크레딧 필요	**2021년 내연기관차 생산량의 14%에 해당하는 크레딧 필요** 2022년 내연기관차 생산량의 16%에 해당하는 크레딧 필요 2023년 내연기관차 생산량의 18%에 해당하는 크레딧 필요
적용대상		승용차 연간 판매량 50,000대 이상 업체	승용차 연간 판매량 30,000대 이상 업체	승용차 연간 판매량 30,000대 이상 업체. 고의비 승용차 생산할 경우 해당 대수의 1/2를 내연기관차 생산량에서 차감 후 의무 비율 적용 (규제완화)
크레딧 이월		불가	원칙적으로 불가하거나 2019→2020, 2020→2019 이월은 예외적으로 가능	21년 이후 취득한 NEV 초과 크레딧의 경우 연비규제 목표를 달성한 경우에만 이월 인정
EV 크레딧	계산	80km ≤ 주행거리 <150, 2 credit 150km ≤ 주행거리 <250, 3 credit 250km ≤ 주행거리 <350, 4 credit 주행거리 ≥ 350km, 5 credit	$[(0.012 \times 주행거리) + 0.8] \times 가산점^* \leq 6$	$[(0.006 \times 주행거리) + 0.4] \times 가산점^* \leq 3.4$
EV 크레딧	가산점*	1) SP<100km/h or R<100km 해당시 가산점 0 (크레딧 없음) 2) Y≤0.014×m+0.5 (m≤1000), Y≤0.012×m+2.5 (1000<m≤1600), Y≤0.005×m+13.7 (m>1600) 미충족시 가산점 0.5 (크레딧 cap 2.5) 3) Y≤0.0098×m+0.35 (m≤1000), Y≤0.0084×m+1.75 (1000<m≤1600), Y≤0.0035×m+9.59 (m>1600) 미충족시 가산점 1 (크레딧 cap 5), 충족시 가산점 1.2 (크레딧 cap 6)	1) SP<100km/h or R<100km 해당시 가산점 0, R<150km 해당시 가산점 1 2) Y≤0.0112×m+0.4 (m≤1,000), Y≤0.0078×m+3.81 (1,000<m≤1,600), Y≤0.0038×m+10.28 (m>1,600) 미충족시 가산점 0.5 (가산점 cap 1.5)	
PHEV 크레딧	계산	2	$2 \times 가산점^*$	$1.6 \times 가산점^*$
PHEV 크레딧	가산점*	R<50km 해당시 가산점 0 (크레딧 없음) R<80km 해당시 non-electric 모드에서 동급 내연기관 모델 연료소모량(L/100km)의 70% 미만일 경우 가산점1, 이상일 경우 가산점 0.5 R≥80km 해당시 EV 크레딧 가산점 2번조건 부합하면 가산점 1, 부합하지 않으면 가산점 0.5	non-electric 모드에서 동급 내연기관 모델 연료소모량(L/100km)의 70% 미만일 경우 가산점1, 이상일 경우 가산점 0.5	non-electric 모드에서 동급 내연기관 모델 연료소모량(L/100km)이 70% 이상 일 경우 가산점 0.5electric 모드에서 동급 BEV 모델 에너지소모량 목표치의 135% 이상일 경우 가산점 0.5
FCEV 크레딧	계산	250km ≤ 주행거리 <350, 4 credit 주행거리 ≥ 350km, 5 credit	$[(0.16 \times KW) \times 가산점^*] \leq 5$	$[(0.08 \times KW) \times 가산점^*] \leq 6$
FCEV 크레딧	가산점*	R<300km 해당시 가산점 0 (크레딧 없음) R≥300km 해당시 수소연료파워가 10KW일 경우 가산점 0.5, 이하일 경우 가산점 0.5	R<300km 해당시 가산점 0 (크레딧 없음) R≥300km 해당시 수소연료파워가 10KW의 30% 초과할 경우 가산점 0.5 (크레딧 cap 2.5)	R<300km 해당시 가산점 0 (크레딧 없음) R≥300km 해당시 수소연료파워가 10KW의 30% 초과할 경우 가산점 1, 이하일 경우 가산점 0.5

주: SP는 최고주행속도 (km/h), R은 주행거리 (Km), m은 차량중량(Kg), Y는 에너지소비량(KWh/100km)
자료: 산업자료 취합 정리, 메리츠종권 리서치센터

전기차 판매량이 늘어날 수 밖에 없는 이유(유-1) 규제 (중국)

- 중국 자동차 공정학회는 10월 27일 자동차 기술 로드맵 2.0 발표

- 신에너지차(BEV+PHEV+FCEV) 판매비율을 2025년 20% → 2030년 40% → 2035년 50%로 확대 계획

- 내연기관차는 2025년 40% → 2030년 15% → 2035년 퇴출(판매금지) 예정

- 신에너지차 구매세 2020년까지 면제 → 2022년까지 면제로 수정

- 신에너지차 구매보조금 2021년부터 폐지 → 2022년까지 지급으로 수정

중국 정부의 신차 판매 비율 목표

(%)	2019	2025	2030	2035
전통 내연기관	95	40	15	퇴출
하이브리드차		40	45	50
신에너지차 (NEV)	5	20	40	50

주: 신에너지차(NEV)는 BEV+PHEV+FCEV
자료: 산업자료 취합 정리, 메리츠증권 리서치센터

중국 정부 신에너지차 구매 보조금 상대비교

중국 순수전기차 판매량

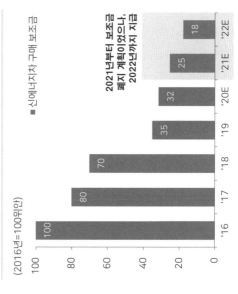

주: 신에너지차(NEV)는 BEV+PHEV+FCEV
자료: 산업자료 취합 정리, 메리츠증권 리서치센터

자료: SNE리서치, 메리츠증권 리서치센터

전기차 판매량이 늘어날 수 밖에 없는 이유- 1) 규제 (미국)

- 미국 전기차 판매량은 테슬라를 제외할 경우 2014년부터 현재까지 성장이 없음 → 규제완화 때문
- 바이든 정부의 친환경 정책 기조아래 트럼프 정부가 완화한 CO_2 배출 규제 + 평균연비 규제 부활 예상

테슬라 제외한 미국전체 xEV 판매량

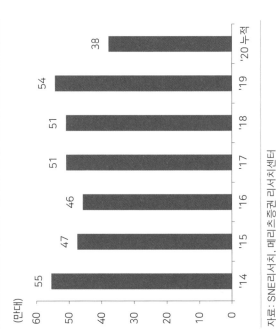

자료 : SNE리서치, 메리츠증권 리서치센터

트럼프 행정부, 기존 이산화탄소 배출 규제 및 평균연비 규제 철폐

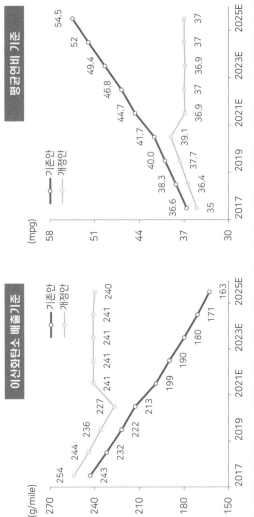

자료: EPA, NHTSA, 메리츠증권 리서치센터

전기차 판매량이 늘어날 수 밖에 없는 이유-1) 규제 (미국)

미국 크레딧 계산식 / 미국 ZEV 규제 사항

ZEV			TZEV		
거리	크레딧		거리	크레딧	
R < 50miles	0		R < 10miles	0	
R ≥ 50miles	(0.01xR)+0.5		R ≥ 10miles	(0.01xR)+0.3	
R > 350miles	4.0		R > 80miles	1.1	

의무비율 (credit)	Minimum ZEV	TZEV	Total ZEV
2009~2011	11.0		
2012~2014	12.0		
2015~2017	14.0		
2018	2.0	2.5	4.5
2019	4.0	3.0	7.0
2020E	6.0	3.5	9.5
2021E	8.0	4.0	12.0
2022E	10.0	4.5	14.5
2023E	12.0	5.0	17.0
2024E	14.0	5.5	19.5
2025E	16.0	6.0	22.0

주: ZEV는 BEV, FCEV, TZEV는 PHEV이며 미국 10개주만 적용 중
자료: 산업자료 취합 정리, 메리츠증권 리서치센터

전기차 판매량이 늘어날 수 밖에 없는 이유-2) TCO

(천원)	내연기관	2018년 순수전기차	2020년 순수전기차	2022년 순수전기차	2025년 순수전기차
리테일 가격	30,800	41,250	37,335	34,404	31,840
연비(km/L, Km/KWh)	10	6.4	6.5	6.7	6.9
연료가격 (원)	1,400	173.8	184.4	195.6	213.8
1년 유류비(1만키로 주행가정)	1,400,000	273,701	281,912	290,369	308,053
2년 유류비(2만키로 주행가정)	2,800,000	547,402	563,824	580,738	616,105
3년 유류비(3만키로 주행가정)	4,200,000	821,102	845,735	871,107	924,158
4년 유류비(4만키로 주행가정)	5,600,000	1,094,803	1,127,647	1,161,477	1,232,211
5년 유류비(5만키로 주행가정)	7,000,000	1,368,504	1,409,559	1,451,846	1,540,263
6년 유류비(6만키로 주행가정)	8,400,000	1,642,205	1,691,471	1,742,215	1,848,316
7년 유류비(7만키로 주행가정)	9,800,000	1,915,906	1,973,383	2,032,584	2,156,369
8년 유류비(8만키로 주행가정)	11,200,000	2,189,606	2,255,294	2,322,953	2,464,421
9년 유류비(9만키로 주행가정)	12,600,000	2,463,307	2,537,206	2,613,322	2,772,474
10년 유류비(10만키로 주행가정)	14,000,000	2,737,008	2,819,118	2,903,692	3,080,526
보험료 (원)	800,000	800,000	800,000	800,000	800,000
자동차세 (원)	250,000	250,000	250,000	250,000	250,000
1년 TCO	33,250	42,574	38,667	35,744	33,198
2년 TCO	34,650	42,847	38,948	36,035	33,506
3년 TCO	36,050	43,121	39,230	36,325	33,814
4년 TCO	37,450	43,395	39,512	36,615	34,122
5년 TCO	38,850	43,669	39,794	36,906	34,430
6년 TCO	40,250	43,942	40,076	37,196	34,738
7년 TCO	41,650	44,216	40,358	37,486	35,046
8년 TCO	43,050	44,490	40,640	37,777	35,354
9년 TCO	44,450	44,763	40,922	38,067	35,662
10년 TCO	45,850	45,037	41,204	38,357	35,970

참고: 국내 급속충전 요금은 KWh당 기초 313.1원에서 173.8원으로 인하. 매년 3%씩 전기료 인상 가정. 음영은 TCO 역전구간
자료: 산업자료 취합 정리, 메리츠증권 리서치센터

Part II

배터리 산업 이해

배터리 전방 수요처 비중

- 2차전지 전방 수요처 비중은 전기차 67%, Non-IT 14%, IT기기 12%, ESS 7%

- 전기차향 비중이 절대적

배터리 전방 수요처 비중

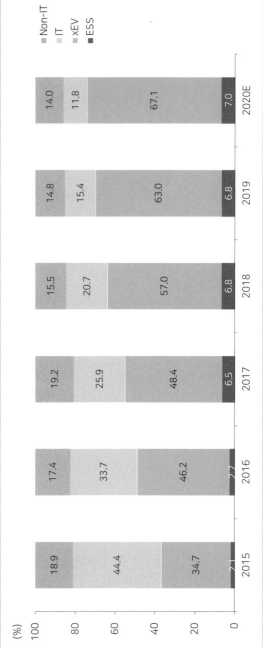

주요 완성차 업체별 배터리 공급망 현황

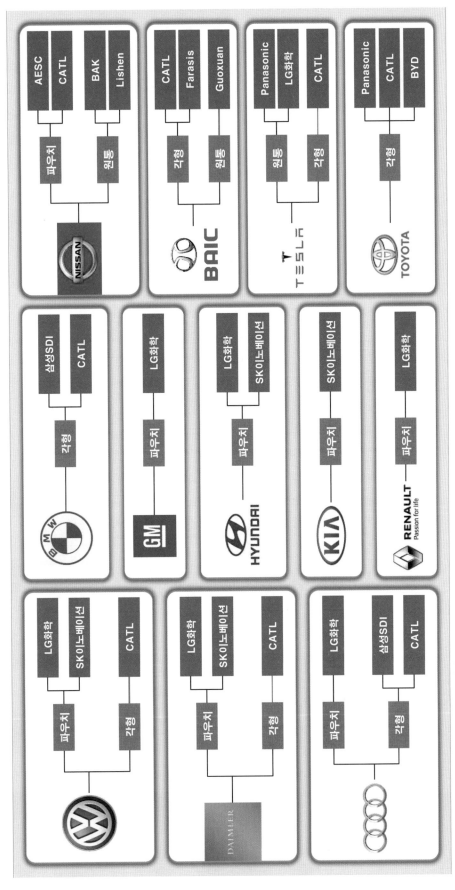

자료: 산업자료 취합 정리, 메리츠증권 리서치센터

전기차 배터리는 수주산업

- 1) 전기차 업체들의 모델별 생산계획 수립 (5년 이상)
- 2) 배터리 업체 선정
- 3) 모델별 배터리 발주

→ 통상 모델별 5년 이상의 수량을 발주하기 때문에 한번 배터리 공급사로 선정되면 장기간 공급사 지위 유지

→ 초기 선점 효과가 중요한 산업

주요 배터리 업체별 수주잔고 추정 (2020년 상반기 누적기준)

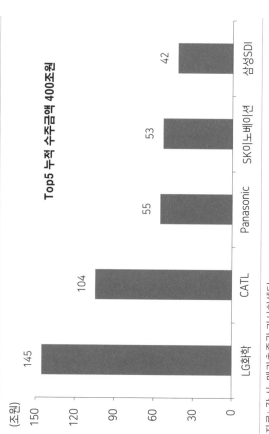

Top5 누적 수주금액 400조원

	LG화학	CATL	Panasonic	SK이노베이션	삼성SDI
	145	104	55	53	42

자료: 각 사, 메리츠증권 리서치센터

폭스바겐 MEB 플랫폼 생산 계획

(천대)	TR1	TR2			Total
	EU	EU	US	China	
2019	3				3
2020	150	40		10	200
2021E	190	200		400	790
2022E	160	230	30	530	950
2023E	190	260	120	620	1,190
2024E	210	350	140	670	1,370
2025E	220	440	160	700	1,520
2026E	220	490	150	700	1,560
2027E		380	140		520
2028E		270	120		390
2029E		230	40		270
2030E		180			180
2031E		90			90
Total	1,343	3,160	900	3,630	9,033

자료: SNE리서치, 메리츠증권 리서치센터

배터리 용량 표기

- 전기차 배터리는 차량 하부에 배치
- 전기차 종류에 따라 배터리 탑재용량은 상이
- 평균적으로 HEV 1KWh, PHEV 10KWh, BEV 60KWh의 배터리가 탑재됨
- 스마트폰 한대당 배터리 용량 10~14Wh → 순수전기차에 스마트폰의 4,000~6,000배의 배터리 탑재

전기차 종류별 배터리 탑재 용량

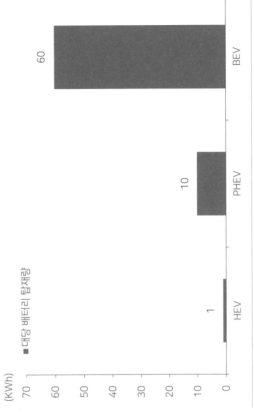

자료: 산업자료 취합 정리, 메리츠종금 리서치센터

전기차 하부에 탑재되는 배터리

자료: 디일렉, 2019.07.11, "LG화학 올 전기차 배터리 점유율 10% 이상 급성장"··· B3 전망"

배터리 가격 표기

- 배터리는 개당 가격이 아니라 용량당 가격으로 표기 → KWh당 가격으로 표기
- 셀/모듈/팩 별로 가격은 상이함
- 통상적으로 배터리 업체들은 배터리 모듈 형태로 공급을 하고, 자동차 업체가 모듈을 팩으로 조립
- 배터리 셀/모듈/팩 가격은 규모의 경제 시현으로 하향 안정화 추세
- 팩 기준 100달러/KWh가 내연기관차와 Price parity 달성 가격

배터리 가격 추이

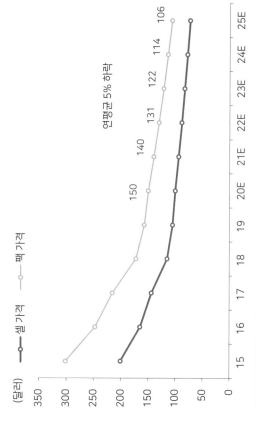

(달러)

— 셀 가격　—○— 팩 가격

연평균 5% 하락

150　140　131　122　114　106

자료 : 산업자료 취합 정리, 메리츠증권 리서치센터

일반적인 배터리 조립 단계 (셀 → 모듈 → 팩)

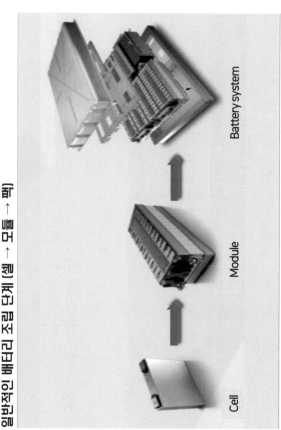

Cell　Module　Battery system

자료: Bosch, 메리츠증권 리서치센터

배터리 생산공정

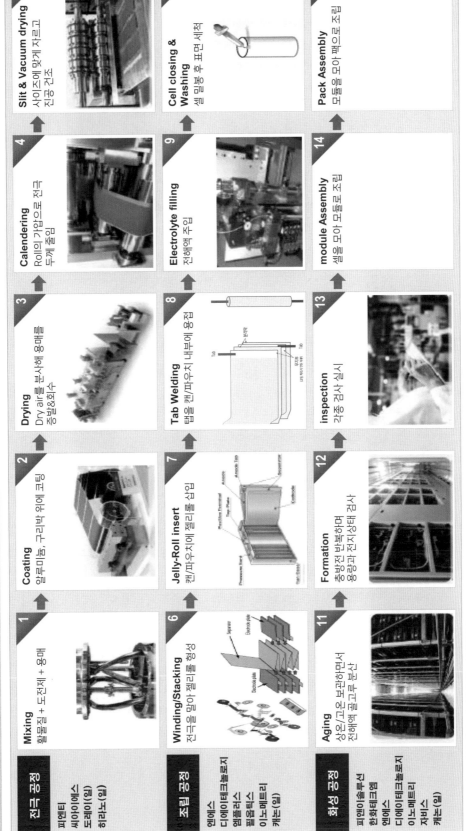

전극 공정

피엔티
씨아이에스
도레이(일)
히라노(일)

Mixing
활물질 + 도전제 + 용매

2 Coating
알루미늄, 구리박 위에 코팅

3 Drying
Dry air를 분사해 용매를
증발&회수

4 Calendering
Roll의 가압으로 전극
두께 줄임

5 Slit & Vacuum drying
사이즈에 맞게 자르고
진공 건조

조립 공정

엔에스
디에이테크놀로지
엠플러스
이노메트리
캐논(일)

6 Winding/Stacking
전극을 말아 젤리롤 형성

7 Jelly-Roll insert
캔/파우치에 젤리롤 삽입

8 Tab Welding
탭을 캔/파우치 내부에 용접

9 Electrolyte filling
전해액 주입

10 Cell closing & Washing
셀 밀봉후 표면 세척

화성 공정

피엔이솔루션
한화테크엠
엔에스
디에이테크놀로지
이노메트리
자비스
캐논(일)

11 Aging
상온/고온 보관하면서
전해액 골고루 분산

12 Formation
충방전 반복하며
용량과 전자성태 검사

13 inspection
각종 검사 실시

14 module Assembly
셀을 모아 모듈로 조립

15 Pack Assembly
모듈을 모아 팩으로 조립

자료: 산업자료 취합 정리, 메리츠증권 리서치센터

배터리 셀 구조

- 2차전지 4대 소재= 양극재(양극기판에 코팅)+음극재(음극기판에 코팅)+전해액+분리막

- 작동원리: 리튬과 전자가 음극 ▲양극으로 이동(방전) , 리튬과 전자가 양극 ▲음극으로 이동(충전)

- 내구성: 충방전 500~600회 반복시 배터리 성능이 80% 수준 유지 여부가 내구성 테스트 통과 기준
(실제 충방전은 1,500~2,000번까지 가능. 1회 충방전시 300km 가정하면 45만km 주행 가능)

- 생산된 젤리롤을 어떤 포장재에 넣느냐에 따라 파우치형, 각형, 원통형으로 구분

2차전지 구조

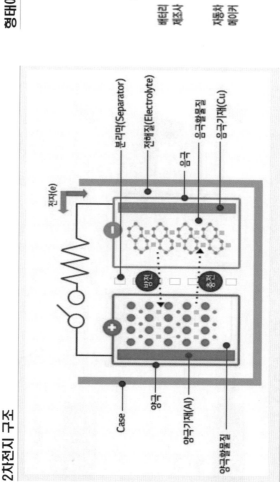

자료 : LG화학

영태에 따른 2차전지 종류

차량배터리 종류

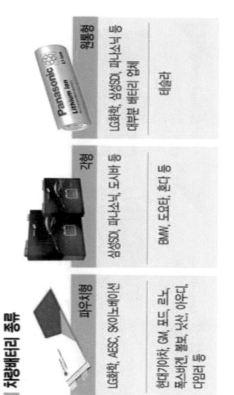

	파우치형	각형	원통형
배터리 제조사	LG화학, AESC, SK이노베이션 등	삼성SDI, 파나소닉, 도시바 등	LG화학, 삼성SDI, 파나소닉 등 대부분 배터리 업체
자동차 메이커	현대기아차, GM, 포드, 르노, 폭스바겐, 볼보, 닛산, 아우디, 다임러 등	BMW, 도요타, 혼다 등	테슬라

자료 : 뉴스핌, 2017.09.28., "SK이노, 현대-기아차 배터리 LG화학 주도권 깨다"

배터리 원가 구조, 재료비 비중이 높아 높은 마진 기대하기 어려워

- 전기차 제조 원가 중 가장 많은 비중을 차지하는 부품은 배터리(40%)

- 배터리의 원가 구조는 재료비 비중이 높아 고정비 레버리지 효과 낮음

- 따라서 배터리는 높은 마진 기대하기 어려워

- 반도체보다는 디스플레이에 가까운 원가구조 가지고 있음

- **SK하이닉스 원가 비중** = 감가상각비 30% + 원재료 26% + 인건비 19% + 지급수수료 7% + 기타 18%

- **LG디스플레이 원가 비중** = 원재료 53% + 감가상각비 13% + 인건비 13% + 지급수수료 3% + 기타 18%

배터리 원가 구조, 재료비 내 원가 구조

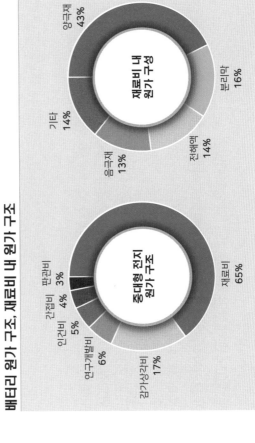

자료: 산업자료 취합 정리, 메리츠증권 리서치센터

내연기관 vs 전기차 원가 구조

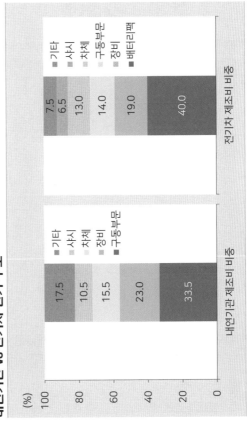

자료: 산업자료 취합 정리, 메리츠증권 리서치센터

배터리 단가 인하 압력 vs 배터리 원가절감 노력

- 2013년 독일 평균 차 가격 26,000유로, 2016년 대한민국 평균 차 가격 3,000만원

- 전기차 대중화를 위한 핵심은 합리적인 전기차 가격 ▲ 원가의 40%를 차지하는 배터리 가격 인하 필수

- 내연기관과 Price parity가 달성되는 배터리 팩 가격은 100달러/KWh

- 내연기관 ASP 3,000만원기준 매출원가율 80%(2,400만원) ▲ 공통부품인 차체 + 샤시 + 기타 비중이 43.5%(1,045만원) ▲ 남은 1,355만원으로 배터리와 모터 비용이 구성되야함 ▲ 모터 550만원+배터리 805만원 ▲ 70KWh 탑재 기준 배터리 팩 가격은 KWh당 105달러까지 빠져야 함

배터리 가격 추이

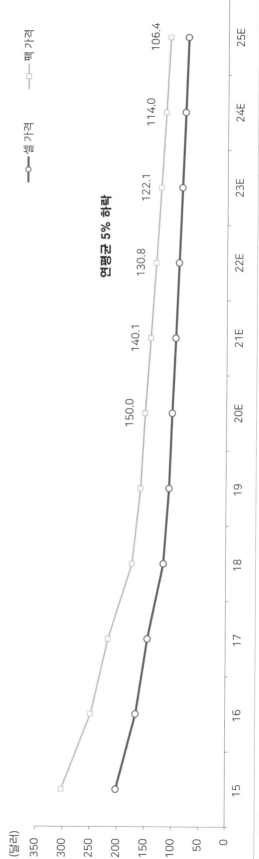

(달러)

연평균 5% 하락

─○─ 셀 가격   ─□─ 팩 가격

150.0   140.1   130.8   122.1   114.0   106.4

15 16 17 18 19 20E 21E 22E 23E 24E 25E

자료: 산업자료 취합 정리, 메리츠증권 리서치센터

배터리 단가 인하 압력 vs 배터리 원가절감 노력

- 노력1) 생산속도 향상에 따른 단위당 Capex 15% 감소 (100PPM ▶200PPM ▶300PPM)
- 노력2) 수율(생산제품 중 정상제품 비율)개선에 따른 제조원가 감소
- 노력3) 단위 셀/모듈 크기를 키워 모듈/팩에 들어가는 부품수 최소화 ▶ 무게, 부피, 원가 모두 감소
- 노력4) 에너지 밀도 향상에 따른 단위당 원가 감소

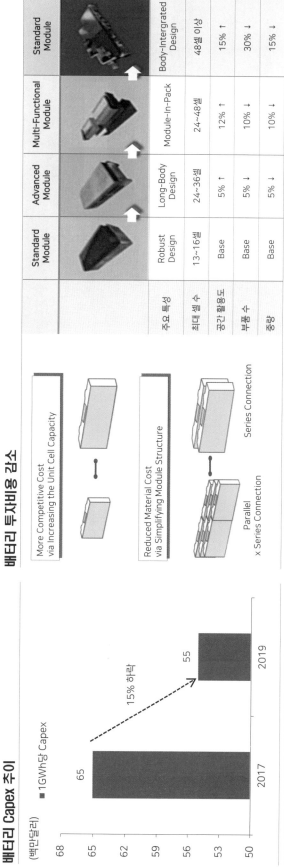

	Standard Module	Advanced Module	Multi-Functional Module	Standard Module
주요 특성	Robust Design	Long-Body Design	Module-In-Pack	Body-Intergrated Design
최대 셀수	13~16셀	24~36셀	24~48셀	48셀 이상
공간 활용도	Base	5% ↑	12% ↑	15% ↑
부품 수	Base	5% ↓	10% ↓	30% ↓
중량	Base	5% ↓	10% ↓	15% ↓

배터리 투자비용 감소

More Competitive Cost
via Increasing the Unit Cell Capacity

Reduced Material Cost
via Simplifying Module Structure

Parallel
x Series Connection

Series Connection

자료: 삼성SDI, 메리츠증권 리서치센터

배터리 Capex 추이

(백만달러)
■ 1GWh당 Capex

65 · 2017
15% 하락
55 · 2019

자료: 산업자료 취합 정리, 메리츠증권 리서치센터

기초
2차전지

Part III

배터리 기술 진보 방향

1) 에너지 밀도 증가

- 주행거리는 소비자가 전기차 구매시 고려하는 가장 중요한 요소중 하나

- 완성차 업체들은 1회 충전 주행거리를 내연기관 수준만큼 늘리려는 계획

- 주행거리 증가는 1) 배터리 에너지 밀도 증가, 2) 배터리관리시스템(BMS) 성능 개선, 3) 모터 효율성 개선, 4) 차체 경량화를 통해 구현 할 수 있음

- 특히 배터리 에너지 밀도 증가를 위해서는 배터리 소재들의 고도화가 필수

주요 모델별 주행거리

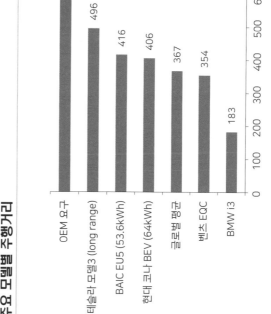

참고: 해당 차종 내 가장 많이 팔리는 모델을 기준으로 함
자료: SNE리서치, 메리츠증권 리서치센터

배터리 소재 기술 변화 로드맵

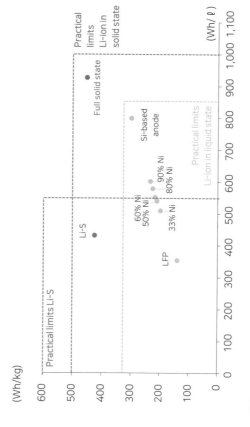

자료: 산업자료 취합 정리, 메리츠증권 리서치센터

1-1) 양극재 발전방향: ① 하이니켈, ② 단결정화, ③ 리사이클, ④ 건식전구체

- 양극재의 발전 방향은 ① 니켈비중 극대화(하이니켈), ② 단결정화로 진행 예상

- 하이니켈: 양극재 내 니켈비중이 높을수록 에너지 밀도는 증가함. 다만 안전성과 수명은 취약해지게 됨. 이를 최소화하는 것이 양극재 업체들이 풀어야할 과제이자 기술적 진입장벽

니켈 함량별 에너지 밀도 비교

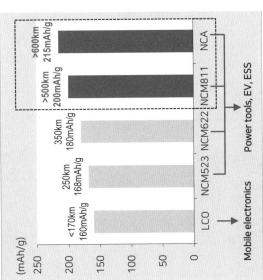

자료: 산업자료 취합 정리, 메리츠종권 리서치센터

니켈함량 올라갈수록 안전성과 수명은 취약

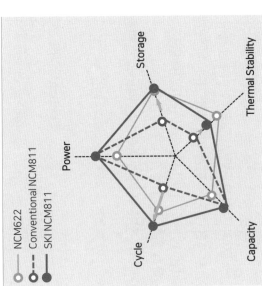

자료: SKI, 메리츠종권 리서치센터

하이니켈 양극재 점유율

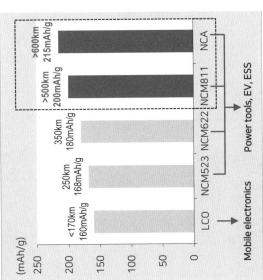

자료: SNE리서치, 메리츠종권 리서치센터

1-1) 양극재 발전방향: ① 하이니켈, ② 단결정화, ③ 리사이클, ④ 건식전구체

- 단결정: 알루미늄 극판 위에 양극소재 분말을 코팅 후 압연(press)하는 과정에서 다결정 양극분말은 부서지며 부반응을 일으킴. 단결정 분말은 부서지지 않아 부반응을 일으키지 않음

- 에너지 밀도를 극대화하기 위해서는 압연의 세기도 강해져야 하는데 다결정 양극분말도 한계 존재

- 단결정 분말은 부서지는 잔해물들이 없어 수세공정(Washing)을 거칠 필요가 없음 → 가공비 절감, 수율개선, 에너지밀도 증가로 이어짐

- 향후 전고체 전지에서도 단결정 양극분말 사용이 더 유리할 전망

- 배터리 업체들은 '17년부터 양극소재 업체들에게 단결정 개발 과제를 부여해 현재 개발 진행 중

극판 압연 공정중 양극분말에 발생하는 문제점

다결정분말(Poly crystalline particle)

* 극판압연과정중 부서지는다결정분말

* 부서지며 종방향전지내부에서 부반응(Side reactions)을 음속히[?]기속[?]시킴

단결정분말(Single crystalline particle)

* 극판압연과정중부서지지않는단결정분말

* 부반응(Side reaction) →

(1) SEI 층발생> 이차전자수명감소원인
(2) 가스발생> 전지팽창>폭발가능성있음

자료: 에스엠랩, 메리츠증권 리서치센터

단결정과 다결정구조의 차이 비교

구분	LCO	NCM811/NCA	NCM/NCA (고객사 요구사항)
사진 (형상)			
구조	단결정 구조	다결정 구조	단결정 구조
밀도	극판밀도 < 4.0g/cc	극판밀도 < 3.3g/cc	극판밀도 > 3.6g/cc
용량	전극부피당 용량 < 640mAh/cc	전극부피당 용량 < 660mAh/cc	전극부피당 용량 < 780mAh/cc
수세/세척 공정*	X	O	X

자료: 에스엠랩, 메리츠증권 리서치센터

1-1) 양극재 발전방향: ① 하이니켈, ② 단결정화, ③ 리사이클, ④ 건식전구체

- 리사이클 대상은 1) 폐배터리, 2) 폐양극재가 있음 → 양극재 원료 추출

- 양극재 원가 절감을 위해서는 폐양극재 리사이클 필수

- 리사이클 관련업체로는 성일하이텍, GEM, CATL 자회사, 유미코어, 에코프로CNG 등이 있음

- 폐배터리는 2020년 28GWh → 2030년 802GWh 발생 예상

- 폐배터리 1GWh당 200억원, 폐양극재 1톤당 1,800만원 매출 발생 추정

폐배터리 리사이클을 통해 추출

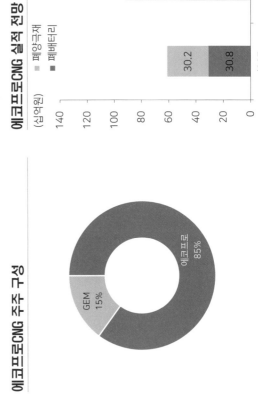

자료: 성일하이텍, 메리츠증권 리서치센터

에코프로CNG 주주 구성

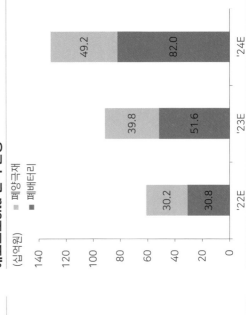

자료: Company data, 메리츠증권 리서치센터

에코프로CNG 실적 전망

(십억원)

	'22E	'23E	'24E
폐양극재	30.2	39.8	49.2
폐배터리	30.8	51.6	82.0

자료: Company data, 메리츠증권 리서치센터

1-1) 양극재 발전방향: ① 하이니켈, ② 단결정화, ③ 리사이클, ④ 건식전구체

- 양극재 제조공정 단순화& 원가절감의 핵심은 건식 전구체에 있음

- 양극재 원료인 전구체는 보통 황산용액과 함께 습식 전구체로 제조됨

- 건식 전구체는 황산용액을 넣지 않아 제조공정 단순화는 물론 투자비와 유틸리티 비용도 절감됨

- 다만 건식 전구체는 입자 균일성이 떨어져 상용화는 매우 어려움

- 더 나아가 양극재 제조공정에서 발생하는 부산물(물포함)을 최대한 재활용할 계획

전통적 양극재 생산 공정

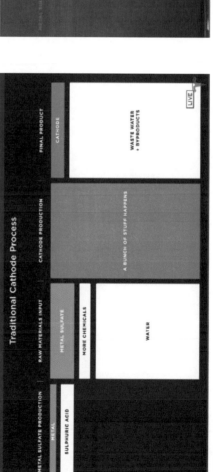

자료: Tesla

Tesla가 목표하는 양극재 생산 공정

자료: Tesla

1-2) 음극재 발전방향: 실리콘계 음극재 첨가

- 양극재와 달리 음극재는 자생적으로 에너지 밀도를 개선시킬 방법이 제한적
- 기존 인조/천연흑연에 실리콘을 첨가하는 방식으로 에너지 밀도 극대화→실리콘 에너지밀도는 탄소의 10배
- 700Wh/ℓ이상부터는 실리콘계 소재의 사용이 '필수적' → '21년부터 실리콘계 시장 개화 예상
- 실리콘은 에너지밀도는 우수하지만, 팽창문제, 낮은효율, 낮은수명 문제를 극복해야 하는 과제가 있음
- 대주전자재료가 실리콘산화물을 상용화하면서 19년 포르쉐 타이칸향 공급
- 실리콘 팽창문제와 수명문제는 실리콘 나노화, 바인더 소재 변경, 전해액 첨가제를 통해, 효율저하 문제는 실리콘 선화물 링 안에 메탈을 균일하게 반응시켜 개선

기존 음극재와 실리콘계 음극재 에너지밀도 및 효율 비교

구분	인조흑연	천연흑연	비정질 카본 (소프트/하드카본)	실리콘계 (Si/SiO)
사진 (형상)				
방전용량(mAh/g)	250-360	350-370	200-300	1,000-1,700
초기효율(%)	92-95	90-94	80-90	73-87
수명	장수명	보통	보통	단수명
가격(달러/kg)	8~15	5~10	8~12	50~150
주요 제조업체	Hitachi chemical JFE Mitsubishi chemical BTR Nippon carbon Showa denko Tokai carbon	BTR energy Shanshan Hitachi chemical Nippon carbon 포스코미칼	Nippon carbon Hitachi chemical JFE chemical Kureha 애경유화	대주전자재료 BTR Shinetsu OTC Hitachi chemical Showa denko

참고: 경쟁사 80% 효율 내는 소재 개발중인 반면 대주전자재료는 80% 양산을 넘어 85% 개발중.
자료: 대주전자재료, 메리츠증권 리서치센터

실리콘의 문제점을 나노화와 카본코팅으로 극복

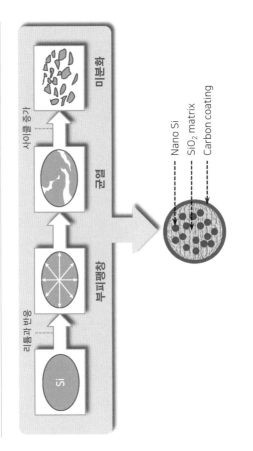

자료: 산업자료 취합 정리, 메리츠증권 리서치센터

1-2) 음극재 발전방향: 실리콘계 음극재 첨가

- 실리콘계 음극재는 크게 실리콘 산화물과 실리콘 카본으로 나뉘어지는데 대부분의 배터리 업체는 실리콘 산화물을 이용한 배터리를 개발 중

- 삼성SDI는 실리콘 카본을 이용하고 있음. 실리콘 산화물의 전환을 하게 되면 전해액과 전지시스템이 모두 바꿔야 하기 때문에 전환이 용이하지 않음. 향후에도 실리콘 카본을 이용하게 될 가능성이 높음

- 실리콘의 근본적인 문제점(팽창, 수명저하) 때문에 음극재 내 실리콘 첨가 비중은 10%대에 머물 전망

- 전기차향뿐 아니라 파우치, IT향으로도 실리콘계 음극재의 첨가 트렌드는 확대될 전망

배터리 업체별 실리콘계열 사용 현황, 실리콘 산화물이 대다수

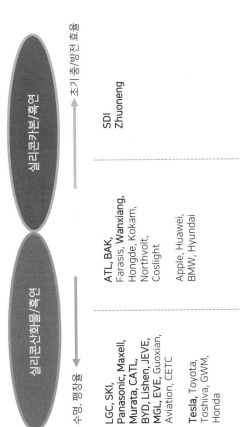

자료: 산업자료 취합 정리, 메리츠증권 리서치센터

대주전자재료의 실리콘 산화물 로드맵

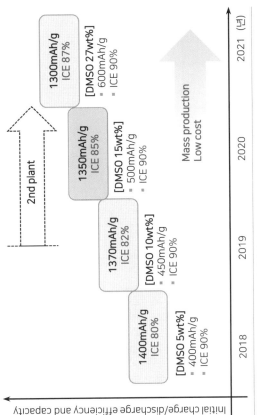

자료: 대주전자재료, 메리츠증권 리서치센터

1-3) 동박 발전방향: ① Thinnest, ② Longest, ③ Widest

- 배터리 업체들이 요구하는 동박의 방향은 ① 얇고, ② 길고, ③ 넓게 만드는 것
  - ① 얇아야 전지 무게 또한 감소 (에너지 밀도에 기여)
  - ② 길어야 생산효율성이 증가 (원가절감에 기여)
  - ③ 넓어야 생산효율성이 증가 (원가절감에 기여)
- 얇고, 길어지고, 넓어지면서 동박의 품질(구김, 찢어짐, 물성변화)을 유지하는 것이 기술력

배터리 업체들이 요구하는 동박의 방향

얇은 두께
5㎛ 제품 생산 가능한 유일한 회사 세계에서 첫으로 4㎛ 생산

4㎛ Thickness
→ 경량, 고용량 배터리 생산에 기여

길이
전세계 가장 긴 동박 (50km (4.5㎛))

50km Length
→ 배터리 제조사의 생산성 향상에 기여

넓은 넓이
전세계 가장 넓은 동박 (1,452mm)

1,452mm
→ 배터리 제조사의 생산성 향상에 기여

>> 낮은 기술로 인한 제품 불량

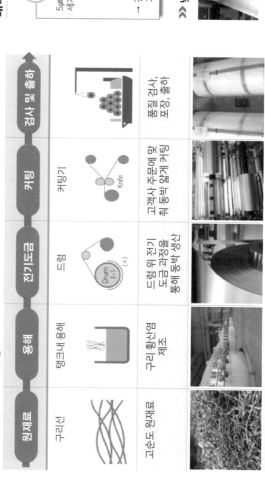

자료: KCFT, 메리츠종금 리서치센터

배터리 동박 제조 과정

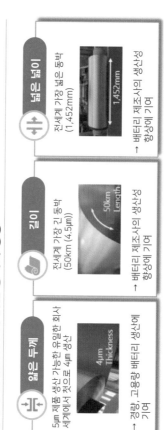

원재료	용해	전기도금	커팅	검사 및 출하
구리선	탱크내 용해	드럼	커팅기	품질 검사, 포장, 출하
고순도 원재료	구리 황산염 제조	드럼 위 전기 도금 과정을 통해 동박 생산	고객사 주문에 맞춰 동박 짧게 커팅	

자료: KCFT, 메리츠종금 리서치센터

1-4) 분리막 발전방향: 더 얇게, 더 안전하게

- 분리막은 양극과 음극의 접촉을 막아주는 안전성과 직결되는 소재

- 분리막에 요구되는 특징은 ① 다공성, ② 내열성, ③ 내구성, ④ 절연성 등

- 분리막 면적의 약 70%까지 기공도를 확보하게 되면 이온의 이동이 많아져 에너지밀도는 올라가나, 기계적인 물성은 약해짐 → 이를 극복하기 위해 전해액과 친화성을 갖는 세라믹 코팅 처리를 함

- 기존 분리막 기초 소재인 PE 대비 고내열, 고강도 특성을 지닌 Super Engineering 플라스틱 개발중 → 세라믹 코팅이 없어 두께와 무게 감소 → 에너지 밀도 상승

- Energy Technology(002812.SZ)를 비롯한 중국 경쟁사들의 중설로 단위(m²)당 가격은 하락

배터리 분리막 기술 변화

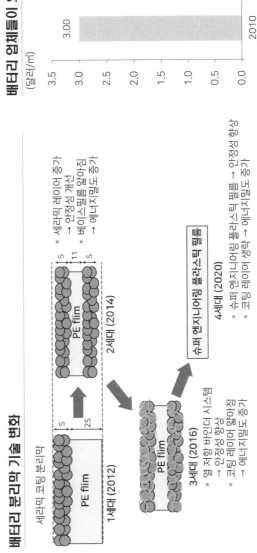

자료: SK이노베이션, 메리츠증권 리서치센터

배터리 업체들이 요구하는 분리막의 방향

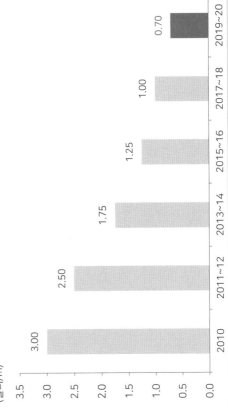

참고: 코팅 전 bare film 가격 기준
자료: 산업자료 취합 정리, 메리츠증권 리서치센터

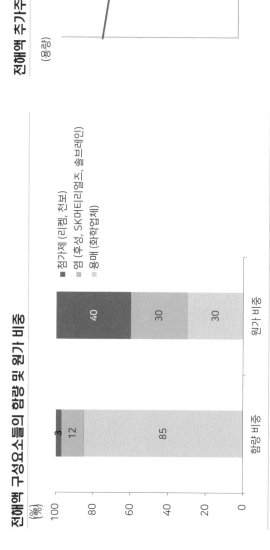

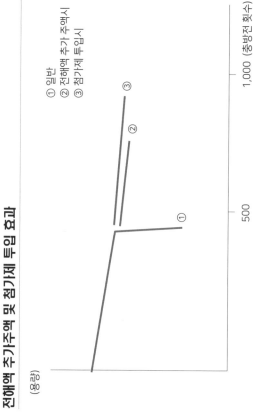

1-5) 전해액 발전방향: 구성요소 고도화 및 가격경쟁력 확보

- 전해액은 리튬이온을 양극과 음극에 전달하는 통로로 역할 뿐 아니라 고온과 저온에서의 사용환경 확대, 양극과 음극 보호, 과충전과 과방전 방지 등의 역할 수행

- 전해액 = 염(12%)+용매(85%)+첨가제(3%)로 구성 → 첨가제가 함량비중은 가장 낮지만 원가비중은 가장 큼

- 염은 수명과 저온방전성능에, 용매는 리튬이온 전도도에, 첨가제는 안전성, 수명, 성능 개선에 영향

- 전해액의 성능은 첨가제 고도화, 전해액 원가절감은 첨가제 내재화를 통해 달성 가능할 전망

- 동화기업은 국내 전해액 업체 중 유일하게 용매(NMP)와 첨가제 기술 내재화

전해액 구성요소들의 함량 및 원가 비중

(%)

	함량 비중	원가 비중
첨가제	3	40
염	12	30
용매	85	30

■ 첨가제 (리켐, 천보)
■ 염 (후성, SK머티리얼즈, 솔브레인)
■ 용매 (화학업체)

자료: 엔켐, 메리츠증권 리서치센터

전해액 추가주액 및 첨가제 투입 효과

(용량)

① 일반
② 전해액 추가 주액시
③ 첨가제 투입시

500   1,000 (충방전 횟수)

자료: 산업자료 취합 정리, 메리츠증권 리서치센터

2) 가격 경쟁력 확보

- 노력1) 생산속도 향상에 따른 단위당 Capex 15% 감소 (100PPM ▶200PPM ▶300PPM)
- 노력2) 수율(생산제품 중 정상제품 비율)개선에 따른 제조원가 감소
- 노력3) 단위 셀/모듈 크기를 키워 모듈/팩에 들어가는 부품수 최소화 ▶ 무게, 부피, 원가 모두 감소
- 노력4) 에너지 밀도 향상에 따른 단위당 원가 감소

배터리 Capex 추이

(백만달러)

65 (2017) → 55 (2019) 15% 하락

자료 : 산업자료 취합 정리, 메리츠증권 리서치센터

배터리 투자비용 감소

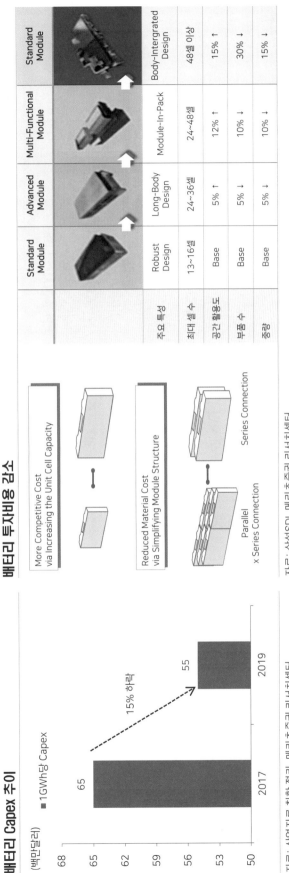

More Competitive Cost via Increasing the Unit Cell Capacity

Reduced Material Cost via Simplifying Module Structure

Parallel x Series Connection → Series Connection

	Standard Module	Advanced Module	Multi-Functional Module	Standard Module
주요 특성	Robust Design	Long-Body Design	Module-In-Pack	Body-Intergrated Design
최대 셀 수	13~16셀	24~36셀	24~48셀	48셀 이상
공간 활용도	Base	5% ↑	12% ↑	15% ↑
부품 수	Base	5% ↓	10% ↓	30% ↓
중량	Base	5% ↓	10% ↓	15% ↓

자료 : 삼성SDI, 메리츠증권 리서치센터

3) 충전속도 단축

- 전기차 업체는 배터리 충전소요 시간을 15분 이내로 단축시켜 줄 것을 요구

- 급속충전은 배터리 용량의 80%까지만 진행. 그 이후부터는 전압은 유지하되 전류량을 줄여 나감

- 충전속도 단축을 위해서는 고출력 충전기 뿐 아니라 고출력 충전이 가능한 배터리가 필수

- 고출력 충전기는 이미 350~400KW 급까지 개발이 완료되어 있음

- 고전압, 고전류 구동이 가능한 배터리 설계가 뒷받침 되어야 함 → 양극/음극/분리막/전해액 개선 필요

- 특히 실리콘복합체의 사용확대를 통해 충전속도 단축 기여 예상

- 이외 음극 구조를 수평 구조에서 3D 구조로 변경해 시간당 리튬 흡수량을 늘려 고속충전 지원 가능

배터리 충전 소요시간 비교

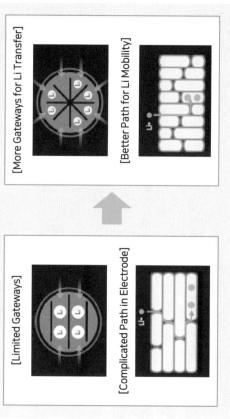

(분)

	50KW	120KW	270KW	320KW	350KW	400KW
	77	32	14	12	11	10

참고: 배터리 용량 80kWh 가정, 배터리 용량의 80%만 급속충전 가정.
자료: 산업자료 취합 정리, 메리츠종금 리서치센터

음극 구조 변경 통한 충전시간 단축

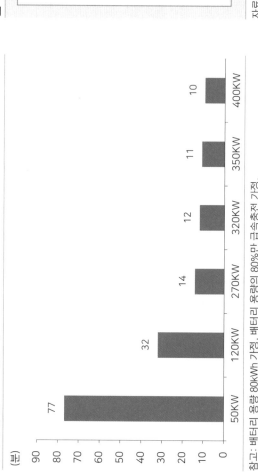

[Limited Gateways]

[Complicated Path in Electrode]

[More Gateways for Li Transfer]

[Better Path for Li Mobility]

자료: 삼성SDI, 메리츠종금 리서치센터

4) 차세대 배터리

- 전고체 배터리가 가장 상용화에 근접. 이와 함께 전고체 배터리의 새로운 음극재로 리튬메탈 부상

  - 리튬메탈은 흑연대비 이론적 에너지밀도가 10배 높아 배터리 에너지 밀도 향상에 도움

  - 리튬메탈 음극은 충전과정에서 음극 표면에 리튬이 적체되는 덴드라이트(Dendrite)가 발생해
    1) 리튬막을 훼손하는 안전 문제가 있었음(음극 → 1) 고체 전해질이기 때문에 기존 대비 안전성이 높아졌고,
    2) 음극 표면에 특수 복합층을 형성해 덴드라이트 현상을 억제하는 방법으로 해결

  - 전고체 배터리 내 리튬메탈 음극 적용시 집전체는 기존 동박을 그대로 사용하기 어려울 전망 →
    고체전해질 (황)이 동박을 부식시키기 때문 → 동박은 다른 소재로 대체되거나, 니켈도금층을 추가하는
    형태로 변화

차세대 배터리 종류별 특징

구분	리튬이온	리튬메탈	전고체	리튬황	리튬에어
양극	Li(Ni,Co,Mn)O$_2$	Li(Ni,Co,Mn)O$_2$	Li(Ni,Co,Mn)O$_2$	Sulfur	Carbon
음극	Graphite	Li metal	Li metal/Graphite	Li metal	Li metal
전해액	액체	액체/고체	고체	액체/고체	액체/고체
분리막	PE	PE/X	X	PP/X	Membrane/x
동박	O	△	△	△	△
Wh/L	600	900	1,000	900	1,200
Wh/kg	250	440	500	650	950
상용화(1~5)	5	2	3	1	1

자료: KATECH, 메리츠증권 리서치센터

전고체배터리 내 리튬메탈 음극

리튬-이온전지 | 전고체전지 (음극에 리튬금속 적용) | 전고체전지 (삼성전자 개발) | 전고체전지 구조

자료: 삼성전자 종합기술원, 메리츠증권 리서치센터

4) 차세대 배터리 – 전고체 배터리

- 차세대 배터리 중 가장 상용화에 근접해 있는 후보는 전고체 배터리

- 전고체 배터리는 기존 리튬이온 배터리에서 전해질로 전해액과 분리막이 고체 전해질로 대체되는 형태

- 안전성, 에너지밀도(이론적), 충전속도 단축 측면에서 기존 배터리 대비 이점이 있음

- 전고체 배터리의 상용화를 위한 해결과제는 '높은 계면저항'과 '낮은 이온전도도'

- 전고체 배터리의 이온전도도($10^{-6～-2}$ S/cm)는 리튬이온 배터리의 이온 전도도(10^{-2} S/cm) 보다 낮아 에너지 밀도와 출력을 극대화 시키는데 제한

- 고체 전해질이 양극/음극과 맞닿은 부분에서 저항(계면저항)이 발생해 에너지 밀도와 출력 극대화에 제한

리튬이온 배터리 vs 전고체 배터리 비교

구분		리튬이온 전지	전고체 전지
양극물질		고체(NCA, NCM, LCO 등)	고체(NCA, NCM, LCO 등)
음극물질		고체(인조/천연 흑연)	고체(인조/천연 흑연, 리튬)
	전해질	액체(NMP+Li-Salt 등)	고체(황화물계, 산화물계, 폴리머계 등)
	분리막	고체 폴리머(건식/습식)	없음
	구조	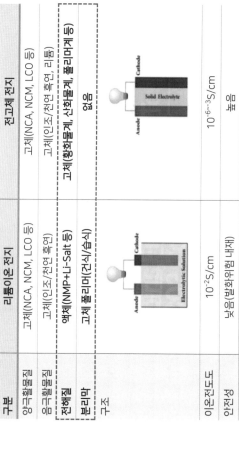	
이온전도도		10^{-2}S/cm	$10^{-6～-3}$S/cm
안전성		낮음(발화위험 내재)	높음

자료: SPring8, 메리츠증권 리서치센터

소재 고도화에 따른 에너지 밀도 개선

(그래프: Wh/kg 세로축 0~600, Wh/ℓ 가로축 0~1,100)

- Practical limits Li-S
- Li-S
- LFP
- 33% Ni
- 50% Ni
- 60% Ni
- 80% Ni
- 90% Ni
- Si-based anode
- Full solid state
- Practical limits Li-ion in solid state
- Practical limits Li-ion in liquid state

자료: Umicore, 메리츠증권 리서치센터

4) 차세대 배터리-전고체 배터리

- 기존 리튬이온배터리와 전고체 배터리의 가장 큰 차이점은 전해질이 액체에서 고체로 변경

- 전고체 배터리의 장점은 안전성 향상 외에도

- 1) 하나의 셀에 여러 전극을 직렬 연결하는 바이폴러 구조가 가능해져 부피 감소

- 2) 넓은 작동온도 범위 커버 가능해져 안전성 향상, 냉각용량 축소, BMS 단순화 → 냉각 시스템 축소
  → 팩 내 셀 체적비율 향상(현재 60~70% ▲ 80% 후반)

- 3) 고전압 양극소재 적용 가능으로 고용량화 가능

리튬이온배터리 vs 전고체배터리 구조 비교

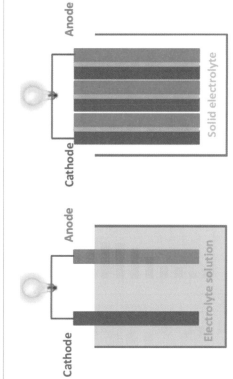

자료: ResearchGate, 메리츠증권 리서치센터

작동온도 범위

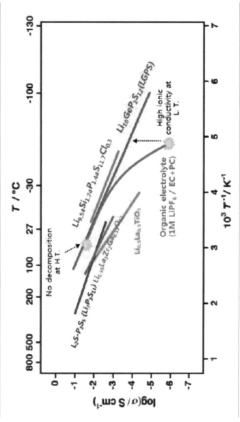

자료: KETI, 메리츠증권 리서치센터

4) 차세대 배터리 - 전고체 배터리

- 전고체 배터리를 구성하는 전해질 구성물질은 여러 종류가 존재 → 크게 황화물, 산화물, 폴리머로 나뉨
- 황화물과 겔폴리머가 상용화 가능한 수준의 이온전도도를 나타내 연구가 가장 많이 진행됨
- 산화물에 대한 연구도 최근 활발히 진행중
- 완성차 및 배터리 업체들의 가격 및 성능 전략에 따라 초기 전고체 배터리 타입은 다양하게 나타날 전망

전고체 전해질 종류

소재		장점	단점	형태
무기 고체 전해질	황화물계	높은 리튬이온 전도도 전극/전해질성 계면 형성 용이	공기 중 안정성 취약 공간 전하층 형성으로 전극/ 전해질 계면에 고저항층 발생	LSiPSCL LGPS LSnPS LPS
	산화물계	공기 중 안정성 우수 비교적 높은 리튬이온 전도도	고체전해질 업체 저항이 큼 전극/전해질 계면 형성 어려움 1,000도 이상의 높은 소결 온도 대면적 셀 구동 곤란	LLTO LLZO LAGP LBSO
유기 고체 전해질	드라이 폴리머	전극 계면과 밀착성 우수 Roll-to-Roll 공정 적용 용이	낮은 리튬이온 전도도 고온 환경에서만 사용 가능	PPE PPO
	겔폴리머	전극 계면과 밀착성 우수 리튬이온 전도도 양호	낮은 기계적 강도로 단락 우려	polysiloxane

자료 : KETI, 메리츠증권 리서치센터

전해질 종류별 이온전도도

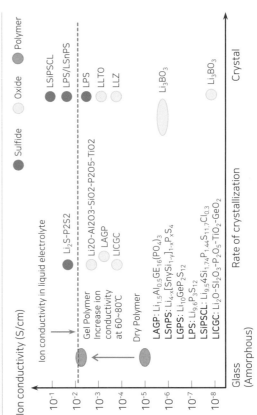

자료 : SNE리서치, 메리츠증권 리서치센터

4) 전고체 배터리

- 전고체 배터리의 장점은 안전성 향상 뿐만 아니라 단위 부피당 에너지밀도가 2배 가까이 증가해 배터리 부피를 현저하게 줄일 수 있음

- 기존 리튬이온 배터리는 하나의 셀당 전극(양, 음)을 하나씩만 형성하는 모노폴라 전극 구조였지만,

- 전고체 배터리는 하나의 셀 내 여러 전극을 직렬로 연결하는 바이폴라 구조가 가능

- 즉, 배터리 부피 감소, BMS 최소화, 셀 외장재 사용 최소화로 에너지 밀도 향상과 단가 절약 동시 추구 가능

- 한정된 전기차 배터리 탑재 공간에 더 많은 배터리를 탑재할 수 있게 돼 주행거리 증가로 이어질 수 있음

- 고체전해질을 개발해 샘플 대응을 하고 있는 업체는 미쯔비시화학, 센트럴 글라스, 동화기업 등이 있음

2.0Ah 전고체 배터리 vs 1.8Ah 리튬이온 배터리 크기 비교

자료: Business wire, 메리츠증권 리서치센터

모노폴라 전극 구조와 바이폴라 전극 구조 차이

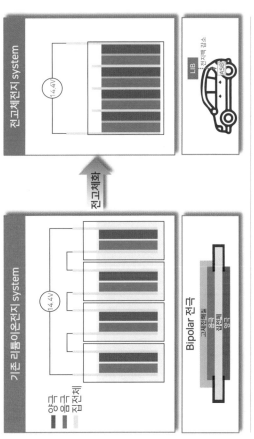

자료: KETI, 메리츠증권 리서치센터

4) 차세대 배터리-전고체 배터리가 가져올 변화

- 전고체 전지는 1) 낮은 이온전도도+계면저항, 2) 덴드라이트 발생, 3) 높은 가격을 극복해야 함

- 낮은 이온전도도+계면저항을 극복하기 위해서는

- 1) 고체전해질의 크기를 나노사이즈로 작게 만들어 양/음극에 잘 스며들수 있게 해야 하며
- 2) 양극재 슬러리 단계에서 고체전해질을 함께 섞어 잘 섞이게 만들고
- 3) 양/음극과 고체전해질의 접촉면적(계면)을 극대화하기 위해 더 높은 가압(press)을 부여해야 함

→ 높은 가압을 견디기 위해서는 다결정 양극재보다 단결정 양극재가 유리함

- 이외 리튬메탈 적용시, 동박과 흑연음극재는 리튬메탈로 대체

- 분리막 제거

리튬이온전지 구조

자료: JMPT

전고체전지 구조

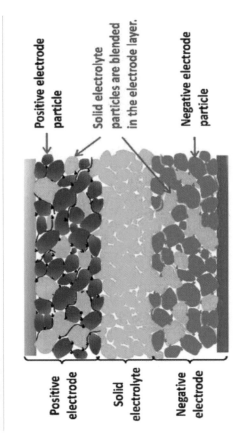

자료: KETI

4) 차세대 배터리 – 전고체 배터리 가격

- 전고체배터리 상용화의 또 다른 장애물은 높은 가격
- KWh당 투입되는 전해액+분리막의 가격은 현재 28달러(전해액 10달러+분리막18달러) 추정
- 반면 고체전해질은 현재 3,000달러 (양산기준이 아닌, 연구소 기준)
- 3,000달러(2020년) → 500달러(2025년) → 100달러(2027년)로 점진적으로 하향 안정화 예상
- 이를 고려한 전고체배터리 셀 기준 가격은 2027년 180달러/KWh vs 리튬이온배터리 86달러/KWh 예상
- 여전히 가격 차이 커 2030년 이전까지 전고체배터리가 대량양산 모델에 적용되기는 어렵다고 판단
- 2027년 전체 배터리 중 전고체 배터리 비중은 2.5%일 것으로 예상

KWh당 투입되는(전해액+분리막) vs 고체전해질 가격 비교

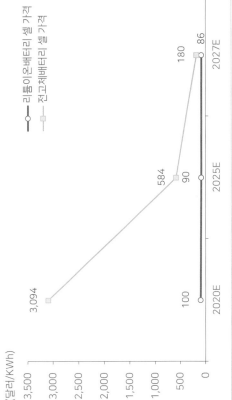

자료: 산업자료 취합 정리, 메리츠증권 리서치센터

리튬이온배터리 vs 전고체배터리 KWh당 셀 가격 비교

자료: 산업자료 취합 정리, 메리츠증권 리서치센터

4) 차세대 배터리 - 전고체 배터리 전망

- 전고체 배터리 시장은 2025년 개화되고, 2030년 이후 본격 성장 예상
- 전체 배터리 시장 규모에서 전고체 배터리가 차지하는 비중은
  2025년 0.8%, 2027년 2.5%, 2030년 7.0% 예상
- 전고체 전해질 소재는 현재 해당 소재를 준비하고 있는 업체수 기준 폴리머, 산화물, 황화물 순
- EV/ESS뿐 아니라 소형(IT/CE)용 전고체 배터리도 상용화될 전망

전고체 전해질 소재 비중 예상

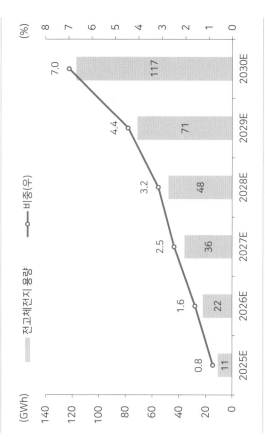

폴리머 56%
산화물 28%
황화물 11%
기타 5%

자료 : SNE리서치, 메리츠증권 리서치센터

전고체 배터리 시장 규모

자료 : : SNE리서치, 메리츠증권 리서치센터

해외 주요 업체 개발 동향(도요타)

- 도요타는 파나소닉과 JV(도요타51%, 파나소닉49%)를 통해 전고체 배터리 상용화 추진 중

- JV명칭은 '프라임 플래닛 에너지 앤 솔루션'으로 전고체 배터리 뿐 아니라 리튬이온 각형 배터리 개발, 제조 협력

- 도요타는 전고체 전해질 물질로 황화물을 채택할 것으로 예상

- 현재 구현된 에너지 밀도는 185Wh/Kg, 400Wh/L로 현재 리튬이온 배터리 에너지 밀도의 약 80~85% 수준 → 신화물 코팅처리된 LCO 양극재, **흑연 음극재**, 황화물계 고체전해질(LGPS)를 사용

- 2021년 올림픽에서 전고체 배터리 탑재한 prototype 전기차 공개 후, 2025년 본 양산 시작 예상

도요타 전고체 배터리 에너지 밀도

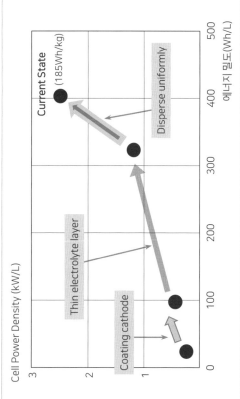

자료: SNE리서치, 메리츠증권 리서치센터

도요타 전고체 배터리 공급망 (추정)

소재	공급사	내용	가격	비고
양극재	자체개발 (니치아)	LCO with coated LiNbO3	기존대비 high single up	기존라인 활용가능
음극재	자체개발 (히타치)	Graphite	동일	기존라인 활용가능
고체 전해질	미쯔이메탈	LGPS 등	KWh당 100달러 (샘플 기준)	샘플라인 보유
음극 전해질	후루카와	Coated with Ni	기존대비 high single up	기존라인 활용가능

자료: SNE리서치, 메리츠증권 리서치센터

해외 주요 업체 개발 동향(Solid Power)

- Solid Power는 Colorado 대학 연구팀에서 시작해 2012년 설립된 스타트업
- BMW, Ford, 삼성벤처, 현대 크래들, A123 등 다수기업들이 투자
- 황화물계 고체전해질 사용할 계획이며 현재 1MWh의 파일럿 라인 보유
- 에너지밀도를 높이기 위한 계획 진행중이며, 2023년 셀/부품 양산준비 마치고, 2025년 차량 양산 계획

Solid Power 전고체 배터리 양산 계획

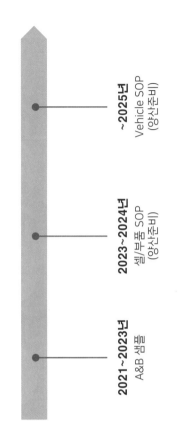

2021~2023년
A&B 샘플

2023~2024년
셀/부품 SOP
(양산준비)

~2025년
Vehicle SOP
(양산준비)

참고: SoP는 Start of production의 약자
자료: SNE리서치, 메리츠증권 리서치센터

Solid Power 전고체 배터리 에너지 밀도 향상 계획

소재	2019	2020	2021	2022~2023
양극재	NCM	NCM	NCM	NCM
양극 집전체	사용	사용	사용	사용
음극재	Graphite	Li-metal	Li-metal	Li-metal
음극 집전체	사용	×	×	×
Wh/kg	260	320	340	435
Wh/L	500	660	720	960

자료: SNE리서치, 메리츠증권 리서치센터

해외 주요 업체 개발 동향(CATL)

- CATL은 2025년 전고체 배터리 양산 목표
- 전고체 전해질 물질은 황화물계와 폴리머계를 모두 준비 중 → 현재 셀 샘플 제작 중
- 폴리머 전고체: LFP 양극재, Li-metal 음극재, 폴리머계 전해질로 구성
- 황화물 전고체: LCO 양극재, Li-metal 음극재, LPS(황화물계) 전해질로 구성

CATL 배터리 로드맵

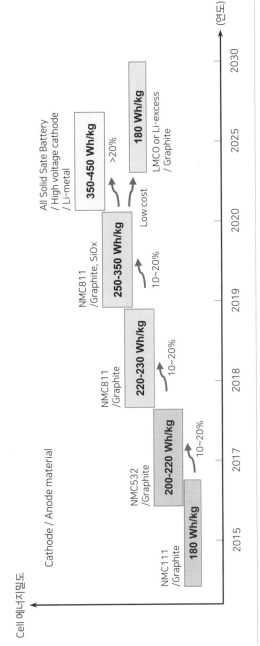

자료: SNE리서치, 메리츠증권 리서치센터

해외 주요 업체 개발 동향(QuantumScape)

- QuantumScape는 2012년부터 폭스바겐과 협업 시작 → 전고체배터리 셀 샘플 테스트 완료
- 2018년 전고체배터리 대량양산을 위한 JV 설립 마침
- 2023년 하반기 1GWh 규모의 시양산 개시 → 2025년 하반기 20GWh Capa 세팅 완료 계획
- 1) 흑연음극재와 동박을 제거한뒤 리튬메탈로 대체하고
- 2) 덴드라이트 현상을 억제하기 위한 세라믹 물질의 고체전해질 층으로 구성

QuantumScape 전고체배터리 생산계획

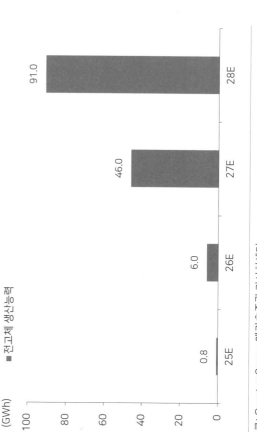

자료: QuantumScape, 메리츠증권 리서치센터

QuantumScape 실적 전망

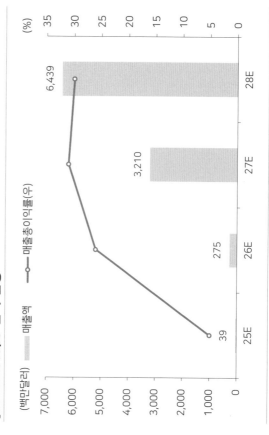

자료: QuantumScape, 메리츠증권 리서치센터

해외 주요 업체 개발 동향(ProLogium)

- 2006년 Vincent Yang Sinan에 의해 설립된 대만 전고체 배터리 생산업체

- 전기차 업체 NIO와 전고체 양산 협업 중

- 현재 40MWh 캐파 보유, 2021년 1.5GWh 캐파 추가 예정

- 전고체 전해질 물질은 산화물계 사용

- 현재 음극활 물질은 흑연계 사용했지만, 2025년 Li-metal 기반의 전고체 배터리 양산 목표

ProLogium 전고체 배터리

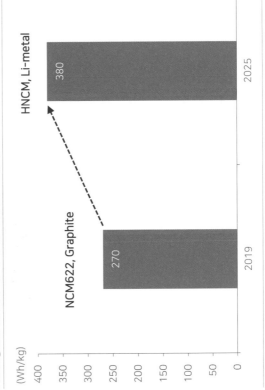

자료:ProLogium

ProLogium 전고체 배터리 에너지 밀도 계획

자료 : SNE리서치, 메리츠종금증권 리서치센터

국내 주요 업체 개발 동향

- 삼성SDI는 2023년 밸류체인 구성 완료, 2025년 시양산, 2027년 본양산 예정 (1200Wh/L 추정)
- LG화학은 2025~2030년 전고체 배터리 양산 계획. 전고체 전해질 물질은 산화물, 황화물 모두 연구 중

삼성종합기술원이 개발한 전고체 배터리 구조

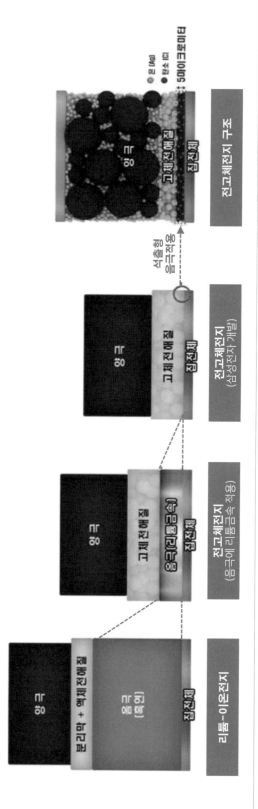

자료: 삼성전자 종합기술원, 메리츠증권 리서치센터

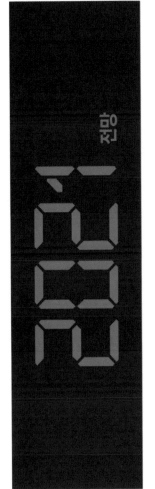

2021 전망

2차전지

2021년 8가지 이슈

Summary

2021년 8가지 이슈

Ⅰ 2020년 리뷰

- 글로벌 순수전기차 판매량
  1Q20 30만대 (-42% QoQ, -17% YoY)
  2Q20 32만대 (+7% QoQ, -33% YoY)
  3Q20 56만대 (+73% QoQ, +46% YoY)

- 상반기 코로나 영향에 의한 순수전기차 판매 부진을 극복하고,
  3Q20부터 중국과 유럽을 중심으로 전기차 판매 강하게 반등 중

- 배터리, 배터리소재 업체들의 실적과 주가 모한 상저하고 패턴이 나타남

Ⅱ 2021년 전망 8가지 이슈

- 2021년 주목해야 할 8가지 이슈 제시
  ① 규제강화 - 유럽, 미국, 중국 3지역 모두 전기차 판매 압박 커짐. 특히 가장 규제가 느슨한 미국의 규제 주목
  ② 테슬라 전기차 판매 100만대 (+100% YoY), 배터리 파일럿 양산 10GWh(vs 2020년 1GWh)
  ③ 중국 익스포자 - 중국 전기차 시장은 9월부터 턴어라운드. 중국 익스포자 있는 국내 셀, 소재 업체 수혜 주목
  ④ 신규 프로젝트 - 현대기아차 E-GMP(30조원 추정)와 VW MPE 1차(20조원 추정) 수주 업체 주목
  ⑤ 삼성SDI Gen5 양산 - 2H21 본격 양산 예정 → 삼성SDI의 수익성 개선은 물론 관련 소재업체 실적 개선 기대
  ⑥ 리튬가격 반등 - 생산원가에 근접한 리튬 가격과 상반기 코로나에 의한 중설 차질 → 양극재업체 실적 +α
  ⑦ 충전기 인프라 - 충전 인프라 구축 주체가 공사 관공서 →민간으로 변경. 국내 및 해외 충전 인프라 수혜 업체 주목
  ⑧ 전고체배터리 - 삼성SDI 2021년 전고체배터리 밸류체인 구축 완료, 2023년 스펙 확정 예정

시나리오별 2021년 전망

	항목	변수	Worst	Base	Best
주가 결정 요인	**1. 전기차 판매**	▪ 규제 ▪ 보조금 ▪ 경기회복 ▪ 원활한 배터리 공급	▪ 탄소배출, ZEV 규제완화 ▪ 보조금 축소 및 폐지 ▪ 경기회복 지연 ▪ 배터리 공급 차질	▪ 탄소배출, ZEV 규제강화 ▪ 보조금 지급 ▪ 경기회복 ▪ 원활한 배터리 공급	▪ 탄소배출, ZEV 규제강화 ▪ 보조금 지급 ▪ 경기회복 ▪ 원활한 배터리 공급
	2. 셀업체 수익성	▪ 생산수율 ▪ 판매믹스	▪ 수율 80% 이하, 신기술 안정화 실패 ▪ HEV, PHEV > BEV ▪ 구모델 > 신모델	▪ 수율 80~90% 이상, 신기술 안정화 ▪ HEV, PHEV < BEV ▪ 구모델 < 신모델	▪ 수율 90% 이상, 신기술 안정화 ▪ HEV, PHEV < BEV ▪ 구모델 < 신모델
	3. IT/Non-IT/ESS	▪ IT/Non-IT 기기 수요 ▪ ESS 성장	▪ 스마트폰 판매량 Base 대비 -10% ▪ 전동공구 판매 역성장 ▪ ESS 시장 성장률 +30% 이하	▪ 스마트폰 판매량 13.6억대(+8% YoY) ▪ 전동공구 판매 성장률 +10% ▪ ESS 시장 성장률 +30%	▪ 스마트폰 판매량 Base 대비 +10% ▪ 전동공구 판매 성장률 +10% 이상 ▪ ESS 시장 성장률 +30% 이상
	산업 투자 전략		비중축소 실적 악화될 경우 높은 밸류 멀티플 정당성 훼손 → 주가하락 불가피	비중확대 실적 개선이 예상대로 진행 된다면 현재의 높은 밸류 멀티플보다는 향후 추가 개선 여부에 주목 → 단계적 주가 상승 예상	비중확대 실적 개선이 예상대비 큰 폭으로 나타날 경우 밸류 멀티플 추가 상승 예상 → 가파른 주가 상승 예상
	Top-Picks			에코프로비엠, 동화기업, 대주전자재료	에코프로비엠, 동화기업, 대주전자재료

Part I

2020년 리뷰

2021 진능 2차진지

2020년 리뷰 (1)

3Q20 전기차 판매 회복 본격화

- 글로벌 순수전기차 판매량은 1Q20 30만대(-42% QoQ, -17% YoY), 2Q20 32만대(+7% QoQ, -33% YoY) 3Q20 56만대(+73% QoQ, +46% YoY) 기록
- 상반기 코로나19 영향으로 YoY 역성장 기록했으고 3Q20부터 플러스 전환
- 플러그인 하이브리드 판매량은 1Q20 15만대(-1% QoQ, +9% YoY), 2Q20 15만대(+4% QoQ, +18% YoY), 3Q20 26만대(+66% QoQ, +117% YoY) 기록

글로벌 순수전기차 판매량

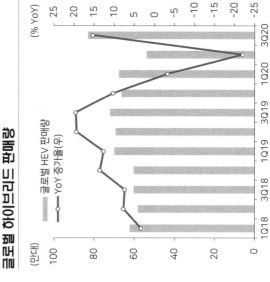

자료: SNE리서치, 메리츠증권 리서치센터

글로벌 플러그인 하이브리드 판매량

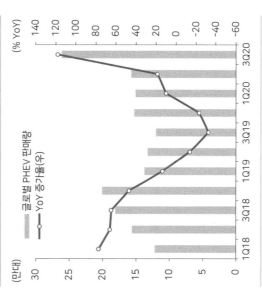

자료: SNE리서치, 메리츠증권 리서치센터

글로벌 하이브리드 판매량

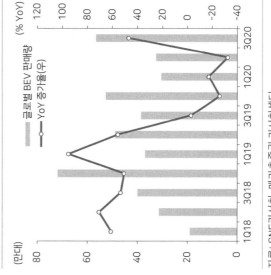

자료: SNE리서치

2020년 리뷰 (2)

순수전기차 내 테슬라 점유율 24%로 압도적 1위기록

- 순수전기차 판매량은 TESLA(24%), RENAULT(6%), SHANGHAI GM(6%), BYD(5%), HYUNDAI(4%) 순
  - 순수전기차는 테슬라의 판매량이 압도적 1위 기록
- 플러그인 하이브리드 판매량은 BMW(15%), VOLVO(11%), Mercedes(10%), AUDI(5%), MITSUBISHI(4%) 순
- 순수전기차 경쟁력(배터리, 주행거리, 가격) 미흡한 업체 중심으로 플러그인 하이브리드 판매에 집중
- 하이브리드 판매량은 TOYOTA(49%), HONDA(13%), NISSAN(5%), LEXUS(5%), KIA(4%) 순
  → 일본업체 중심

글로벌 하이브리드 판매 Top10 업체

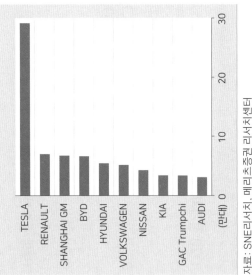

자료: SNE리서치, 메리츠증권 리서치센터

글로벌 플러그인 하이브리드 판매 Top10 업체

자료: SNE리서치, 메리츠증권 리서치센터

글로벌 순수전기차 판매 Top10 업체

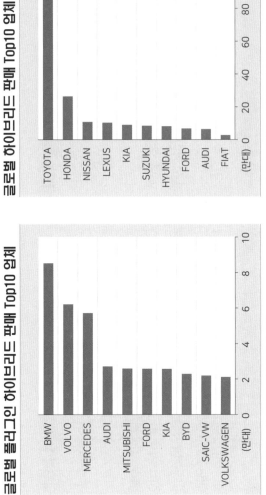

자료: SNE리서치, 메리츠증권 리서치센터

2020년 리뷰 (3)

유럽이 가장 강한 성장 이어가는 가운데 중국, 미국은 3Q20부터 회복

- 중국은 코로나19(1Q), 기저효과(2Q) 영향으로 상반기 내내 역성장 기록. 3Q20부터 회복
- 유럽은 코로나19(2Q) 영향에도 CO$_2$ 규제 효과로 YoY 성장 지속
- 미국은 코로나19(2Q) 영향으로 상반기 부진을 겪은 뒤 3Q20부터 소폭 회복
- 미국은 테슬라를 제외할 경우 전기차 판매 성장이 거의 없는 상태 (트럼프의 CO$_2$ 규제 완화 때문)

지역별 순수전기차 판매량

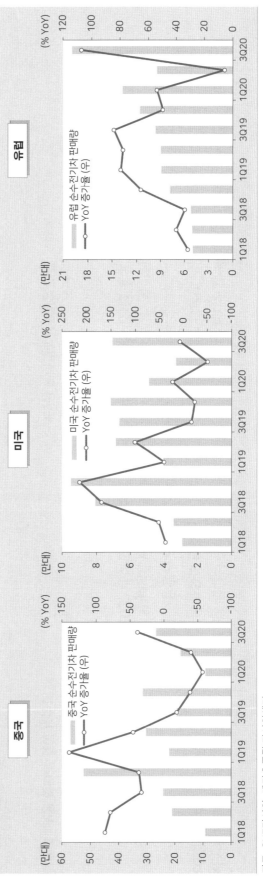

자료: SNE리서치, 메리츠증권 리서치센터

2020년 리뷰 (4)

xEV용 배터리 출하 점유율 LG화학(24%) 1위 유지

- xEV용 배터리 출하는 LG화학(24%), CATL(23%), 파나소닉(19%), 삼성SDI(6%), BYD(5%), SKI(4%) 순
- xEV용 출하를 BEV용과 그외(PHEV+HEV)로 나눠보면 글로벌 기준 BEV 87%, ex-BEV 13%
- 대당 고용량인 BEV용 비중이 높을 수록 수익성 측면 유리
- 삼성SDI는 BEV 비중이 55%에 불과해 수익성 측면에서는 불리한 믹스 구조를 가지고 있음
  → 2021년 하반기 Gen5 양산 시작됨에 따라 BEV용 비중은 글로벌 평균 수준(87%)으로 확대될 전망

글로벌 xEV용 배터리 출하 Top 10

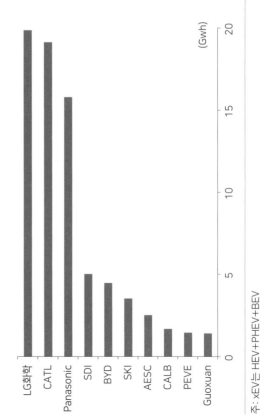

주 : xEV는 HEV+PHEV+BEV
자료 : SNE리서치, 메리츠증권 리서치센터

xEV용 출하량에서 BEV향 비중

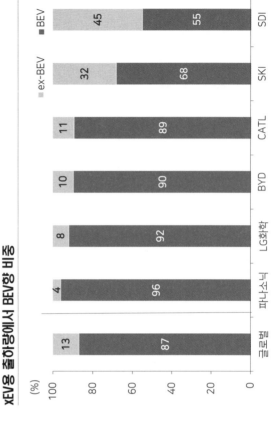

주 : BEV는 순수전기차
자료 : SNE리서치, 메리츠증권 리서치센터

Part II

2021년 전망

2021 전망 2차편지

2021년 이슈 1) 규제 강화 (유럽)

2021년 유럽 CO2 규제 더 강화될 전망

- 2020년 탄소배출 규제 신식 강화(신식 기준 130g/km→95g/km)로 2020년부터 유럽 전기차 폭발적 성장
- 2021년 신식 기준은 95g/km로 유지되지만 2020년 신차와 2021년 신차의 무게 차이 크지 않아 최종 배출규제치는 약 10% 더 강화될 전망 (아래 공식 참고)
- 100g/km 배출을 맞추기 위해서는 평균연비 22km/L를 맞춰야 할 것으로 추정
- 2020년 순수전기차 69만대(+78% YoY) → 2021년 121만대(+75% YoY) 예상
- 혼다는 FCA에 이어 2번째로 Tesla와 탄소배출권 계약 체결 → CO₂ 규제 대비하기 위함
- 배출허용치 초과할 경우 '(배출한 CO₂ - 배출허용CO₂) X 95유로 X 판매대수' 과징금 부과
- 예를 들어 100만대 판매한 A 업체 배출허용 CO₂가 100g/km인데 120g/km 배출할 경우 20gx95유로x100만대= 19억 유로 과징금

유럽 이산화탄소 배출 규제 신식

- 2019년 탄소배출 기준 (g/km): 130 + 0.046 X (신차 평균중량 - 1,372.00)
- 2020년 탄소배출 기준 (g/km): 95 + 0.033 X (신차 평균중량 - 1,379.88)
- 2021-2024년 탄소배출 기준 (g/km):
  95 + 0.033 X ((각 연도별 신차 평균중량 - 1,379.88) - (20년 신차 평균중량 -1,379.88))

	2019	2020	2021E	2025E	2030E
승용차	120g/km	105g/km	95g/km	80.75g/km (95g x 0.85)	59.38g/km (95g x 0.625)
				21년 대비 15% 감축	21년 대비 37.5% 감축
상용차	147g/km	147g/km	147g/km	124.95g/km (147g x 0.85)	89.67g/km (147g x 0.625)
				21년 대비 15% 감축	21년 대비 31% 감축

자료: ICCT, EU집행위, 메리츠증권 리서치센터

유럽 전기차 판매 추이

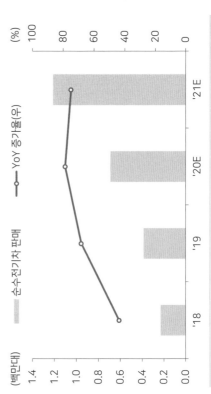

자료: SNE리서치, 메리츠증권 리서치센터

2021년 이슈 1) 규제 강화 (미국)

바이든 정부, CO₂ 배출 규제와 평균연비 규제 부활 예상

- 미국 전기차 판매량은 테슬라를 제외할 경우 2014년부터 현재까지 성장이 없음 → 규제완화 때문
- 바이든 정부의 친환경 정책 기조아래 트럼프 정부가 완화한 CO₂ 배출 규제 + 평균연비 규제 부활 예상
- CO₂ 규제, 평균연비 규제 부활해도 유럽에 비해서는 그 강도가 낮지만 (2021년 150g/km, 18km/L 추정)
- 2025년 목표치 감안하면 미국 내 전기차 모멘텀은 다시 살아날 수 밖에 없음
- 내연기관 판매량 기준 미국은 유럽과 비슷한 시장 규모
- 유럽만한 시장이 하나 더 생겨나는 효과이므로 2차전지 수요 성장 기울기는 더 가팔라 질 전망

트럼프 행정부, 기존 이산화탄소 배출 규제 및 평균연비 규제 철폐

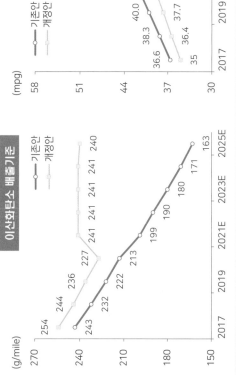

자료: EPA, NHTSA, 메리츠증권 리서치센터

테슬라 제외한 미국전체 xEV 판매량

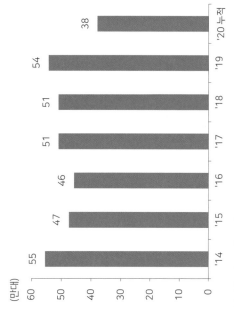

자료: SNE리서치, 메리츠증권 리서치센터

2021년 이슈 1) 규제 강화 (미국)

미국 ZEV 규제, 10개주 →
50개주 전역으로 확산 기대

미국 크레딧 계산식 / 미국 ZEV 규제 사항

ZEV			TZEV		
거리	크레딧		거리	크레딧	
R<50miles	0		R<10miles	0	
R≥50miles	$(0.01 \times R)+0.5$		R≥10miles	$(0.01 \times R)+0.3$	
R>350miles	4.0		R>80miles	1.1	

의무비율 (credit)	Minimum ZEV	TZEV	Total ZEV
2009~2011	11.0		
2012~2014	12.0		
2015~2017	14.0		
2018	2.0	2.5	4.5
2019	4.0	3.0	7.0
2020E	6.0	3.5	9.5
2021E	8.0	4.0	12.0
2022E	10.0	4.5	14.5
2023E	12.0	5.0	17.0
2024E	14.0	5.5	19.5
2025E	16.0	6.0	22.0

주: ZEV는 BEV, FCEV. TZEV는 PHEV이며 미국 10개주만 적용 중
자료: 산업자료 취합 정리, 메리츠증권 리서치센터

2021년 이슈 1) 규제 강화 (중국)

중국 규제 강화 & 보조금 지속 지급

- 중국 자동차 공정학회는 10월 27일 자동차기술 로드맵 2.0 발표
- 신에너지차(BEV+PHEV+FCEV) 판매비율을 2025년 20% → 2030년 40% → 2035년 50%로 확대 계획
- 내연기관차는 2025년 40% → 2030년 15% → 2035년 퇴출(판매금지) 예정
- 신에너지차 구매세 2020년까지 면제 → 2022년까지 면제로 수정
- 신에너지차 구매보조금 2021년부터 폐지 → 2022년까지 지급으로 수정
- 9월부터 중국 순수전기차 판매량 YoY+51% 기록하며 성장세 회복

중국 순수전기차 판매량

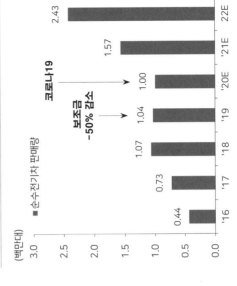

자료: SNE리서치, 메리츠증권 리서치센터

중국 정부 신에너지차 구매 보조금 상대비교

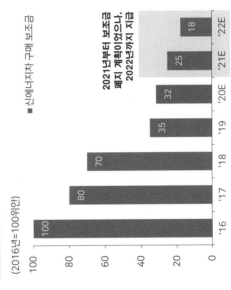

주: 신에너지차(NEV)는 BEV+PHEV+FCEV
자료: 산업자료 취합 정리, 메리츠증권 리서치센터

중국 정부의 신차 판매 비율 목표

(%)	2019	2025	2030	2035
전통 내연기관	95	40	15	퇴출
하이브리드차		40	45	50
신에너지차 (NEV)	5	20	40	50

주: 신에너지차(NEV)는 BEV+PHEV+FCEV
자료: 산업자료 취합 정리, 메리츠증권 리서치센터

강의자료(전망) 13

225

2021년 이슈 1) 규제 강화 (중국)

중국 NEV 크레딧 계산식 / 중국 ZEV 규제 사항

NEV		1차안	2차안	3차안
발표시점		2016년 9월	2017년 6월	2019년 7월
의무시행연도		2018년	2019년	2021년 1월 1일
주요내용		2018년 내연기관차 생산량의 8%에 해당하는 크레딧 필요 2019년 내연기관차 생산량의 10%에 해당하는 크레딧 필요 2020년 내연기관차 생산량의 12%에 해당하는 크레딧 필요	2019년 내연기관차 생산량의 10%에 해당하는 크레딧 필요 2020년 내연기관차 생산량의 12%에 해당하는 크레딧 필요	**2021년 내연기관차 생산량의 14%에 해당하는 크레딧 필요** 2022년 내연기관차 생산량의 16%에 해당하는 크레딧 필요 2023년 내연기관차 생산량의 18%에 해당하는 크레딧 필요
적용대상		승용차 연간 판매량 50,000대 이상 업체	승용차 연간 판매량 30,000대 이상 업체. 고연비 승용차 생산할 경우 해당 대수의 1/2을 내연기관차 생산량에서 차감 후 의무 비율 적용 (규제완화)	
크레딧 이월		불가	원칙적으로 불가하나 2019→2020, 2020→2019 이월은 예외적으로 가능	21년 이후 취득한 NEV 초과 크레딧의 경우 연비규제 목표를 달성한 경우에만 이월 인정
EV 크레딧	계산	80km ≤ 주행거리 <150, 2 credit 150km ≤ 주행거리 < 250, 3 credit 250km ≤ 주행거리 < 350, 4 credit 주행거리 ≥ 350km, 5 credit	[(0.012 x 주행거리) + 0.8] x 가산점* ≤ 6	[(0.006 x 주행거리) + 0.4] x 가산점* ≤ 3.4
	가산점*	1) SP<100km/h or R<100km 해당시 가산점 0 (크레딧 없음) 2) Y≤0.014×m+0.5 (m≤1000), Y≤0.012×m+2.5 (1000<m≤1600), 　Y≤0.005×m+13.7 (m>1600) 가산점 0.5 (크레딧 cap 2.5) 3) Y≤0.0098×m+0.35 (m≤1000), Y≤0.0084×m+1.75 (1000<m≤1600), 　Y≤0.0035×m+9.59 (m>1600) 미충족시 가산점 1 (크레딧 cap 5), 충족시 1.2 (크레딧 cap 6)		1) SP<100km/h or R<100km 해당시 가산점 0, 　R<150km 해당시 가산점 1 2) Y≤0.0112×m+0.4 (m≤1000), Y≤0.0078×m+3.81 　(1000<m≤1600), Y≤0.0038×m+10.28 (m>1600) 　미충족시 가산점 0.5 (가산점 cap 1.5)
PHEV 크레딧	계산	2	2 x 가산점*	1.6 x 가산점*
	가산점*	R<50km 해당시 가산점 0 (크레딧 없음) R<80km 해당시 non-electric 모드에서 동급 내연기관 모델 연료소모량(L/100km)의 70% 미만일 경우 가산점1, 이상일 경우 가산점 0.5 R≥80km 해당시 EV 크레딧 가산점 2번 조건 부합하면 가산점 1, 부합하지 않으면 가산점 0.5		non-electric 모드에서 동급 내연기관 모델 연료소모량(L/100km)의 70% 이상 가산점 0.5electric 모드에서 동급 BEV 모델 에너지소모량 목표치의 135% 이상일 경우 가산점 0.5
FCEV 크레딧	계산	250km ≤ 주행거리 < 350km, 4 credit 주행거리 ≥ 350km, 5 credit	[(0.16xKW) x 가산점*] ≤ 5	[(0.08xKW) x 가산점*] ≤ 6
	가산점*	R<300km 해당시 가산점 0 (크레딧 없음) R≥300km 해당시 수소연료파워가 10KW의 30% 초과시 가산점1 (크레딧 cap 5), 이하일 경우 가산점 0.5 (크레딧 cap 2.5)		R<300km 해당시 가산점 0 (크레딧 없음) R≥300km 해당시 수소연료파워가 10KW의 30% 초과할 경우 가산점1, 이하일 경우 가산점 0.5

주: SP는 최고속력 (km/h), R은 주행거리 (Km), m은 차량중량 (Kg), Y는 에너지소비량 (KWh/100km)
자료: 산업자료 취합 정리, 메리츠종금 리서치센터

2021년 이슈 2) Tesla EV 100만대, Battery 10GWh 생산

2021년 EV 100만대, Battery 10GWh 생산 예상

- 2021년 테슬라 전기차 생산량은 100만대(+100% YoY), 배터리 생산능력은 10GWh 확보 예상
- 21년 3월 베를린 기가팩토리, 21년 말 텍사스 기가팩토리 신규 생산 시작 예정
- **테슬라의 전기차 생산 증가는 LG화학, 엘엔에프, 대주전자재료 출하량 증가로 이어질 전망**
- LG화학의 테슬라 전용 생산능력은 2020년 말 25GWh → 2021년 말 40GWh 이상으로 확대 예상
- **테슬라의 배터리 생산량 점진적 확대(1GWh → 10GWh → 100GWh)는 직납 가능성 높은 대보마그네틱 장비 출하 증가로 이어질 전망**
- 건식전극, Tabless, Cell to vehicle 기술을 활용한 테슬라 내재화 배터리가 대량양산으로 이어지는지가 중요
- 테슬라는 10GWh까지 파일럿 라인으로 표현하고 있음. 즉 2021년까지는 파일럿 단계로 추정

테슬라 판매량 전망

(만대)

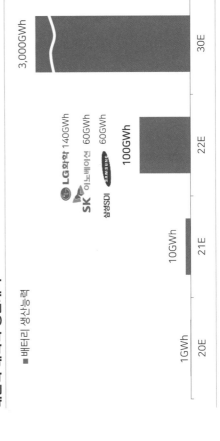

자료 : Tesla, 메리츠증권 리서치센터

테슬라 배터리 생산계획

■ 배터리 생산능력

자료 : Tesla, 메리츠증권 리서치센터

2021년 이슈 3) 중국 익스포저

중국 전기차 시장 익스포저가 있는 국내 셀 업체는 SK이노베이션

- 2021년 중국 전기차 시장은 신차 출시, 보조금 유지, 구매세 면제, 경제회복으로 전기차 판매 성장 기대
- 2020년 9월부터 판매량 YoY 50% 성장 회복
- 중국 전기차 시장 익스포저가 있는 국내 셀 업체는 SK이노베이션 (BAIC와의 배터리 생산 합작사 보유)
- BAIC의 SUV 전기차 브랜드 아크폭스의 Alpha-T가 8월부터 판매 → SK이노베이션 배터리 탑재
- SK이노베이션의 중국 내 배터리 공장은 2020년 7.5GWh → 2022년 27.5GWh → 2023년 27.5GWh 예정
- SK이노베이션 배터리 매출액은 2020년 1.8조원, 2021년 3.5조원, 2022년 5.5조원(BEP 달성) 예상

BAIC, SK이노베이션의 배터리 합작사 BEST

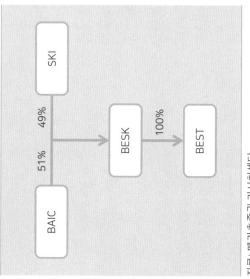

자료: 메리츠증권 리서치센터

BAIC의 아크폭스 Alpha-T

자료: BAIC

SK이노베이션 지역별 생산능력

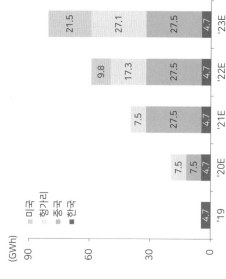

자료: SK이노베이션, 메리츠증권 리서치센터

2021년 이슈 3) 중국 익스포저

중국 전기차 시장 성장의 수혜를 보는 3가지 경우

- 중국 순수전기차 판매는 Tesla(15%), Shanghai GM(12%) BYD(12%), GAC(6%), Nio(5%), Great Wall(4%) 순

- 중국 전기차 시장 성장의 관련 기업은
  1) 중국 Tesla향 공급: LG화학, SKC, 천보, 엘앤에프
  2) 중국 배터리 업체향(CATL, BYD) 공급: 포스코케미칼(10%내외), 일진머티리얼즈(10%내외)
  3) SK이노베이션 중국 공장향 공급: SK이노베이션, 에코프로비엠

중국 순수전기차 판매량 Top 10

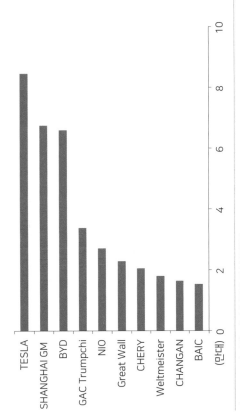

자료: SNE리서치, 메리츠증권 리서치센터

중국 순수전기차 판매량 YoY 추이

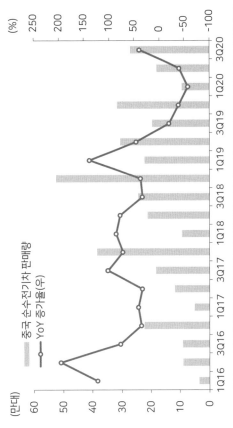

자료: SNE리서치, 메리츠증권 리서치센터

2021년 이슈 4) 2021년 주요 신규 프로젝트

현대기아차 E-GMP 3차
VW MPE 1차

- **2021년 예상되는 주요 프로젝트는 현대기아차 E-GMP 3차(30조원 추정), VW MPE 1차(20조원 추정)**
- E-GMP는 1차(SK이노베이션 10조원), 2차(LG화학+CATL 16조원) 이후 3차(30조원) 발주 예정
- MPE는 MEB(보급형)와 달리 1) 저가형/보급형/프리미엄으로 세분화되고, 2) 모듈이 아닌 셀을 공급
- 두 프로젝트 모두 삼성SDI의 수주 여부가 최대 관심
- 삼성SDI는 주요 배터리 업체 중 ex-BEV 비중 가장 높음 → BEV향 신규 수주 필요
- 프로젝트 신규 수주할 경우 수주잔고 증가 및 증설 착수로 이어져 멀티플 확장 기대 가능

주요 업체별 수주잔고 추정 [2020년 상반기 누적 기준]

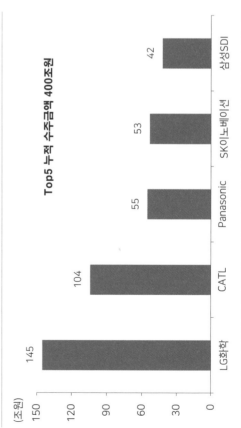

자료: 각 사, 메리츠증권 리서치센터

xEV용 출하량에서 BEV향 비중

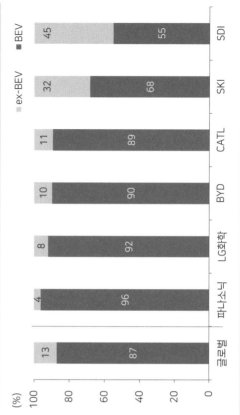

자료: SNE리서치, 메리츠증권 리서치센터

2021년 이슈 5) 삼성SDI Gen5 양산

2H21향 BMW향 Gen5 양산
→ Gen5 소재업체 주목

- 2021년 하반기 삼성SDI의 신규 각형배터리(Gen5) 생산 계획

- 1H21 시양산 → 2H21 본양산 → BMW, 아우디 공급 예정

- 2021년 BMW 고객 비중 재차 상승 예상

- Gen5 배터리는 기존 배터리(Gen3, Gen4) 대비 원가는 20% 절감, 밀도는 20% 향상

- 에너지 밀도는 670Wh/L 이상이며, 1회 충전 주행거리 620Km를 지원

- 양극재는 NCA 80%+ NCM622 20%를 블렌딩하고, 음극은 실리콘카본을 첨가해 에너지 밀도 향상

- Gen5 소재 주요 공급사는 에코프로비엠(NCA), 동화기업(전해액), 한솔케미칼(실리콘카본), 천보(첨가제), W-SCOPE(분리막), 상신이디피, 신흥에스이씨(외형캔)

2021년 하반기 생산 예정인 Gen5 배터리

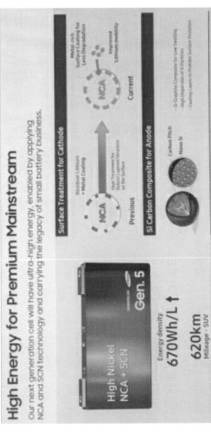

자료: 삼성SDI

삼성SDI BEV 고객비중 추이

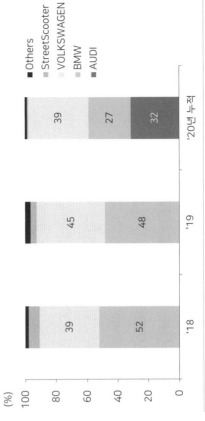

자료: SNE리서치, 메리츠증권 리서치센터

2021년 이슈 5) 삼성SDI Gen5 양산

삼성SDI 2021년 하반기부터 의미있는 수익성 개선 가능

- 삼성SDI의 EV배터리 흑자전환 여부는 Gen5에 달려있음 (Gen5 예상 영업이익률은 7~10%)
- Gen5의 비중 확대 → 믹스 개선 → 흑자전환으로 이어질 전망
- 경쟁사들 대비 PHEV향 비중이 높다는 점도 믹스 측면에서는 불리
- 2021년 EV 흑자전환에 따라 영업이익, 지배주주순이익 개선폭 클 전망
- 2020년 11.4조원(매출), 7,270억원(영업이익), 6,040억원(지배주주순이익)
- 2021년 13.6조원(매출), 1.1조원(영업이익), 9,550억원(지배주주순이익)
- 2022년 15.7조원(매출), 1.5조원(영업이익), 1.1조원(지배주주순이익)

삼성SDI EV 매출액 및 영업이익률 추이

자료: 삼성SDI, 메리츠증권 리서치센터

삼성SDI BEV 고객비중

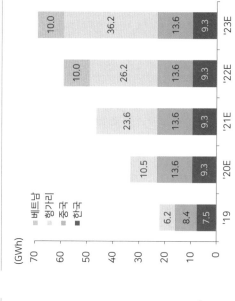

자료: SNE리서치, 메리츠증권 리서치센터

삼성SDI 생산능력

자료: 삼성SDI, 메리츠증권 리서치센터

2021년 이슈6) 리튬 가격 반등

2021년 리튬 가격 바닥 확인

- 2016년 중국 전기차 의무판매 및 보조금 정책 시행 → 리튬확보 경쟁 → 리튬 가격 급등
- 리튬 가격 상승하자 신규 설비 투자 활발 → 공급과잉 → 2019년 중국 보조금 삭감으로 수요 둔화 → 2019~20년 공급과잉 부담 지속
- 고점 대비 1/4 수준까지 하락한 리튬은 현재 생산원가에 근접한 상황 → 공급 제약 요인
- 1H20 코로나19로 신규 설비 투자 스케줄 지연됐으나 전기차 수요는 가파르게 상승 → 리튬 수급 개선
- 리튬 가격은 2021년 바닥을 확인한 뒤 상승 반전 예상함

배터리 주요 메탈 상대가격 추이 (2010년=100)

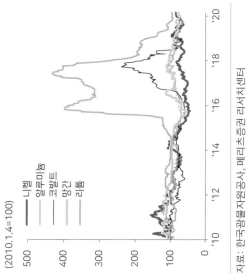

자료 : 한국광물자원공사, 메리츠증권 리서치센터

생산원가에 근접한 탄산리튬 가격

생산원가에 근접한 수산화리튬 가격

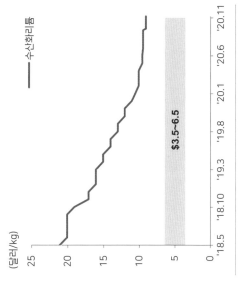

자료 : Fastmarkets, 메리츠증권 리서치센터

자료 : Fastmarkets, 메리츠증권 리서치센터

2021년 이슈 6) 리튬 가격 반등

시장 참여자들, 리튬업체
실적 2021년 반등 예상 →
2021년 리튬 가격 주가 하락
가능성 낮다는 의미

- 리튬업체들의 실적은 리튬 가격에 연동
- 2018년부터 리튬 가격 가파르게 하락하며 Top-tier 업체들의 실적과 주가 모두 크게 악화
- 시장 컨센서스는 Top-tier 업체들의 영업이익이 2020년을 저점으로 2021년 반등에 맞춰져 있음
- 당사의 전망과 마찬가지로 시장에서도 2021년 리튬가격이 추가 하락할 가능성은 낮다고 보고 있음

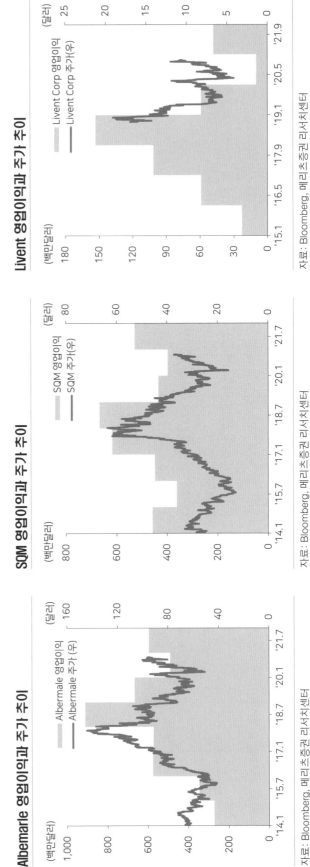

Albermarle 영업이익과 주가 추이

자료 : Bloomberg, 메리츠증권 리서치센터

SQM 영업이익과 주가 추이

자료 : Bloomberg, 메리츠증권 리서치센터

Livent 영업이익과 주가 추이

자료 : Bloomberg, 메리츠증권 리서치센터

2021년 이슈 6) 리튬 가격 반등

**리튬 가격 반등시 양극재 업체
실적 개선 & 주가 상승 예상**

- 1) 전기차 판매 차질 없이 지속 성장하고 있고, 2) 코로나19 영향으로 신규 공급 차질 발생해 2021년 리튬 수급은 균형점에 가까워질 전망

- 리튬 가격 상승할 경우 양극재 업체들의 판가 인상+재고평가 이익으로 실적 개선 → 주가 상승 예상

- 2017년 코발트 가격 상승 당시 양극재 업체들 재고평가 이익→실적 개선 → 주가 상승 경험

양극재 가격/원재료 내 니켈, 리튬 비중

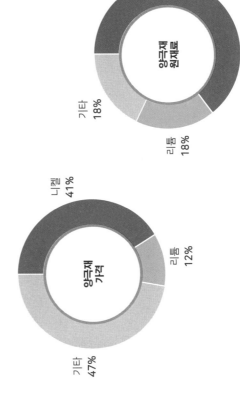

양극재 가격: 니켈 41%, 리튬 12%, 기타 47%

양극재 원재료: 니켈 64%, 리튬 18%, 기타 18%

자료: 산업자료 취합 정리, 메리츠증권 리서치센터

리튬 수급 전망

(만톤) / (%)

- Worldwide production
- Worldwide consumption
- Oversupply(우)

'17 '18 '19 '20E '21E '22E

자료: 산업자료 취합 정리, 메리츠증권 리서치센터

2021년 이슈 7) 충전기 인프라

전기차 보급률 증가에 따라
충전기 인프라 확대 필연적

- 2014~20년까지 판매된 순수전기차는 777만대 → 전세계 차량 등록대수 10억대 가정시 보급률 0.8%
- 2021년 316만대 판매되면 누적 보급률 1.1% 달성. 당해년도 판매 비중은 4.0% 예상
- 전기차 판매&보급률 확대 → 충전기 인프라 확대 필연적
- 미래 전기차 충전시설은 태양광패널+ESS시스템+충전기+편의시설이 하나로 융합될 전망
- 전기차 보급 초기 단계는 각국의 관공서(한국전력, 환경부 등)가 중심이 돼 충전기 인프라를 깔았으나, 이제는 민간(주유소, 완성차 업체 등)이 주도해서 인프라 구축

순수전기차 보급률

순수전기차 보급률 (%)

연도	보급률
'15	0.07
'16	0.13
'17	0.24
'18	0.40
'19	0.58
'20E	0.78
'21E	1.09

— 전세계 순수전기차 보급률

참고: 전세계 차량 등록 대수 10억대로 가정한 보급률
자료: SNE리서치, 메리츠증권 리서치센터

미래형 충전시설 모형도

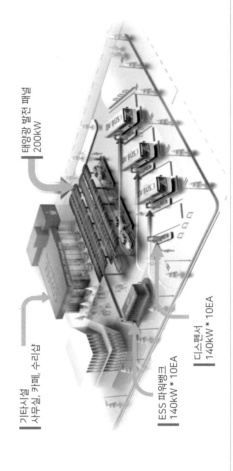

기타시설
사무실, 카페, 수리샵

태양광 발전 패널
200kW

ESS 파워뱅크
140kW * 10EA

디스펜서
140kW * 10EA

자료: 시그넷이브이, 메리츠증권 리서치센터

2021년 이슈 7) 충전기 인프라

충전기 인프라 사업 현황

충전기 인프라 사업 현황

- GS칼텍스: 44개 주유소에서 100KW급 충전기 운영하고 있으나 2022년 160개소로 확대할 계획
- Electrify America: 폭스바겐의 미국 자회사. 미국 내 충전기 인프라 구축에 2조원 투자 계획 발표
- IONITY: BWW, 다임러, 폭스바겐, 포드, 현대기아차의 JV→유럽 내 충전기 인프라 구축 목표
- Evgo: 미국 자동차 협회에서 진행하는 충전기 인프라 구축 프로젝트. BMW, 닛산, 현대기아차, GM 계약

IONITY의 유럽/미국 충전소 설치 계획

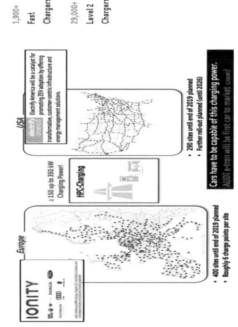

자료: IONITY, 메리츠증권 리서치센터

Evgo 미국 내 충전소 현황

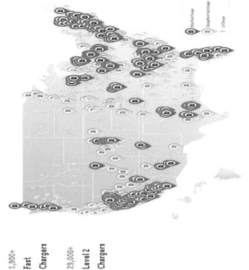

1,900+
Fast
Chargers

29,000+
Level 2
Chargers

자료: Evgo, 메리츠증권 리서치센터

VW 자회사 electrify america(EA) 미국 내 충전소

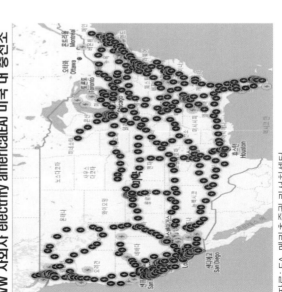

자료: EA, 메리츠증권 리서치센터

2021년 이(슈 7) 충전기 인프라

국내 1위 전기차 충전기 업체
시그넷이브이

- 시그넷이브이(260870)는 국내 전기차 충전기 1위 (점유율 60%)

- 국내에서는 GS칼텍스, 해외에서는 EA, IONITY, Evgo 등으로 충전기 공급 중

- 전기차 충전기의 경쟁력은 1) 300KW급 고출력 충전기 설계 기술, 2) 파워모듈 내재화임

  1) 300KW급 고출력 충전기는 많은 열을 발생시킴 → 냉각시스템 설계능력이 요구됨

  2) 파워모듈은 교류(AC)를 직류(DC)로 변환하는 역할인데 급속충전기 핵심 부품
  → 내재화를 통해 기술 주도권 확보 및 원가절감 가능

- 화재사고 없이 고출력 충전기를 오랜시간 공급한 '레퍼런스' 또한 경쟁력

시그넷이브이 충전기 라인업

자료: 시그넷이브이, 메리츠증권 리서치센터

70KWh 배터리 80% 충전시간 비교

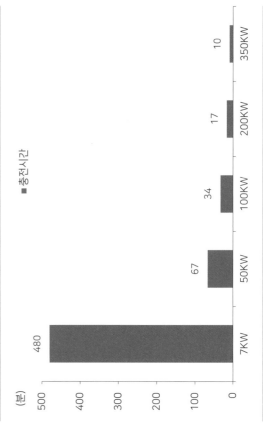

■ 충전시간

자료: 산업자료 취합 정리, 메리츠증권 리서치센터

2021년 이슈 8) 전고체배터리 밸류체인 구축 완료

2021년 삼성SDI 전고체배터리 밸류체인 구축 완료

- 삼성SDI 전고체배터리 타임라인
  - 2021년 밸류체인 구축 완료 (이수화학, 동화기업, 하나기술, 에코프로비엠 등)
  - 2023년 스펙확정 (황화물 기반)
  - 2025년 시양산
  - 2027년 본양산
  - 전고체배터리 침투율 2027년 2.5% → 2028년 3.2% → 2029년 4.4% → 2030년 7.0% 예상
  - 글로벌 업체들의 전고체배터리 상용화 목표시점은 대부분 2025~27년에 집중되어 있음

리튬이온배터리 vs 전고체배터리

KWh당 투입되는(전해액+분리막) vs 고체전해질 가격 비교

(달러/kWh)

- 전해액+분리막
- 고체전해질

리튬이온배터리 vs 전고체배터리 KWh당 셀 가격 비교

(달러/kWh)

- 리튬이온배터리 셀 가격
- 전고체배터리 셀 가격

자료 : 산업자료 취합 정리, 메리츠증권 리서치센터

전고체배터리 준비 업체

업체별	년도
Solid Power	2023~2024
TOYOTA	2025
Panasonic	2025
CATL	2025
Volkswagen / SAMSUNG SDI	2025
삼성SDI	2027

자료 : 산업자료 취합 정리, 메리츠증권 리서치센터

2차전지 밸류체인 밸류에이션 비교

구분	기업	종가(11.10)(현지통화)	시가총액(백만달러)	주가변화율(%)					P/E(배)		P/B(배)		EPS 증가율(%)		ROE(%)		매출액*		영업이익*	
				1D	5D	1M	3M	6M	2020E	2021E	2020E	2021E	2020E	2021E	2020E	2021E	2020E	2021E	2020E	2021E
배터리셀	삼성SDI	533,000	32,883	0.0	16.0	19.8	12.6	86.7	63.1	34.3	2.9	2.7	61.9	83.6	4.7	8.0	11,572	14,312	733	1,192
	LG화학	702,000	44,460	-4.4	7.0	1.4	-2.5	99.1	36.8	26.2	2.9	2.6	368.4	39.7	7.9	10.3	30,372	37,849	2,398	3,163
	SK이노베이션	160,000	13,273	1.9	21.7	10.7	-14.0	62.3	N/A	52.8	1.0	0.9	적자	흑전	-11.4	2.0	36,333	41,879	-2,179	841
	Panasonic	1,036	24,190	1.7	5.8	15.8	16.2	29.5	24.3	13.8	1.2	1.1	-53.1	74.3	4.9	8.4	63,316	66,619	1,508	2,550
	CATL	266	93,796	-0.2	3.9	18.3	32.5	84.6	118.8	86.5	11.2	10.0	12.5	37.5	10.4	12.4	7,461	10,092	976	1,365
	BYD	183	71,899	-4.4	11.3	51.7	122.7	205.4	123.6	101.4	8.4	9.1	214.9	21.1	7.1	7.2	21,983	26,131	1,074	1,307
	Lishen	16	310	-0.5	-1.6	16.5	2.5	30.9	N/A	N/A	N/A	N/A	N/A	N/A	N/A	N/A	N/A	N/A	N/A	N/A
	Wanxiang	6	3,117	-0.2	1.1	5.6	3.8	23.4	N/A	N/A	N/A	N/A	N/A	N/A	N/A	N/A	N/A	N/A	N/A	N/A
	GuoxuanHigh Tech	2,059	1,622	4.8	11.2	7.0	22.8	34.6	22.2	15.6	0.9	0.9	-42.2	42.4	4.4	5.5	3,639	3,957	152	182
양극재	엘앤에프	42,000	1,057	-2.0	5.0	5.1	-7.7	125.2	169.3	80.7	5.9	5.5	흑전	109.5	4.1	7.5	426	624	9	24
	에코프로비엠	150,400	2,838	-0.4	12.2	11.7	-7.4	103.8	61.0	36.9	7.5	6.3	46.0	65.4	12.8	18.6	880	1,428	61	106
	코스모신소재	14,900	391	-3.9	9.6	-1.3	-12.9	65.0	N/A	N/A	N/A	N/A	흑전	N/A	N/A	N/A	N/A	N/A	N/A	N/A
	포스코케미칼	81,100	4,438	-0.9	3.8	-5.7	-16.2	56.0	132.9	47.2	4.9	4.1	-62.1	182.0	3.7	9.6	1,600	2,139	65	134
	LG화학	702,000	44,460	-4.4	7.0	1.4	-2.5	99.1	36.8	26.2	2.9	2.6	368.4	39.7	7.9	10.3	30,372	37,849	2,398	3,163
	Beijing Easpring	53	3,497	-2.8	4.4	-2.1	28.1	110.4	65.5	44.5	6.8	5.8	흑전	47.5	10.3	13.3	466	723	61	92
	Ningbo Shanshan	13	3,126	-3.0	-0.8	17.0	0.8	65.6	54.9	36.8	1.6	1.6	41.9	52.9	3.0	4.0	1,360	1,788	74	97
	Sumitomo Metal Mining	3,606	9,985	0.3	10.6	7.7	6.9	32.8	21.2	13.2	0.9	0.9	-20.6	61.1	4.7	7.5	8,248	8,821	575	853
	Tanaka Chemical	878	272	-2.3	5.0	-1.6	9.9	54.0	N/A	N/A	N/A	N/A	흑전	N/A	N/A	N/A	N/A	N/A	N/A	N/A
	Umicore	34	9,914	2.2	8.8	-9.8	-11.7	-8.1	28.9	23.3	3.0	2.8	-29.7	73.1	9.7	12.4	3,766	4,278	508	673
	Nichia	2,302	1,486	-2.0	0.1	-6.6	-2.0	7.5	12.6	10.4	1.1	1.1	-13.2	9.2	10.9	10.9	1,844	1,917	171	198
	Mitsui	2,967	3,074	-1.8	13.0	16.8	27.1	43.3	13.6	13.1	1.0	0.9	719.2	3.7	7.6	7.4	4,483	4,824	138	225
	Xiamen	14	1,619	5.5	1.6	5.2	-8.7	24.2	43.8	33.2	2.6	2.5	83.2	32.7	6.1	7.7	2,700	3,087	205	247
	BYD	183	71,899	-4.4	11.3	51.7	122.7	205.4	123.6	101.4	8.4	9.1	203.2	21.0	7.1	7.2	21,983	26,131	1,074	1,307
	Guoxuan	28	5,398	-3.0	3.3	13.4	8.7	14.7	91.6	67.6	3.2	3.2	563.0	37.5	3.3	3.8	852	1,071	63	119
음극재	포스코케미칼	81,100	4,438	-0.9	3.8	-5.7	-16.2	56.0	132.9	47.2	4.9	4.1	-62.1	182.0	3.7	9.6	1,600	2,139	65	134
	대주전자재료	44,400	606	-1.4	9.6	-3.4	-16.2	108.5	N/A	N/A	N/A	N/A	흑전	N/A	N/A	N/A	N/A	N/A	N/A	N/A
	한솔케미칼	153,000	1,550	-0.3	4.1	-0.6	-13.6	71.9	14.2	12.3	3.1	2.5	42.5	15.7	24.1	22.9	618	694	145	172
	Ningbo Shanshan	13	3,126	-3.0	-0.8	17.0	0.8	65.6	54.9	36.8	1.6	1.6	41.9	52.9	3.0	4.0	1,360	1,788	74	97
	BTR	8	3,066	-3.9	1.0	3.7	-4.4	5.7	60.4	46.2	N/A	N/A	12.4	26.3	5.8	7.1	1,857	2,000	208	261
	Tokai Carbon	1,222	2,617	1.9	2.3	-0.2	17.7	-	57.1	16.9	N/A	N/A	N/A	237.7	0.9	N/A	1,934	2,175	117	227
	Nippon Carbon	3,795	428	0.3	3.5	-2.7	-10.6	14.8	13.7	9.4	0.7	0.7	-67.0	45.7	8.3	N/A	290	318	46	66
	Showa Denko	1,983	2,827	5.0	8.7	0.0	-2.8	-12.7	N/A	185.1	0.7	0.8	적자	45.7	-20.2	0.4	9,247	12,697	-295	357
	Mitsubishi	588	8,427	3.7	-1.7	-4.2	16.9	-3.0	37.5	9.5	0.9	0.8	-59.1	296.7	0.7	8.2	30,753	32,896	801	1,770
	Hitachi	3,880	35,755	8.0	10.3	6.3	16.9	21.1	N/A	9.0	1.1	1.0	370.9	5.6	흑전	11.4	77,568	86,579	4,029	6,244
분리막	SK이노베이션	160,000	13,273	1.9	21.7	10.7	-14.0	62.3	N/A	52.8	1.0	0.9	적자	흑전	-11.4	2.0	36,333	41,879	-2,179	841
	W-Scope	736	278	0.4	7.4	-9.4	-20.8	98.4	N/A	4.9	2.2	1.5	적자	흑전	-21.9	36.8	156	360	-9	76
	Sumitomo Chemical	389	6,131	4.6	9.3	7.8	13.4	18.2	24.3	11.5	0.8	0.8	-16.0	110.4	3.0	6.1	20,942	21,909	806	1,085
	Asahi Kasei	963	12,781	2.1	4.1	-0.6	9.8	29.9	15.5	12.4	0.9	0.9	-12.4	24.4	6.3	7.8	19,192	20,027	1,280	1,508
	Cangzhou Mingzhu Plastic	5	1,091	-3.6	2.8	4.3	31.6	44.3	26.7	24.2	2.1	2.0	65.1	10.7	0.1	0.1	476	490	54	61
	Toray Industries	541	8,405	8.1	12.6	9.8	11.8	12.8	23.0	14.7	0.8	0.7	-29.1	55.9	3.4	5.7	17,547	18,903	627	888
	Nippon Kodoshi	1,760	184	-6.7	1.3	37.3	43.9	101.8	25.9	20.3	1.2	1.2	9.9	27.4	4.8	N/A	122	129	11	13
전해액	동화기업	38,350	695	-2.9	0.7	-8.3	-26.1	145.8	47.7	26.3	1.4	1.3	-47.6	81.6	3.0	5.2	668	746	54	67
	솔브레인	43,300	374	-2.9	-1.6	-1.7	-35.3	19.1	2.5	2.2	0.4	0.4	37.0	14.9	17.7	17.3	1,061	1,280	N/A	N/A
	Guangzhou Tinci Materials	74	6,119	0.3	16.6	30.1	104.4	171.2	64.0	54.1	12.0	10.4	3,905.8	18.4	19.8	19.2	631	822	115	139
	Shenzhen Capchem Tech	86	5,349	-3.3	9.5	33.3	45.5	101.7	68.5	54.2	8.1	7.2	46.4	26.2	12.7	13.9	447	585	87	113
전해질	천보	177,100	1,589	-1.1	7.7	4.7	30.0	164.7	70.8	41.5	7.1	6.0	10.5	70.8	11.4	16.9	160	263	30	53
	후성	10,150	843	1.0	9.4	-1.0	9.7	46.7	270.7	30.0	4.4	3.8	-56.9	801.3	1.0	13.7	255	323	9	42
	Stella Chemifa	5	403	-7.0	8.9	7.8	11.4	35.2	17.3	12.4	N/A	N/A	24.0	38.8	6.7	N/A	332	353	34	43
	일진머티리얼즈	47,250	1,955	1.0	7.4	4.1	-16.1	17.0	35.9	25.1	3.5	3.1	29.5	42.8	10.0	12.8	626	847	66	103
일렉포일	SKC	83,200	2,802	-2.3	3.5	-0.4	-4.4	64.4	26.9	21.2	1.6	1.5	88.7	28.6	7.2	7.5	2,773	3,147	196	292
	두산솔루스	35,950	987	1.0	7.0	-8.8	-20.1	9.4	26.6	18.7	6.5	4.9	N/A	52.2	25.9	27.8	492	652	74	103
	Furukawa Electronic	2,450	1,648	1.0	-7.7	-3.7	4.3	22.6	19.3	12.6	0.7	0.7	-49.8	53.3	3.5	5.8	7,550	8,289	63	229

참고: *국내기업의 경우 십억원 기준, 그 외 백만달러 기준
자료: Bloomberg, 메리츠증권 리서치센터

기초

증권/보험

증권/보험 산업의 이해

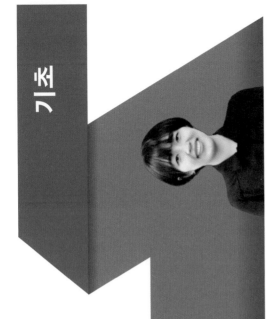

증권/보험
Analyst 김고은

Part I   증권사의 수익 구조
Part II ELS와 운용수익
Part III 신NCR 도입과 기업금융
Part IV 보험 산업의 이해
Part V   신회계제도와 자본규제의 도입

기초
증권/보험

Part I

증권사의 수익 구조

증권사의 주요 수익

수익구조

- 증권사 주요 수익 1) 리테일 2) 운용관련 3) 기업금융 이익

- 과거 브로커리지 수익 및 펀드 판매 수수료 등 리테일 비중이 대부분이었으나

- 신NCR 도입으로 기업금융 이익 늘어나고, ELS 판매테마 트레이딩&이자 이익 비중 높아지며 다변화

증권사 수익구조

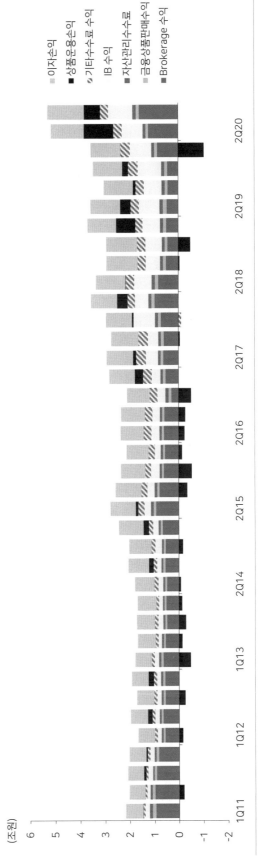

자료: 금융통계정보시스템, 메리츠증권 리서치센터

거래대금은 시가총액과 회전율의 함수

리테일

- 거래대금 = 시가총액 X 회전율
- 증시 상승으로 시가총액 규모가 늘어나거나, 개인 비중 확대로 회전율을 상승하면 거래대금 증가
- 상대적으로 회전율 및 개인 거래 비중이 높은 코스닥 변동성이 큰 국면에서도 거래대금 증가

고객예탁금

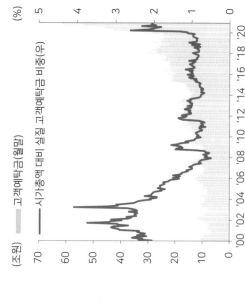

자료: KRX, 메리츠증권 리서치센터

일평균 거래대금 코스닥 비중

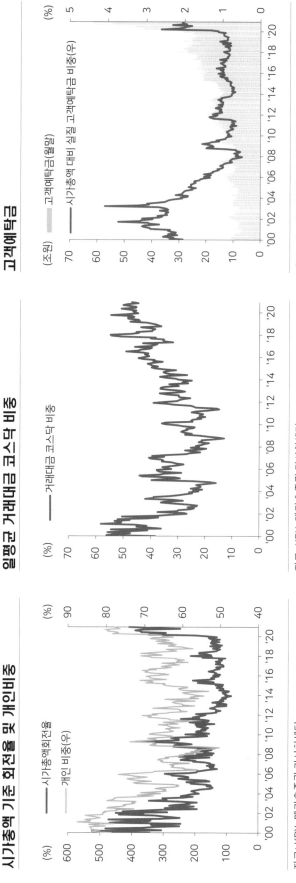

자료: KRX, 메리츠증권 리서치센터

시가총액 기준 회전율 및 개인비중

자료: KRX, 메리츠증권 리서치센터

수수료율 하락으로 거래대금으로 인한 valuation 설명력 약화

리테일

- 브로커리지 수익 의존도가 컸던 과거에는 거래대금 및 지수에 의해 Valuation 설명되었으나
- 2008년 금융위기 이후 지수 및 거래대금 증가에도 증권업 지수는 회복하지 못함
- 경쟁 심화로 브로커리지 수수료율이 지속적으로 하락하고 있기 때문
- 최근에는 단기간에 거래대금 급증해 수수료율 하락에도 브로커리지 수익 늘어나는 모습

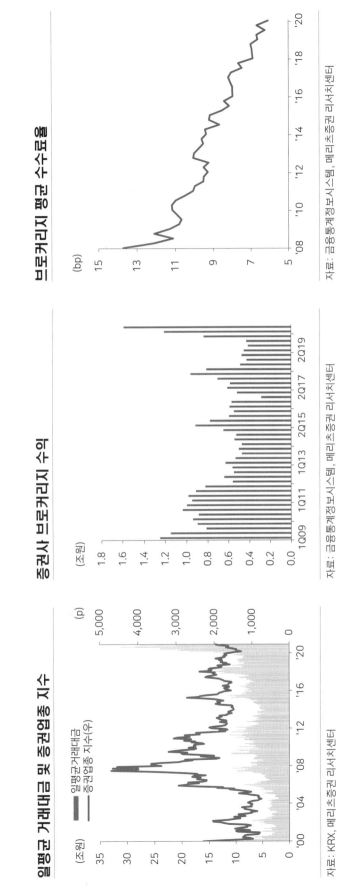

일평균 거래대금 및 증권업종 지수

자료: KRX, 메리츠증권 리서치센터

증권사 브로커리지 수익

자료: 금융통계정보시스템, 메리츠증권 리서치센터

브로커리지 평균 수수료율

자료: 금융통계정보시스템, 메리츠증권 리서치센터

무료 프로모션으로 확보한 고객에게 신용 공여 제공하며 수익화

리테일

- 국내 주식 브로커리지 부문은 평생 무료 프로모션 등으로 인해 수익성 약화되고 있으나

- 이를 기반으로 확보한 고객에게 신용공여 제공하며 이자수익이 발생하는 구조

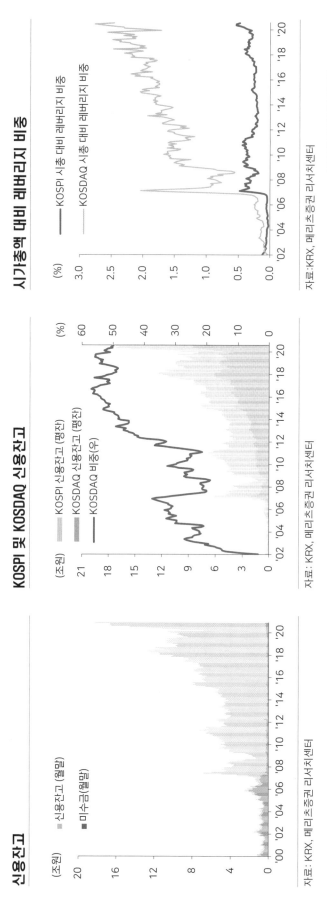

신용잔고

(조원)
- 신용잔고 (월말)
- 미수금(월말)

자료: KRX, 메리츠증권 리서치센터

KOSPI 및 KOSDAQ 신용잔고

(조원) / (%)
- KOSPI 신용잔고 (평잔)
- KOSDAQ 신용잔고 (평잔)
- KOSDAQ 비중(우)

자료: KRX, 메리츠증권 리서치센터

시가총액 대비 레버리지 비중

(%)
- KOSPI 시총 대비 레버리지 비중
- KOSDAQ 시총 대비 레버리지 비중

자료: KRX, 메리츠증권 리서치센터

최근 직접투자, 비대면화, 해외주식 투자 가속화

리테일

- 리테일 호조 지속 중 세가지 특징 1) 직접 투자 2) 비대면화 3) 해외 주식 투자

개인 순매수 추이

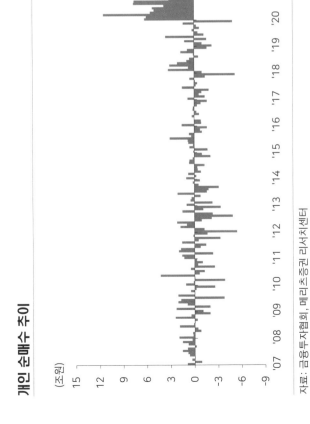

자료 : 금융투자협회, 메리츠증권 리서치센터

온라인 거래 비중 추이

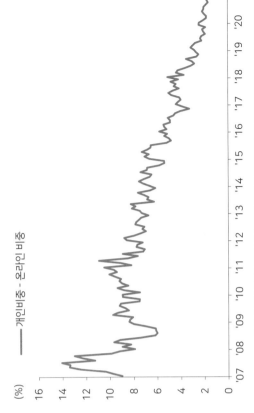

자료 : KRX, 메리츠증권 리서치센터

브로커리지 부문 해외주식 수수료 비중 9% 수준

리테일

- 해외 주식 투자에 대한 관심 증대되고 있어 해외 주식 보관잔액 및 결제 금액 급증
- 브로커리지 부문 해외주식 수수료 비중 9% 수준, 해외주식 주력하는 증권사의 경우 20%까지 증가

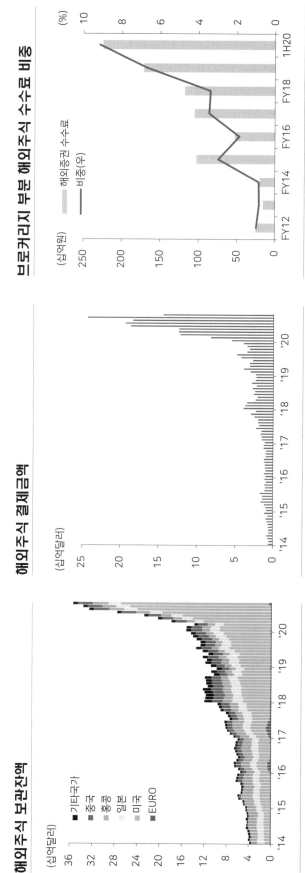

브로커리지 부문 해외주식 수수료 비중

자료 : 금융통계정보시스템, 메리츠증권 리서치센터

해외주식 결제금액

자료 : 예탁결제원, 메리츠증권 리서치센터

해외주식 보관잔액

자료 : 예탁결제원, 메리츠증권 리서치센터

06~08년 급증했던 주식형 펀드 잔고 감소 추세 지속

리테일

- 06~08년 폭팔적으로 증가했던 주식형 펀드 잔고는 지속적으로 감소
- 금리 하락 및 직접 투자 기조 확대되며 채권형 펀드 및 MMF는 증가하는 모습

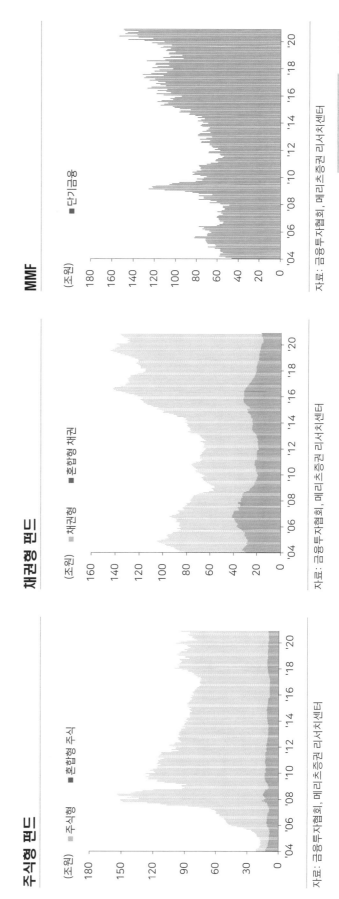

주식형 펀드

자료: 금융투자협회, 메리츠증권 리서치센터

채권형 펀드

자료: 금융투자협회, 메리츠증권 리서치센터

MMF

자료: 금융투자협회, 메리츠증권 리서치센터

상대적으로 기관 판매에 강점이 있는 증권사의 MS 양호

리테일

- 다만, 과거 주식형 펀드는 증권사 채널보다는 주로 은행 채널로 판매되어 증권 채널 MS 증가

- 개인 판매에 큰 강점이 있는 은행 채널의 잔고가 급격히 감소하는 반면

- 기관 판매에 강점이 있는 증권사는 잔고 감소세가 완만했기 때문

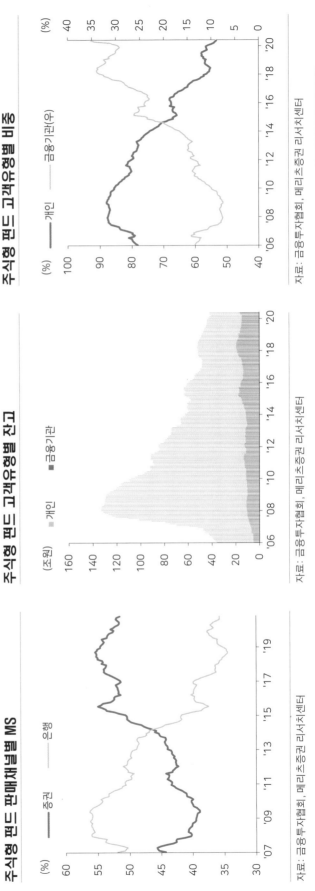

주식형 펀드 판매채널별 MS

자료 : 금융투자협회, 메리츠증권 리서치센터

주식형 펀드 고객유형별 잔고

자료 : 금융투자협회, 메리츠증권 리서치센터

주식형 펀드 고객유형별 비중

자료 : 금융투자협회, 메리츠증권 리서치센터

강의자료(기초) 10

250

기초
증권/보험

Part II

ELS와 운용수익

주식형 펀드에서 빠져나온 자금은 ELS로 이동한 것으로 추정

운용 및 이자

■ 주식형 펀드에서 빠져나온 자금은 대부분 ELS 등 파생결합상품으로 이동

■ 주로 해외지수를 기초로 한 파생결합상품이 발행되었으며 이로 인해 증권사의 수익구조가 상당 부분 변화

금융상품별 잔고

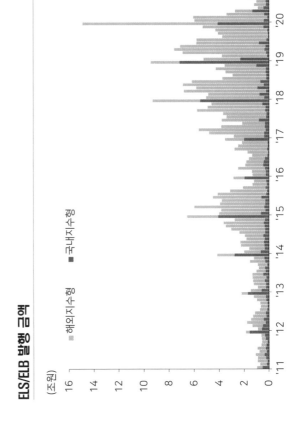

자료 : 금융투자협회, 메리츠증권 리서치센터

ELS/ELB 발행 금액

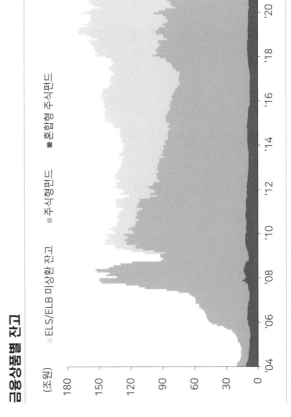

자료 : 금융투자협회, 메리츠증권 리서치센터

ELS 판매 증가로 증권사의 수익 구조가 상당 부분 변화

운용 및 이자

- RP와 파생결합상품 발행 잔고 증가하면서 관련 자금으로 유가증권을 운용하며 리스크를 부담하게 됨

- 미리 정해진 조건에 따라 수익을 보장하는 유가증권이기 때문이며 레버리지 비율 또한 크게 증가

국내 증권사 보유 유가증권

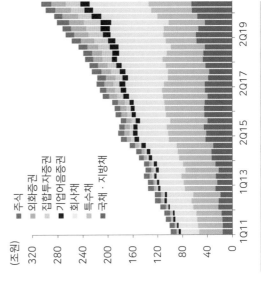

(조원)

범례: 주식, 외화증권, 집합투자증권, 기업어음증권, 회사채, 특수채, 국채·지방채

자료: 금융통계정보시스템, 메리츠증권 리서치센터

국내 증권사 레버리지비율(자산/자본)

(%)

자료: 금융통계정보시스템, 메리츠증권 리서치센터

RP와 매도파생결합증권

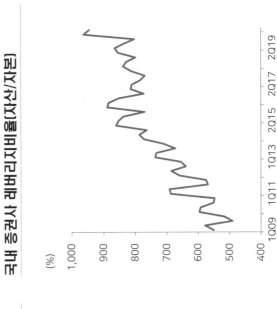

(조원) ■ 매도파생결합증권 ■ RP

자료: 금융통계정보시스템, 메리츠증권 리서치센터

상품 중개에서 리스크를 증권사가 부담하는 수익구조로 변화

운용 및 이자

■ 채권 보유액 늘어나며 이자 수익이 급격히 늘어났으나

■ 대부분 당기손익-공정가치 측정 증권으로 분류되어 금리 변동에 따른 운용 이익 변동성 또한 증가

국내 증권사 이자손익

자료: 금융통계정보시스템, 메리츠증권 리서치센터

이자수익 내 비중

■ 예금 이자 ■ 기업대출 이자 ■ 신용공여 이자 ■ 채권이자

54.62 16.68 15.53

자료: 금융통계정보시스템, 메리츠증권 리서치센터

국내 증권사 운용손익

운용+이자손익
순영업수익 대비 비중(우)

자료: 금융통계정보시스템, 메리츠증권 리서치센터

금리 및 지수 등락에 따라 운용 손익 변동성 커짐

운용 및 이자

- 1) 금리 상승에 따른 채권 평가익 변동 2) 지수 등락에 따른 조기상환 규모에 따라 운용 손익 변동

- 증권사 부채 성격상 단기손익-공정가치 측정 증권이 많아 금리 변동에 따른 영향 大

- 금리 상승이 예상되는 경우 헤지를 통해 채권 듀레이션을 0에 가깝게 유지하지만 100% 헤지되는 불가능

국내증권사 운용 관련 손익

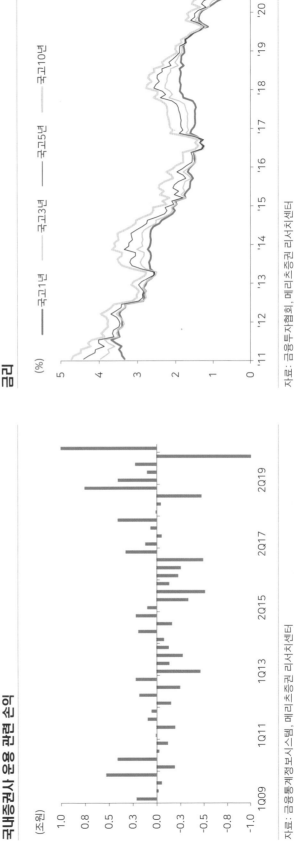

(조원)

자료 : 금융계정보시스템, 메리츠증권 리서치센터

금리

(%)

자료 : 금융투자협회, 메리츠증권 리서치센터

ELS 조기상환이 늘어날 때 운용 수익이 증가

운용 및 이자

- ELS는 주로 3년 만기, 6개월마다 조기상환 되는 조건으로 발행되며 상환 규모가 클수록 이익이 증가

- 기초지수 하락으로 인한 미상환 장기화가 운용 수익에 영향 大

파생결합증권 미상환잔고

(조원)

■ DLS/DLB   ■ ELS/ELB

자료: 금융투자협회, 메리츠증권 리서치센터

ELS/ELB 상환금액

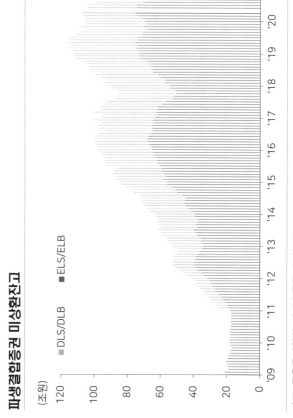

(조원)

자료: 금융투자협회, 메리츠증권 리서치센터

ELS 미상환 장기화가 가장 큰 리스크

운용 및 이자

- 15년 홍콩 H지수의 하락으로 17년까지 미상환 이어지며 운용 손실 장기화
- 20년 초 Euro Stoxx 하락으로 미상환 우려 있었으나 빠르게 지수 회복해 운용 이익 개선

기초자산별 ELS 미상환 잔액

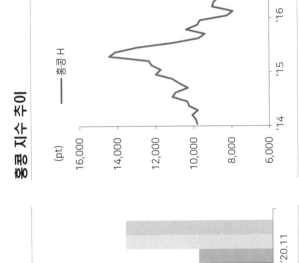

자료 : 예탁결제원, 메리츠증권 리서치센터

홍콩 지수 추이

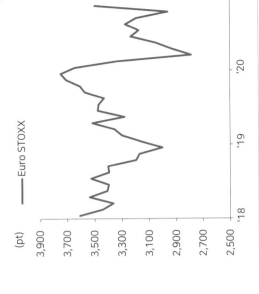

자료 : Quantiwise, 메리츠증권 리서치센터

Euro STOXX 추이

자료 : Quantiwise, 메리츠증권 리서치센터

지수 하락에 따른 ELS 미상환 케이스 1

운용 및 이자

- Step down 형 ELS 손실 확정 케이스는 Knock-in 베리어(50~60%)를 터치하는 경우
- 2016년 11월 기준 지난 3년간 월별 홍콩 HSCEI 지수수익률은 최저 -35% 수준
- 금융감독원에 따르면 당시 홍콩 HSCEI knock in 구간의 90%는 4,500~7,850p에 분포

Step down 형 ELS 수익구조 예시

조기상환

① 1차 평가일에 모든 기초자산의 평가가격이 각 최초기준가격의 90% 이상인 경우 : 연 5.00%
② 2차 평가일에 모든 기초자산의 평가가격이 각 최초기준가격의 90% 이상인 경우 : 연 5.00%
③ 3차 평가일에 모든 기초자산의 평가가격이 각 최초기준가격의 85% 이상인 경우 : 연 5.00%
④ 4차 평가일에 모든 기초자산의 평가가격이 각 최초기준가격의 85% 이상인 경우 : 연 5.00%
⑤ 5차 평가일에 모든 기초자산의 평가가격이 각 최초기준가격의 80% 이상인 경우 : 연 5.00%

만기상환

① 모든 기초자산의 만기평가가격이 각 최초기준가격의 80% 이상인 경우 : 연 5.00%
② 위 ①에 해당하지 않고, 최초기준가격일 익일로부터 최종관찰일까지 모든 기초자산 중 어느 하나도
  단 1회라도 각 최초기준가격의 50% 미만으로 하락한 적이 없는 경우(종가기준) : 연 5.00%
③ 위 ①에 해당하지 않고, 최초기준가격일 익일로부터 최종관찰일까지 모든 기초자산 중 어느 하나라도
  단 1회라도 각 최초기준가격의 50% 미만으로 하락한 적이 있는 경우(종가기준) :
  기준종목 기준으로 {(만기평가가격 / 최초기준가격)-1} x 100%

* 기준종목 : 모든 기초자산 중 [만기평가가격 / 최초기준가격]의 비율이 가장 낮은 기초자산

자료 : 메리츠증권 리서치센터

홍콩 HSCEI지수 6개월간 수익률

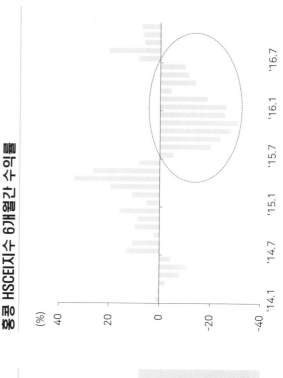

자료 : Quantiwise, 메리츠증권 리서치센터

지수 하락에 따른 ELS 미상환 케이스2

운용 및 이자

- 20년 상반기 급락 시 가장 비중이 컸던 기초자산은 Euro Stoxx50으로 4월말 기준 44조원(58.7%)

- Euro Stoxx 50지수 3,100pt를 상회하면서 조기상환 이어지는 모습

ELS 주요 기초자산 추이

(2020.1=100)

- Euro stoxx 50
- 코스피
- 홍콩 H
- 미국 S&P500
- 일본 니케이225

자료: Qwantiwise, Bloomberg, 메리츠증권 리서치센터

Euro stoxx50 추이

(pt)

자료: Bloomberg, 메리츠증권 리서치센터

ELS 기초자산 별 미상환잔액(20년 4월말)

(조원)

KOSPI 200 항셍H EURO STOXX 50 S&P 500 NIKKEI 225

자료: 예탁결제원, 메리츠증권 리서치센터

강의자료(기초) 19

259

ELS 리스크 관리 위해 레버리지 비율 규제 도입

운용 및 이자

- 2015년부터 레버리지 비율 규제가 도입되어 1,100%를 상회하는 경우 경영 개선 권고 대상

주요 증권사 레버리지 비율

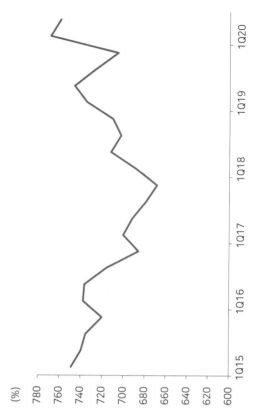

자료: 금융통계정보시스템, 메리츠증권, 리서치센터

레버리지 비율 규제

레버리지비율	감독 규제
1100% 이상 (2년 연속 적자인 경우 900% 이상)	경영개선권고
1300% 이상	경영개선 요구

레버리지 비율 = 총자산/자기자본 x 100

(총자산에서 투자자예치금, 종금자산, 일시계상미수금을 차감)

자료: 금융감독원, 메리츠증권 리서치센터

기초
증권/보험

Part III

신NCR 도입과 기업금융

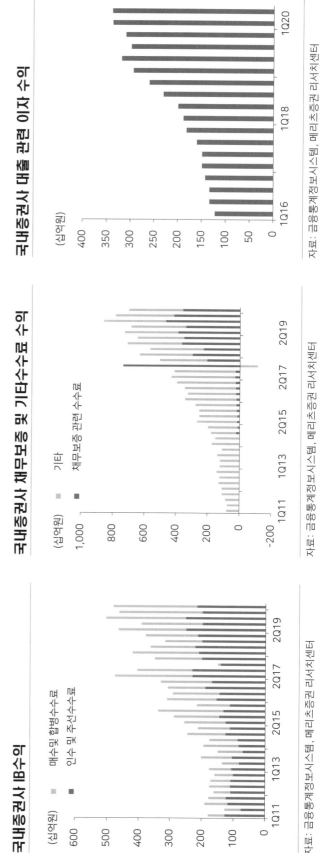

기업금융 활성화를 위해 15년 이후 자본 규제 개선

기업금융

- 감독당국은 초대형IB의 도입 및 기업금융의 활성화를 목표로 규제를 개선
- 신NCR의 도입으로 자본 규모가 큰 대형사의 경우 자본비율이 크게 개선되어 기업신용공여 여력 증가
- 전통적인 인수금융관련 수익 외에도 구조화 금융, 매입확약 보증 등 기업금융 관련 수익 증가세

국내증권사 IB수익

(십억원)

매수 및 합병수수료

인수 및 주선수수료

자료: 금융통계정보시스템, 메리츠증권 리서치센터

국내증권사 채무보증 및 기타수수료 수익

(십억원)

기타

채무보증 관련 수수료

자료: 금융통계정보시스템, 메리츠증권 리서치센터

국내증권사 대출 관련 이자 수익

(십억원)

자료: 금융통계정보시스템, 메리츠증권 리서치센터

영업용순자본비율(구NCR)에서 순자본비율(신NCR)로 변화

기업금융

- 15년 이전 영업용순자본비율 규제 (영업용순자본/총위험액 = 영업용순자본)
- 15년 이후 순자본비율 규제로 변화(영업용순자본-총위험액/필요유지자기자본 = 순자본비율)

영업용순자본비율(구NCR)

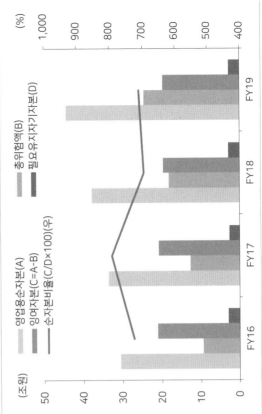

자료: 금융투자협회, 메리츠증권 리서치센터

순자본비율(신NCR)

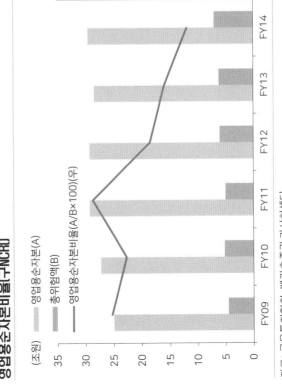

자료: 금융투자협회, 메리츠증권 리서치센터

신NCR 도입 이후 대형증권사의 기업금융 여력 및 수익 증가

기업금융

- 신NCR의 도입 이후 채무보증 및 대출금액 증가해 관련 수수료, 이자수익 증가

국내 증권사 채무보증 금액

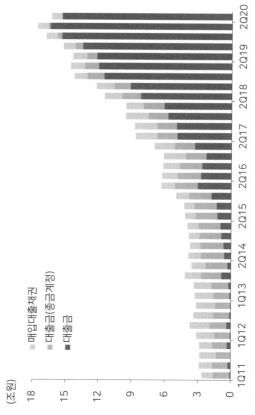

(조원)

자료: 금융통계정보시스템, 메리츠증권 리서치센터

국내 증권사 대출 금액

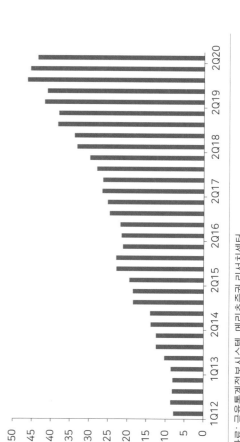

(조원)

범례: 매입대출채권 / 대출금(종금계정) / 대출금

자료: 금융통계정보시스템, 메리츠증권 리서치센터

초대형 IB 육성을 위해 추가적인 레버리지를 허용

기업금융

- 2016년 8월에 발표된 초대형 투자은행 육성을 위한 제도 개선 방안 발표로
- 자기자본 4조원 이상의 증권사는 발행어음 허용, 8조원 이상 종합금융투자계좌(IMA) 허용
- 결론적으로 레버리지를 더 쓸 수 있는 방안이기 때문에 위험관리만 잘 되면 수익성 극대화 가능
- 다만, ELS의 사례에서 보듯이 레버리지가 상승할 수록 위험관리가 가장 중요

자기자본 수준별 인센티브 제공 방안

자기자본	3조 이상~4조 미만	4조 이상~8조 미만	8조 이상
신용공여 한도 증액 (기업대출을 별도로 자기자본 100%까지 허용)	○	○	○
발행어음 (자기자본 200% 한도)	–	○	○
종합금융투자계좌	–	–	○
레버리지 규제 적용 제외	–	○ (발행어음 한정)	○ (발행어음, 종투계좌 한정)

자료: 금융감독원, 메리츠증권 리서치센터

위험관리 능력에 따라 수익성 차별화

기업금융

- 시장에 단기자금이 풍부한 상황이기 때문에 수익률만 경쟁력 있게 제공하면 자금은 손쉽게 확보 가능
- 발행어음 및 종합투자계좌의 레버리지 비율 적용 제외 항목은 매력적
- 조달한 자금을 가지고 이익을 실현할 만한 투자 대상 및 능력이 있는가가 문제
- 상당부분의 자금을 기업금융에 투자해야 해 모험자본을 제공하는 증권사의 존재 가치 실현

자기자본 수준별 인센티브 제공 방안

	발행어음	종합투자계좌
수익배분	확정금리형	실적배당형
발행제한	자기자본의 일정배수 이내(200%)	X
기업금융 의무비율	50%	70%
계정분류	별도	별도

자료: 금융감독원, 메리츠증권 리서치센터

종합투자계좌(IMA) 원금 보장 가능

기업금융

- 종합투자계좌(IMA)는 증권사가 원금 지급의무를 지고 운용수익은 사전 약정에 따라 투자자에게 배분
- 펀드 및 Wrap Account와 같은 성과형 투자상품과 다른 점은
- 증권사가 원금 보장이라는 Option을 제공할 수 있고 예수금이 주로 기업금융(최소 70% 이상)에 투자되며 주식 및 파생결합증권 편입이 제한된다는 것(시장리스크보다 신용리스크에 노출)
- 국내 투자자들은 원금 보장 Option을 중요시 여기기 때문에 일정 수준 이상의 수익률이 제공되면 흥행할 수 있을 전망이나 투자 대상 시장이 제한적이기 때문에 Deal Sourcing 능력 필요
- 결국 증권사가 원금 지급 리스크를 제어 하기 때문에 위험관리 능력이 가장 중요할 전망

초대형 IB 육성을 통한 기업금융 강화

자금조달
- 상시적 자금조달 수단 마련
(발행어음, 종합투자계좌)
- 정책금융기관 등의 글로벌 투자자금 지원

자금공급
- NCR-II, 신용공여 한도 확대
- 외국환업무 확대
- 발행어음 등의 레버리지 규제 적용제외

초대형 종합금융투자사업자의 효율적 자금중개시스템
- 충분한 손실흡수 능력
- 엄격한 내부통제와 리스크 관리
- 기업 중심의 금융서비스 통합제공

국내외 투자자들의 상시적인 자금운용 수요

혁신 기업들의 자금 조달 및 투자지원
- 대행 프로젝트 모험자본 공급
- 글로벌 M&A 인수금융

투자자 재산의 안정적 운용

기업금융 중심의 자금흐름 유도

국내 증권사 신용 위험 노출 자산

기업금융

- 국내 증권사 자산 중 신용 위험에 노출된 자산 규모는 127조원(전체 자산의 21.7%)
- 국내 증권사 채무보증 규모 41조원으로 기업금융 확대로 인해 신용위험이 중요 요소

국내증권사 신용 위험 노출 자산

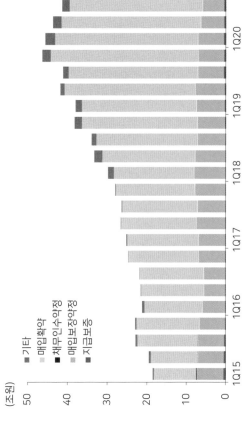

자료: 금융통계정보시스템, 메리츠증권 리서치센터

국내 증권사 채무보증 규모

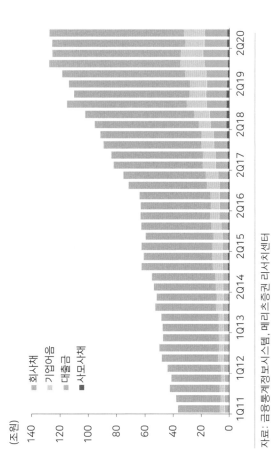

자료: 금융통계정보시스템, 메리츠증권 리서치센터

기업금융 확대로 신용 스프레드 추이 또한 중요요소

기업금융

■ 증권사 개별의 위험관리 능력 중요하나 신용 리스크 확대되는 국면에서는 디스카운트 요인

월별 신용 스프레드 추이

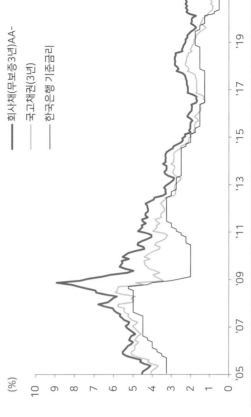

월별 회사채 AA− 및 국고채 3년 금리 추이

(%) 10 9 8 7 6 5 4 3 2 1 0

'05 '07 '09 '11 '13 '15 '17 '19

― 회사채(무보증3년)AA−
― 국고채(3년)
― 한국은행 기준금리

자료 : 금융투자협회, 메리츠증권 리서치센터

월별 신용 스프레드 추이

(bp) 500 400 300 200 100 0

― CP-CD(91일) spread
― 회사채 무보증 AA− 국고채 3년 spread

'05 '07 '09 '11 '13 '15 '17 '19

자료 : 금융투자협회, 메리츠증권 리서치센터

신용평가사 구NCR를 주요한 요건으로 보고있어 한도에 영향

기업금융

- 증권사 주요 규제는 1) NCR 2) 자기자본 대비 신용한도 3) 레버리지 비율 등
- 19년 말 대두되었던 기업금융 한도 이슈는 신용평가사가 구NCR를 신용등급 변동 요건으로 보기 때문
- 16년 이후부터 적용되고 있지 않지만 구NCR 규제상 150% 미만이면 경영개선 권고 사항
- 반면 현재 적용 중인 신NCR의 경우 대부분의 대형증권사가 1,000% 이상의 비율을 보여줌

적기시정조치 부과 NCR 요건 변경내용

구분		경영개선		
		권고	요구	명령
NCR 산출체계	舊NCR	150%	120%	100%
	新NCR	100%	50%	0%

자료: 금융감독원, 메리츠증권 리서치센터

증권사 신NCR / 구NCR

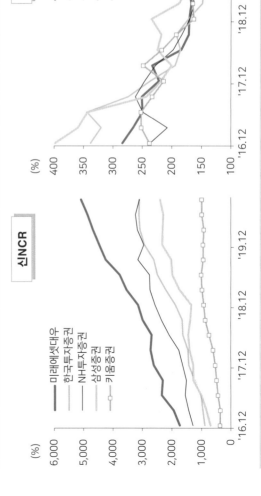

자료: 금융투자협회, 메리츠증권 리서치센터

구NCR은 중개 위주의 비즈니스 가져가는 경우 통계 나타나

기업금융

- 구NCR의 경우 필요이상의 유휴자본 보유를 강요하고 재무건전성 지표로서 미흡해 신NCR 도입
- 13년 당시 자본잠식 9개사의 구NCR844%로 평균 475%를 상회해 부정확한 지표라는 발표 있었음
- 2Q19 기준으로도 신NCR, 구NCR 비교하면 소형사 일수록 구NCR이 크게 선출되고 있으나
- 구NCR의 경우 과거 주력이었던 중개 위주의 비즈니스 비중이 높을 수록 지표가 높게 나타나
- 중개 마진이 감소하고 투자은행 역할이 커지고 있는 최근 상황에 적절하지 못한 지표

신, 구 NCR 비교

영업용순자본비율 (舊NCR, 2015년 이전)	순자본비율 (新NCR, 2016년 이후)
영업용순자본 / 총위험액	영업용순자본 - 총위험액 / 필요유지자기자본

자료: 금융감독원, 메리츠증권 리서치센터

구NCR의 문제점

① (자본활용 제약) 불합리한 산출체계로 증권사들에게 필요 이상의 유휴자본 보유를 강요
  ㅇ 증권회사는 위험액 증가분보다 더 많은 영업용순자본을 추가로 확보해야 동일 수준의 NCR 유지 가능
  (예) 영업과정에서 위험액이 1억원 증가될 경우 NCR 479% (업계평균)를 유지하기 위해서는 5억원의 자본확충이 필요함

② (지표의 효과성 미흡) 지표로서의 효과성이 떨어지고 투자자를 예게는 부정확한 정보를 제공
  ㅇ 순자본규모와 무관한 비율산정 등으로 재무건전성 또는 손실 흡수 능력 지표로서의 효과성 미흡
    · 대형사(479%), 중형사 (459%) < 소형사(614%) // 자본잠식사(844%) > 비징식사(475%)

자료: 금융감독원, 메리츠증권 리서치센터

회사 규모별 신/구NCR 비교

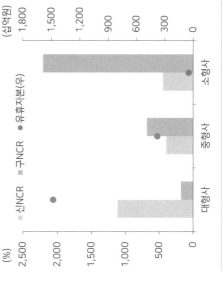

자료: 금융투자협회, 메리츠증권 리서치센터

자산 보유하는 경우와 매각하는 경우에 대한 리스크 접근 방식 차이

기업금융

■ 기업금융 관련 자산을 보유하느냐 혹은 sell down 하느냐는 리스크에 대한 접근 방식의 차이

■ 보유 비중 높은 회사은 회사유가증권을 발행을 통해 대응하는 모습 있었음

■ 시장은 증권사가 sell down 하는 자산을 매수할지 혹은 후순위채를 매수할지에 대한 판단이 필요

■ 사모펀드 이슈는 고객에게 리스크 전가하고 수수료를 수취하기 때문에 나타나는 문제일 가능성

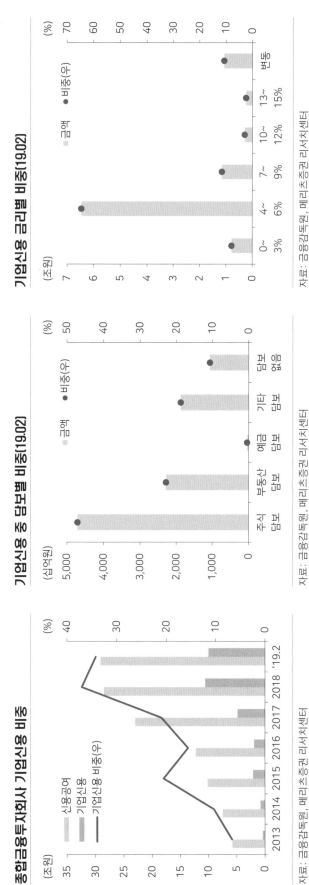

종합금융투자회사 기업신용 비중

자료 : 금융감독원, 메리츠증권 리서치센터

기업신용 중 담보별 비중(19.02)

자료 : 금융감독원, 메리츠증권 리서치센터

기업신용 금리별 비중(19.02)

자료 : 금융감독원, 메리츠증권 리서치센터

신/구NCR 모두 건전성 지표로서 부족한 부분 있어 새로운 지표 필요

기업금융

- 신/구NCR 모두 지표로서 부족한 부분 있는데 반해 기업금융 중요도가 높아지고 있어
- 기업금융 관련 건전성을 가늠할 수 있는 새로운 지표들이 공개되어야 할 필요성이 크다고 보여짐
- 리스크 분석 및 회수 능력에 따라 차별화 될 수 있는데 현재는 결과론적인 평가 밖에 할 수 없는 상황
- 금융감독원에서 발표된 종합금융투자사업자의 기업금융 현황과 같은 데이터의 시계열 공개 필요

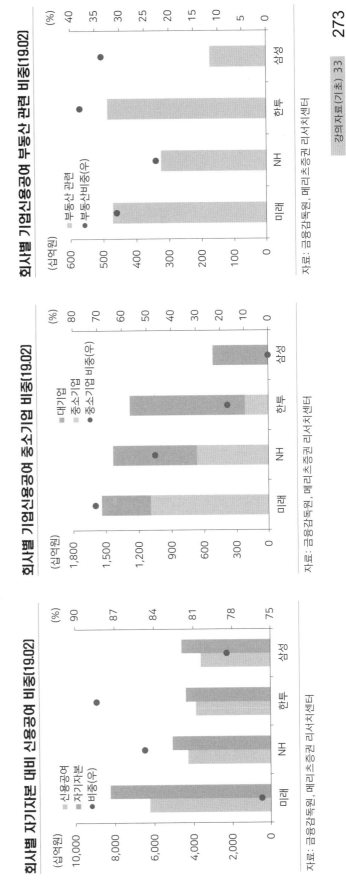

회사별 기업신용공여 부동산 관련 비중(19.02)

자료 : 금융감독원, 메리츠증권 리서치센터

회사별 기업신용공여 중소기업 비중(19.02)

자료 : 금융감독원, 메리츠증권 리서치센터

회사별 자기자본 대비 신용공여 비중(19.02)

자료 : 금융감독원, 메리츠증권 리서치센터

Part IV

보험 산업의 이해

생명보험과 손해보험

보험산업의 이해

■ 보험이란? 미래에 발생할 위험에 대비해 많은 사람이 모여 합리적으로 계산된 보험료를 모아 공동 재산을 형성, 불의의 사고를 당한 사람에게 약정된 보험금을 지급하는 제도

■ 손해보험은 인(人)과 물(物)의 재산적 손해에 대한 보장을 위주로 하는 보험

■ 보종별로 일반, 자동차, 장기 보험으로 분류되며 손실액에 대한 실비(비례) 보상이 특징

■ 생명보험은 주계약이 일반사망이며 정액 보상이 주요 특징

■ 최근 특약 및 연금 보험을 중심으로 중첩 영업 활동의 범위 확대 중

생명보험과 손해보험

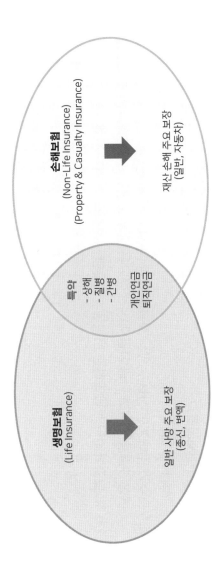

자료: 보험연구원, 메리츠증권 리서치센터

보험료 산출의 기본 원리

보험산업의 이해

- 보험영업 기본 원리(통계에 기초)
- 대수의 법칙 + 수지상등의 원칙

* 대수의 법칙: 모수가 많아지면 신뢰도 있는 확률에 대한 예측이 가능(ex. 카지노)
예상위험률(예상 보험금 지급액) = 보험요율(현재 보험료 수급액)" 가정하고 보험상품 설계

* 수지상등의 원칙: 보험가입자가 납입하는 보험료 = 지급받는 보험금(가입자 전체 기준)

보험의 기본원리

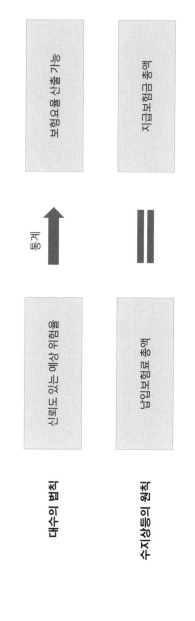

대수의 법칙

신뢰도 있는 예상 위험율 → [통계] → 보험요율 산출 가능

수지상등의 원칙

납입보험료 총액 = 지급보험금 총액

자료 : 보험연구원, 메리츠증권 리서치센터

손해보험의 이해

현행 보험 회계

- 원수보험료(Direct Premium Written): 보험회사가 가입자로부터 거둬들인 전체보험료
- 보유보험료(Retained Premium): 수입보험료 – 지급보험료
- 경과보험료(Earned Premium): 보유 보험료 + 전기이월미경과보험료 – 차기이월미경과보험료

* 보험료의 유효기간인 보험연도와 보험회사의 사업연도 불일치, 보험료 중 해당 보험연도에 해당하는 부분만을 인식

손해보험 매출 인식

구분 (백만원)	원수보험료	1. 수입보험료 수재보험료	해지환급금	소계	1. 경과보험료 출재보험료	2. 지급보험료 해약환급금합입	소계	보유보험료	전기이월미경과보험료	차기이월미경과보험료	기타
메리츠	6,771,446	37,451	27,783	6,781,115	412,074	5,380	406,694	6,374,421	479,935	516,017	-56
한화	4,443,641	23,659	31,240	4,436,060	848,837	1,626	847,212	3,588,848	466,336	524,143	59
롯데	1,659,070	20,552	15,135	1,664,488	248,555	2,322	246,232	1,418,255	298,786	212,169	0
MG	848,058	32,227	1,854	878,431	194,784	217	194,567	683,864	51,092	55,664	0
흥국	2,435,816	7,778	7,933	2,435,661	568,079	2,482	565,597	1,870,065	91,151	101,270	0
삼성	14,718,440	463,525	197,474	14,984,491	753,637	1,235	752,402	14,232,089	3,358,949	3,790,476	-121
현대	10,708,138	141,732	141,630	10,708,240	927,529	1,249	926,280	9,781,961	2,217,177	2,462,649	11
KB	8,195,794	59,606	94,171	8,161,229	803,190	1,339	801,851	7,359,378	1,287,210	1,536,990	-13
DB	10,434,797	85,054	173,102	10,346,750	679,458	10,499	668,959	9,677,791	2,182,924	2,463,475	1
농협	2,928,854	40,826	5,498	2,964,182	891,267	2,108	889,160	2,075,022	170,888	268,942	0
소계	63,144,054	912,413	695,819	63,360,647	6,327,410	28,456	6,298,953	57,061,694	10,604,447	11,931,795	-119
서울보증	1,476,307	167,624	245,692	1,398,239	257,843	46,486	211,357	1,186,882	1,975,566	1,958,783	68
코리안리	2,164	6,363,845	93,125	6,272,883	1,957,729	29,576	1,928,153	4,344,730	1,190,428	1,280,693	1,670
AXA	635,829	0	24,301	611,529	161,318	6,272	155,046	456,483	289,686	298,178	0
하나	392,094	1,143	11,035	382,202	17,088	106	16,983	365,220	191,790	196,251	0
카디프	15,285	535	478	15,342	3,946	29	3,917	11,425	12,917	15,422	0
개롯	14,141	0	143	13,999	9,091	2	9,089	4,910	0	2,311	0
합계	65,679,875	7,445,559	1,070,593	72,054,841	8,734,425	110,927	8,623,498	63,431,343	14,264,833	15,683,433	1,620

자료: 손해보험협회, 메리츠증권 리서치센터

경과보험료와 발생손해액

현행 보험 회계

- 손해보험 비용 인식 vs 제조업
- 손해액은 제조원가, 사업비는 판관비에 해당
- 손해조사비: 기존(K-GAAP) 사업비 항목에 포함 되었으나, K-IFRS 도입 이후 손해액에 반영

* 손해율은 증가, 사업비율은 감소 효과. 하지만 사업비율과 손해율의 합인 합산비율은 같음

손해보험 비용 인식

구분 (백만원)	1. 지급보험금					II. 발생손해액 2. 수입보험금			구상이익	순보험금	손해조사비	지급준비금 환입	지급준비금 적립	기타
	원수 보험금	수재 보험금	보험금 환입	수재 보험금환입	소계	출재 보험금	출재보험금 환입	소계						
메리츠	2,805,273	17,873	30,851	1,434	2,790,860	406,027	6,052	399,975	-887	2,391,772	104,365	1,168,842	1,311,653	0
한화	1,983,605	10,171	56,963	153	1,936,661	785,210	18,242	766,968	293	1,169,400	86,605	776,115	878,598	161
롯데	777,957	4,064	26,635	93	755,293	194,866	8,174	186,692	503	568,098	41,228	363,139	368,168	-29
MG	392,509	14,884	5,049	72	402,271	185,495	1,600	183,895	-47	218,424	20,565	151,167	174,477	0
흥국	1,136,472	4,891	7,714	0	1,133,649	531,032	2,292	528,740	-457	605,366	52,754	437,777	465,497	-4
삼성	5,926,972	228,737	237,387	263	5,918,059	446,339	6,523	439,816	4,862	5,473,381	426,400	4,045,248	4,450,230	176
현대	5,008,155	75,332	104,121	112	4,979,254	669,206	4,329	664,877	2,728	4,311,650	286,317	2,151,613	2,320,239	-20
KB	3,657,247	20,546	103,188	251	3,574,354	549,772	7,206	542,567	2,748	3,029,039	205,071	1,770,682	1,915,425	1,286
DB	4,837,738	43,965	152,070	964	4,728,669	461,864	6,630	455,234	15,996	4,257,439	257,894	2,321,764	2,543,423	18
농협	826,332	15,803	5,614	25	836,496	560,788	3,193	557,594	1,099	277,803	40,584	209,147	297,940	0
소계	27,352,259	436,267	729,592	3,367	27,055,567	4,790,600	64,241	4,726,358	26,837	22,302,371	1,521,782	13,395,494	14,725,649	1,588
서울보증	1,224,734	125,558	508,319	714	841,258	171,241	76,914	94,326	39,210	707,722	84,319	614,203	673,208	0
코리안리	0	4,924,289	0	117,852	4,806,438	1,414,701	35,411	1,379,289	6,329	3,420,819	90,715	2,694,160	2,905,008	-1,098
AXA	436,056	0	29,888	0	406,168	104,002	4,952	99,050	-1,367	308,486	40,772	161,811	155,141	0
하나	214,253	857	10,334	7	204,769	18,933	24	18,909	-1,005	186,865	21,224	82,229	91,633	0
카디프	5,496	0	312	0	5,183	1,555	0	1,555	0	3,628	914	3,897	3,210	0
캐롯	4,885	0	92	0	4,793	2,687	0	2,687	0	2,106	1,052	0	923	0
합계	29,237,682	5,486,971	1,278,536	121,940	33,324,176	6,503,718	181,543	6,322,175	70,003	26,931,998	1,760,777	16,951,794	18,554,772	491
AIG	213,689	15,590	1,968	334	226,976	102,421	1,155	101,267	180	125,529	8,926	82,548	92,657	0
에이스	150,463	33,583	3,534	396	180,116	76,394	99	76,295	-235	104,056	10,332	106,285	109,735	0

자료: 손해보험협회, 메리츠증권 리서치센터

사업비

■ 사업비는 제조업의 판관비와 유사

■ but, 신계약비상각비에 주의

■ 신계약비상각비 :
- 장기 보험 상품 판매 시 초회 판매수수료 비중 높음

- 한꺼번에 비용 처리 하지 않고, 자산(미상각신계약비)로 인식 후 일정 기간 동안 상각 처리

■ 신계약비 추가상각 :
- 미상각신계약비가 해약 시 지급액 초과적립금을 초과할 시 발생
(미상각신계약비 > 순보험료식 준비금 - 해약환급금)

사업비

구분	(백만원) 사업비
급여	113,579
퇴직급여	7,117
복리후생비	12,461
세금과공과	11,617
지급임차료	20,001
감가상각비	8,037
수수료	29,640
광고선전비	24,106
교육훈련비	5,069
전산비	9,768
수금비	17,589
지급순해조사비	–
신계약비	44,496
대리점수수료	60,802
수재보험수수료	11,874
신계약비상각비	213,009
무형자산상각비	8,694
기타	34,659
합계	632,518

자료: 손해보험협회, 메리츠증권 리서치센터

신계약 판매와 추가상각

- 초회수수료 비중이 큰 보장성 인보험 판매 성장한 2017~2019년
- 신계약비 추가상각 발생하며 사업비율이 크게 상승

손해보험사 보장성 신계약 판매 추이

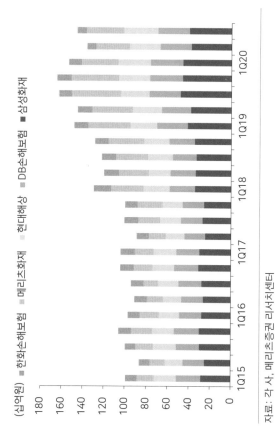

자료: 각 사, 메리츠증권 리서치센터

손해보험사 사업비율

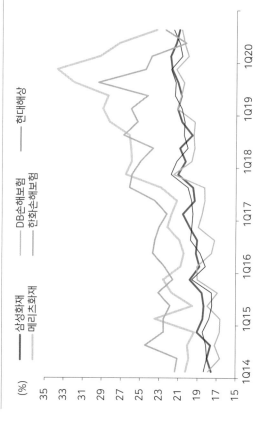

자료: 각 사, 메리츠증권 리서치센터

보험 효율지표의 이해

주요 효율 지표

- 합산비율 (손해율 + 사업비율) 보험영업이익 효율 지표

  - 손해율 = 손해액/경과보험료

  - 사업비율 = 사업비/경과보험료

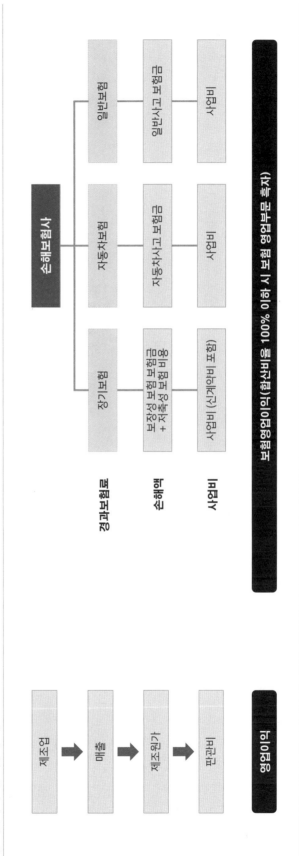

손해보험사

| 장기보험 | 자동차보험 | 일반보험 |

| 보장성 보험 보험금 + 저축성 보험 비용 | 자동차사고 보험금 | 일반사고 보험금 |

| 사업비 (신계약비 포함) | 사업비 | 사업비 |

경과보험료

손해액

사업비

보험영업이익(합산비율 100% 이하 시 보험 영업부문 흑자)

손해보험사와 제조업의 비교

제조업 ➡ 매출 ➡ 제조원가 ➡ 판관비

영업이익

자료: 메리츠증권 리서치센터

장기 보험

- 보장성 보험은 위험, 부가, 저축성 보험은 저축보험료의 구성비가 높음
- 지급리가 지속되며 이차마진 추구가 어려워 졌으며
- 보험산업 경쟁력 강화를 위한 규제 완화(2015년 말) 등으로 사차마진 확보에 주력

장기보험 상품 보험료 구성

보험료		
위험보험료	부가보험료	저축보험료
담보 보장	사업비 충당	만기환급재원
위험보험료 $>$ 지급보험금 사차이익	부가보험료(예정사업비) $>$ 실제사업비 비차이익	운용수익률 $>$ 예정이율(지급이율) 이차이익

자료: 보험연구원, 메리츠증권 리서치센터

장기보험 상품 손해액 구성

손해액		
위험보험금	장기보험료 적립금	환급금
사고발생 빈도, 심도와 관련	저축성보험 가입자 환급금액 : 예정이율로 상승	만기환급금 및 해약환급금

자료: 보험연구원, 메리츠증권 리서치센터

장기 보험

- 손해보험사의 주요 담보 중 가장 비중이 큰 부분은 실손의료비
- 생명보험사의 주요 담보 중 가장 비중이 큰 부분은 수술/진단비

손해보험사 주요 담보별 exposure [1H20]

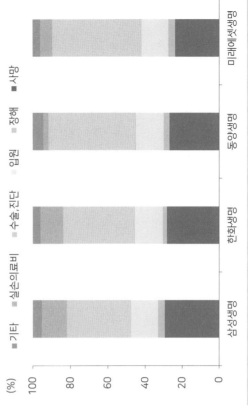

자료: 각 사, 메리츠증권 리서치센터

생명보험사 주요 담보별 exposure[1H20]

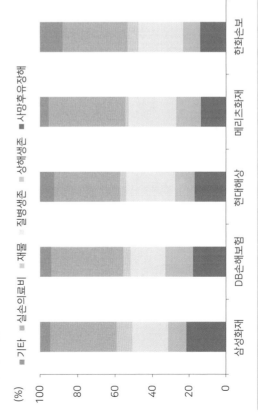

자료: 각 사, 메리츠증권 리서치센터

장기 보험

- 수익성 및 상품 트렌드에 있어 주요한 기타 보장성 상품의 경우 손보사의 우위
- 종신을 제외한 보장성 보험료 뿐 아니라 이를 포함한 보장성 보험료의 경우에도 손보가 생보 상회

생명보험사 및 손해보험사 보장성 보험료 수입

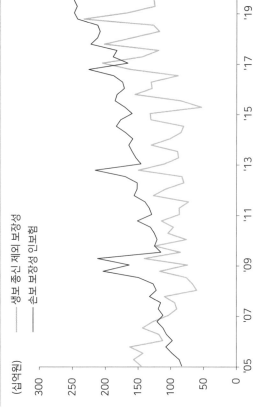

(조원)

범례:
— 생보사 보장성
— 생보사 종신 제외 보장성
— 손보사 보장성

자료 : 금융통계정보시스템, INsis, 메리츠증권 리서치센터

생명보험사 및 손해보험사 보장성 초회보험료

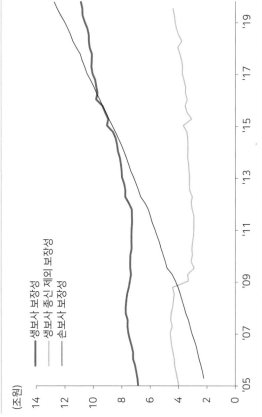

(십억원)

범례:
— 생보 종신 제외 보장성
— 손보 보장성 인보험

자료 : 금융통계정보시스템, INsis, 메리츠증권 리서치센터

장기보험

- 저금리 장기화 되면서 손해보험사는 신계약 판매 기조를 보장성으로 대부분 전환
- 생명보험사는 현금 흐름 문제로 저축성 보험 비중을 비교적 서서히 줄이고 있어 상대적으로 금리에 민감

손해보험사 원수보험료 저축성 비중

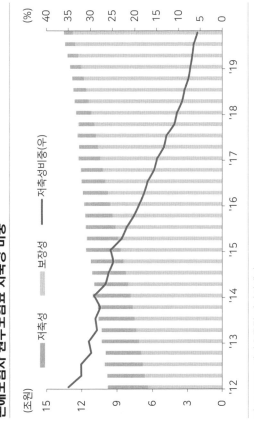

자료: INsis, 메리츠증권 리서치센터

생명보험사 일반 보험료 수입 저축성 비중

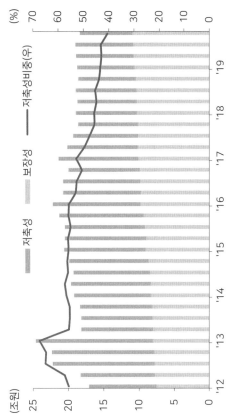

자료: 금융통계정보시스템, 메리츠증권 리서치센터

자동차 보험

- 자동차 보험 구조적 성장은 어려움, 이미 성숙기 시장에 진입하여 성장성에 제한

- 보험료 상승 제한(P), 자동차 등록 대수(Q) 둔화에 따른 P*Q 효과

- 손보사의 장기적인 실적은 장기보험이 견인, 자동차보험은 손해율 사이클에 따라 단기적인 실적 변동성 제공

- 자동차 보험 영업의 목적은 수익창출이 아닌 고객 확보 차원

장기 vs 자동차 보험 성장성 전망

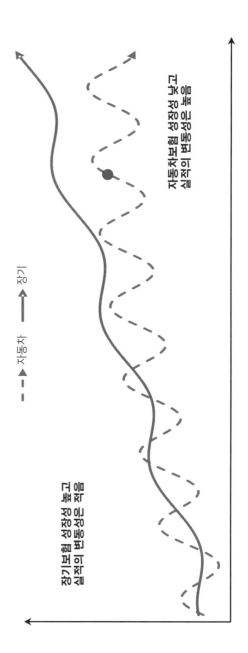

자동차

장기

장기보험 성장성 높고 실적의 변동성은 적음

자동차보험 성장성 낮고 실적의 변동성은 높음

자료: 보험연구원, 메리츠증권 리서치센터

자동차 보험

■ 자동차 보험 손해율은 두 개의 Cycle을 가진다.

1) 보험료 규제에 따른 손해율 등락

2) Seasonality

■ 자동차 보험은 필수소비재로 분류되어 정부가 규제, 보험료 산정 시 손보사들의 자율성이 떨어짐

자동차 손해율과 보험료 인상/인하

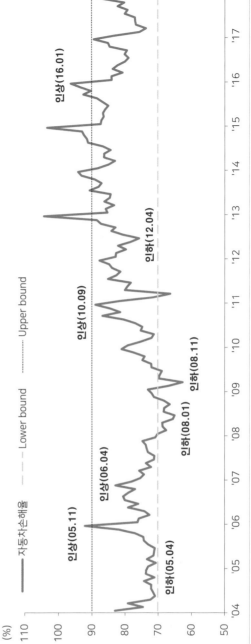

자료: 메리츠증권 리서치센터

자동차 보험

- 자동차보험 손해율은 날씨에 따른 계절성을 보임
- 장마로 인한 침수 피해가 많은 여름과 날씨가 추운 겨울에 상승

월별 평균 자동차 손해율 예시

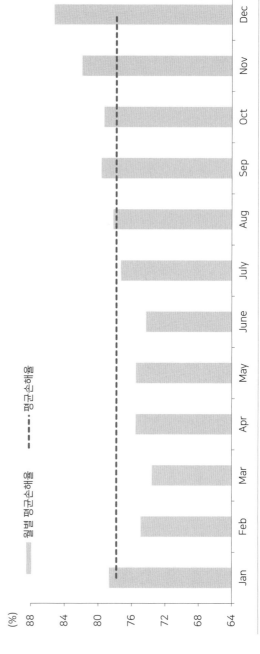

자료 : 메리츠증권 리서치센터

자동차 보험

- 자동차 보험료 증가율이 손해액 증가율 보다 높게 나타날 때 손해율 하락
- 자동차 보험료 증가율이 손해액 증가율보다 낮게 나타날 때 손해율 상승

회사별 자동차 원수보험료 성장률

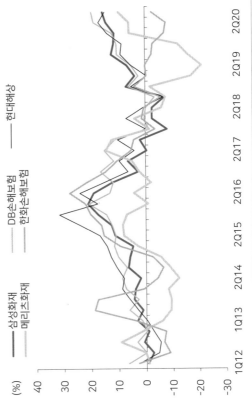

자료: 각 사, 메리츠증권 리서치센터

자동차 보험료 및 손해액 증가율(상위사 합산)

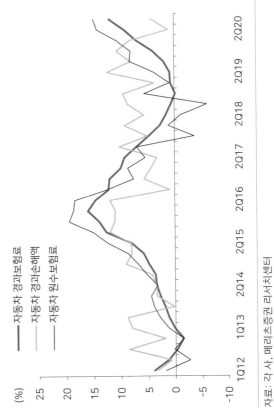

자료: 각 사, 메리츠증권 리서치센터

생명보험의 이해

생명보험 주요 상품

- 주로 개인 대상 보험상품 판매, 수익성이 좋은 보장형 상품의 비중이 증가하는 상황
- 변액상품 및 퇴직상품은 특별계정 자산/부채로 구분

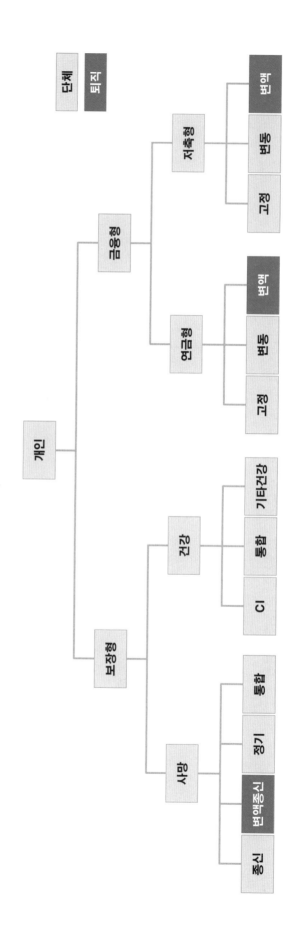

생명보험의 이해

현행 보험 회계

- 매출: 보험료 수익, 비용: 보험영업비용에 반영
- 손해보험과 달리 책임준비금 전입액이 보험손익에서 차감되지 않음
- 특별계정 관련 수익은 영업외 손익에 수수료 수입으로 반영

생명보험 약식 FS

Income Statement

(십억원)	2018	2019	2020E	2021E	2022E
보험손익	-1,214.2	-1,939.3	59.5	-847.4	-1,611.0
보험영업수익	16,475.1	16,590.9	18,093.0	17,525.0	17,236.2
보험료수익	16,135.0	16,201.1	17,700.4	17,139.3	16,855.0
재보험수익	340.1	389.9	392.6	385.6	381.2
보험영업비용	17,689.4	18,530.2	18,033.5	18,372.3	18,847.2
지급보험금	13,510.3	14,467.4	14,156.1	14,596.6	15,104.9
재보험비용	389.5	443.6	503.8	526.2	545.0
사업비	2,231.9	2,176.3	2,065.2	2,002.8	1,971.4
신계약상각비	1,556.3	1,441.5	1,306.5	1,244.7	1,224.0
할인료	1.4	1.4	1.9	1.9	1.9
투자손익	8,594.9	7,895.2	7,867.7	7,903.8	8,336.9
책임준비금전입액	6,447.6	6,003.8	7,543.7	6,646.2	6,370.9
영업이익	933.1	-47.9	383.5	410.2	355.0
영업외손익	1,432.6	1,474.7	1,309.9	1,312.2	1,401.2
세전손이익	2,365.7	1,426.8	1,693.4	1,722.4	1,756.2
법인세비용	632.0	375.1	405.5	460.7	469.8
당기순이익	1,733.7	1,051.7	1,287.9	1,261.6	1,286.4
지배주주	1,664.4	977.4	1,201.5	1,205.5	1,229.2

Balance Sheet

(십억원)	2018	2019	2020E	2021E	2022E
자산총계	289,428	312,762	329,966	339,533	348,897
운용자산	236,195	255,459	268,055	274,226	280,173
현예금 및 예치금	4,745	6,537	4,807	4,750	4,863
유가증권	152,679	172,379	182,261	186,447	190,602
주식	24,626	33,235	32,578	33,681	34,232
채권	106,307	114,625	121,514	123,519	126,378
대출채권	70,187	68,891	72,771	74,724	76,207
부동산	8,584	7,652	8,216	8,305	8,501
비운용자산	7,298	7,508	7,233	6,934	6,646
특별계정자산	45,934	49,795	54,678	58,373	62,077
부채총계	258,922	275,446	289,476	298,412	307,133
책임준비금	173,943	180,493	188,411	195,057	201,428
계약자지분조정	8,209	11,528	12,390	12,390	12,390
기타부채	29,794	30,281	33,998	32,593	31,238
특별계정부채	46,977	53,144	54,678	58,373	62,077
자본총계	30,505	37,316	40,490	41,121	41,764
자본금	100	100	100	100	100
자본잉여금	125	125	125	125	125
이익잉여금	15,548	16,049	16,187	16,818	17,461
자본조정/기타포괄손익누계	13,129	19,392	22,392	22,392	22,392

자료: 메리츠증권 리서치센터

생명보험의 이해

이원차 역마진

- 저금리 장기화 되면서 고금리 시절 보험 판매가 많았던 생명보험사의 역마진 심화
- 만기가 상대적으로 길고 고정금리형 보험 부채가 남아있기 때문

생명보험사 이원차 마진 사례

(십억원)	FY19				FY20			증감	
	1Q	2Q	3Q	4Q	1Q	2Q	3Q	% QoQ	% YoY
이원차 마진율(%)	(0.91)	(0.93)	(0.91)	(0.92)	(0.95)	(1.02)	(1.04)	(0.02)p	(0.13)p
이자소득자산 보유이원	3.53	3.48	3.43	3.40	3.33	3.23	3.17	(0.06)p	(0.26)p
채권	3.14	3.09	3.04	3.01	2.96	2.87	2.83	(0.04)p	(0.21)p
대출	4.52	4.50	4.45	4.40	4.34	4.17	4.04	(0.13)p	(0.41)p
부채 부담금리	4.44	4.41	4.34	4.32	4.28	4.25	4.21	(0.04)p	(0.13)p
변동금리형	3.05	3.03	2.94	2.92	2.87	2.84	2.80	(0.04)p	(0.14)p
고정금리형	6.51	6.50	6.49	6.48	6.47	6.46	6.44	(0.01)p	(0.04)p
보험료적립금	167,115	168,634	170,003	171,446	172,897	174,772	176,752	1.1	4.0
변동금리형	100,290	101,616	102,797	103,944	105,181	106,684	108,311	1.5	5.4
고정금리형	66,825	67,018	67,206	67,502	67,716	68,088	68,441	0.5	1.8
6% 이상	50,146	50,142	50,141	50,235	50,264	50,402	50,517	0.2	0.7
6% 미만	16,679	16,876	17,065	17,268	17,452	17,686	17,924	1.3	5.0
보험료적립금 비중(%)									
변동금리형	60.0	60.3	60.5	60.6	60.8	61.0	61.3	0.2p	0.8p
고정금리형	40.0	39.7	39.5	39.4	39.2	39.0	38.7	(0.2)p	(0.8)p
6% 이상	30.0	29.7	29.5	29.3	29.1	28.8	28.6	(0.3)p	(0.9)p
6% 미만	10.0	10.0	10.0	10.1	10.1	10.1	10.1	0.0p	0.1p

자료: 삼성생명, 메리츠증권 리서치센터

현행 자본 규제

LAT와 RBC 규제 강화

■ RBC (Risk Based Capital)
: 지급여력비율 → 최저만기 확대 등 금리위험액 산출 방식 개선

■ LAT (Liability Adequacy Test), 평가대상 준비금(A) – LAT 평가액(B) = 잉여금액(A-B)
: 부채적정성평가 → 할인율 단계적 하향

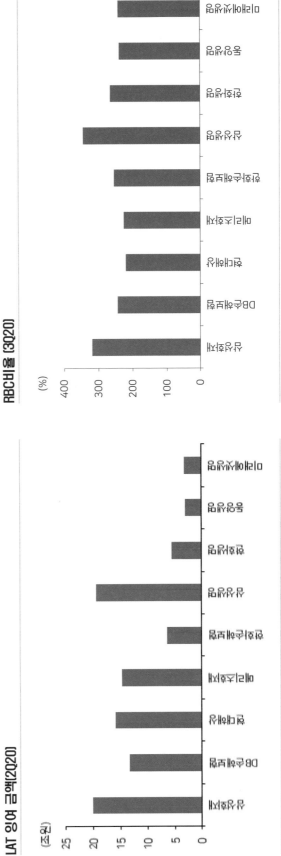

RBC비율 (3Q20)

자료: 각 사, 메리츠증권 리서치센터

LAT 잉여 금액(2Q20)

자료: 각 사, 메리츠증권 리서치센터

강의자료(기초) 53

293

RBC 제도 정교화

RBC 단계적 개정

- RBC비율 관련 규제 개선 17.06.01부터 시행
- 부채 듀레이션 확대, 변액보험 최저보증위험액 산출방식 변경, 퇴직연금 리스크 측정범위 조정 등
- 만기불일치위험액 산출하는데 사용하는 금리변동계수 하향 조정

IFRS17 시행 대비, 현행 RBC 제도 정교화

주요내용	시행 시기	단계적 적용
보험부채 듀레이션 잔존만기 구간 확대	2017.12	잔존만기 구간 25년 확대
	2018.12	잔존만기 구간 30년 확대
연동형 최저보증 금리리스크 현실화	2019.12	연동형 최저보증 금리 리스크 요구자본 증가액 50% 반영
	2020.12	연동형 최저보증 금리 리스크 요구자본 증가액 100% 반영
변액보험 최저보증위험액 산출방식 변경	2017.12	요구자본 증가액 35% 반영
	2018.12	요구자본 증가액 70% 반영
	2019.12	요구자본 증가액 100% 반영

자료: 금융감독원, 메리츠증권 리서치센터

자산 부채 듀레이션 gap 축소 필요

RBC 단계적 개정

- 변화하는 RBC 비율 규제는 부채 듀레이션이 길어지는 영향이 있어
- 금리위험액을 관리 하기 위해서는 자산 듀레이션을 함께 늘려 듀레이션 gap을 최소화 해야

보험사 자산 부채 듀레이션

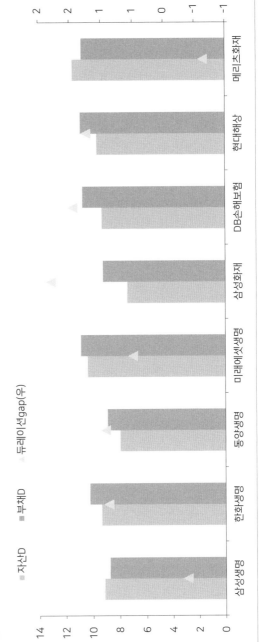

자료: 각 사, 메리츠증권 리서치센터

자산 듀레이션 장기화를 위한 채권 매각

RBC 단계적 개정

- RBC 규제 강화에 대한 대응 및 23년 도입될 신 회계제도 준비를 위해
- 보험사의 장기채 편입 추세는 이어질 전망

손해보험사 자산 듀레이션

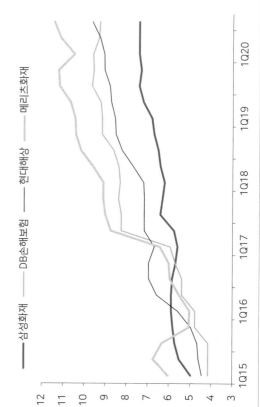

자료: 각 사, 메리츠증권 리서치센터

생명보험사 자산 듀레이션

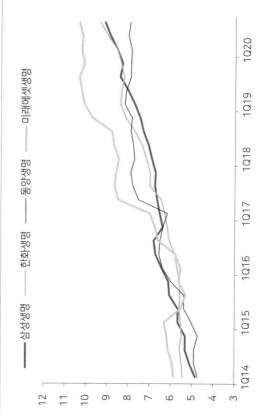

자료: 각 사, 메리츠증권 리서치센터

간접규제 강화(LAT 제도 정교화)

新지급여력비율 도입 시 까지 LAT 단계적 개정

- 보험부채의 현재가치 할인율 산출방식 '17~'19년 단계적 조정

  (현행) 무위험수익률 + 보험사 자산운용초과수익률 → (개선) 무위험 수익률 + 유동성 프리미엄

- 금리 시나리오별 부채 평가금액 결정방식 '17년~'20년 단계적 조정

  (현행) 전체 시나리오 평가금액 중 650번째로 높은 값 → (개선) 전체 시나리오 평가금액 평균값

- 추가 적립 보험부채의 일부를 RBC 비율 산출시 가용자본으로 인정, 인정비율 단계적으로 하향

  ('17년 90% → '18년 80% → '19년 70% → '20년 60%)

- LAT 개선 시 금리역마진손실이 보험부채에 반영되어, RBC 요구자본 내에 금리역마진 삭제

현재가치 할인율 단계적 조정

구분	'17년 말	'18년 말	'19년 말	'20년 말
현재가치 할인율 적용방안	'16년 할인율 대비 95% 수준	'16년 할인율 대비 92.5% 수준	'16년 대비 87% 수준	

*현재가치 할인율 적용(예시): 일반적으로 금리가 하락시 부채 추가적립 필요

현재가치 할인율	3.5%	3.0%	금리 0.5%p 하락	
10년후 보험금	1억원	1억원	-	
보험금 현재가치 (보험부채)	7,089만원*1억 /(1+3.5%)^10	7,440만원*1억 /(1+3.0%)^10	351만원 추가적립 필요	

평가금액 결정방식 개선

구분	'17년 말	'18년 말	'19년 말	'20년 말
LAT 평가금액 결정방식	500번째 높은 금액	550번째 높은 금액		전체 평균 (600번째 수준)

LAT 강화 1년씩 연기, 관련 적립액은 이익잉여금 내 준비금으로 적립

新지급여력비율 도입 시 까지
LAT 단계적 개정

- 19.10 금융감독원 IFRS17 시행시기가 1년 연기됨에 따라 LAT 강화 일정 역시 1년 씩 연기
- 또한 재무건전성준비금 제도 신설해 LAT 강화로 인한 적립금을 이익잉여금 내 법정 준비금으로 적립
- 준비금 적립액은 배당가능 이익에서 제외 되고 내부유보 되고 당기손익에 미치는 영향 없으나
- 20년 말부터 관련 금액이 수치화 되어서 재무제표 상에 드러난다는 것에 의미 있을 듯
- 관련 적립금이 향후 자본계정에서 차감되는 방식으로 valuation 적용될 전망

[이익잉여금 내 법정 준비금으로 적립되는 재무건전성준비금 신설]

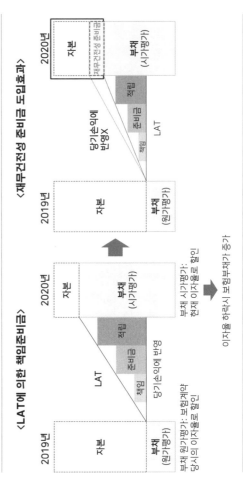

자료: 금융감독원, 메리츠증권 리서치센터

LAT 적립기준 강화 일정 1년 연기

구분	2017년	2018년 and 2019년	2020년	2021년
I) 할인율	국채수익률 + [산업위험스프레드 X 100%]	국채수익률 + [산업위험스프레드* X 80%]	국채수익률 + 유동성 프리미엄**	국채수익률 + 유동성 프리미엄
II) 평가금액 결정방식	50퍼센타일	55퍼센타일***	55퍼센타일	전체 평균
III) 추가 적립액의 가용자본 인정비율	90%	80%****	70%	60%

자료: 금융감독원, 메리츠증권 리서치센터

보험사의 내재가치

EV

- 내재가치 EV(Embedded Value) = 보유계약가치 VIF + 조정순자산가치 ANW
- 보유계약가치 VIF, Value of in Force : 보험사가 판매한 보험의 미래 기대 수익의 할인된 현재가치
- 조정순자산가치 ANW, Adjusted net worth : 보험부채를 차감한 보험회사의 순자산가치

생명보험사 EV

	단위	FY15	FY16[1]	FY17	FY18	FY19
EV 산출 결과						
내재가치(EV)	(십억원)	25,298	29,274	38,551	32,440	36,486
보유계약가치(VIF)	(십억원)	1,490	3,497	10,315	4,721	1,668
현금흐름 현재가치	(십억원)	5,376	7,125	13,028	8,559	5,716
자본비용	(십억원)	(3,886)	(3,628)	(2,713)	(3,838)	(4,140)
조정순자산가치(ANW)	(십억원)	23,808	25,777	28,236	27,719	34,819
주요 가정						
자산이익률(NIER)	(%)	3.6	3.5	4.0	3.4	3.1
할인율	(%)	9.0	8.5	8.5	8.5	7.5
신계약 성과						
신계약가치	(십억원)	1,180	1,212	1,134	1,101	1,363

자료 : 삼성생명, 메리츠증권 리서치센터

Part V

신회계제도와 자본 규제 도입

신 보험회계제도 IFRS17, 2023년 도입될 예정

IFRS 17 도입 예정

- 보험 계약에 따른 보장 서비스 제공 시 수익을 인식하고 투자요소는 제외

- 투자요소: 보험사건 유무와 상관없이 보험사가 보험계약자에게 지급할 의무가 있는 금액, 환급금 등

- 보험계약수익 감소, 저축성 일시납 보험 판매로 인한 수익 증가 기대하기 어려움

보험계약수익과 비용에 관한 현행 회계와 IFRS 17의 비교

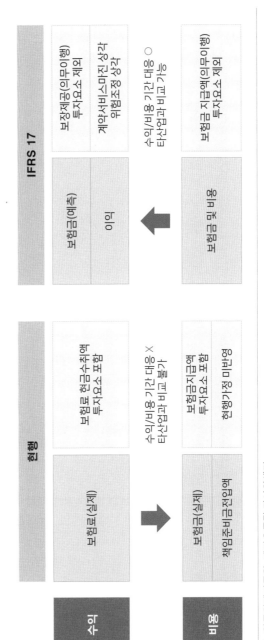

자료: 한국회계기준원, 메리츠증권 리서치센터

Bottom up 및 Top down 방식의 할인율 모두 허용

IFRS 17 도입 예정

- 위원회는 할인율 산정 시 운용자산수익률을 반영하는 것은 부적정하다고 결론(IFRS17 BC201)
- 다만, 보험계약은 시장성이 없기 때문에 유동성 프리미엄이 할인율에 포함되어야 한다고 판단
- 이를 독자적으로 추정하기 어렵기 때문에 'bottom up' 및 'top down' 방식을 모두 허용

Discount Rate 산출 방식

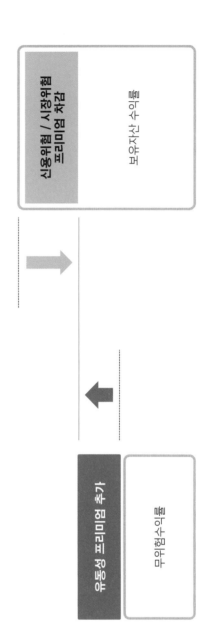

IFRS17의 도입과 재무제표

IFRS 17 도입 예정

- 국제회계기준위원회(IASB)의 최종 기준서가 2023년에 전면 도입, 2022년부터 병행 도입될 예정
- 투자자 입장에서 보다 유용한 정보를 얻을 수 있어 긍정적

IFRS 17의 보험부채

자본		자본
		서비스마진 (CSM) — 장래 예상되는 이익
현행 재무상태표에 표시된 보험부채	→	위험조정 (RA)
		최선추정치 (BEL) — 할인율

보험계약 이행에 필요한 현금흐름 (책임준비금)

자료: 보험연구원, 메리츠증권 리서치센터

IFRS 17 도입 시 손익계산서 변화

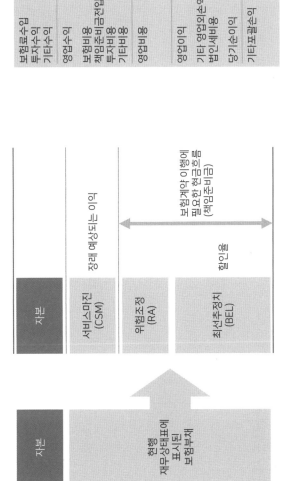

보험료수입
투자수익
기타수익
영업수익
보험비용
책임준비금전입액
투자비용
기타비용
영업비용
영업이익
기타영업외손익
법인세비용
당기순이익
기타포괄손익

→

보험수익
보험비용
보험이익
투자수익
이자비용
투자이익
기타손익
영업이익
기타영업외손익
법인세비용
당기순이익
기타포괄손익

보험수익
- 예상 보험금 및 서비스 비용
- CSM이익
- RA이익

보험비용
- 실제 보험금 및 서비스 비용
- 경험조정
- 기타 보험관련 비용
- 직접 신계약비 배부

투자이익
- 투자수익: 이자, 처분, 평가 등
- 이자비용: BEL,이자 등

기타포괄손익
- 할인율 변경 효과

자료: 보험연구원, 메리츠증권 리서치센터

CSM(서비스마진) 및 RA(위험조정) 인식

IFRS 17 도입 예정

- 장래 손실은 즉시 반영되는 반면 장래 이익은 서비스 마진(CSM) 과 위험 조정(RA)으로 보험 부채에 계상되며 보장기간 등에 비례하여 손익계산서에 점진적으로 반영
- **서비스마진(CSM)**: 상품개발부터 보험회사가 예상하고 있는 이익, 서비스 제공에 비례하여 분할 받음
- **위험조정(RA)**: 보험회사가 기대를 벗어난 초과손실에 상당하는 가용 자본을 보유하는 데 따른 기회비용, 위험에서 벗어난 부분은 이익으로 반영

IFRS 17에서의 보험부채 측정과 손익 인식

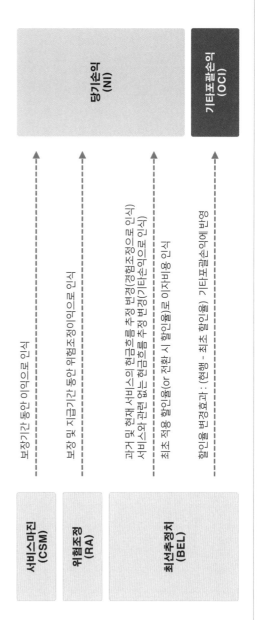

보장기간 동안 이익으로 인식

보장 및 지급기간 동안 위험조정이익으로 인식

과거 및 현재 서비스의 현금흐름 추정 변경(경험조정으로 인식)
서비스와 관련 없는 현금흐름 추정 변경(기타손익으로 인식)

최초 적용 할인율(or 전환 시 할인율)로 이자비용 인식

할인율 변경효과 : (현행 − 최초 할인율) 기타포괄손익에 반영

서비스마진
(CSM)

위험조정
(RA)

최선추정치
(BEL)

당기손익
(NI)

기타포괄손익
(OCI)

자료 : 보험연구원, 메리츠증권 리서치센터

新지급여력비율 요구자본 산출구조

새로운 자본규제

- 新지급여력비율 요구자본 산출구조는 Solvency2와 유사

- 추가되는 리스크 : 장수, 해지, 사업비, 대재해, 자산집중리스크

- 금리리스크는 시장리스크의 하위항목화

- 리스크 측정 방식 : 시장, 생명/장기손해보험 리스크는 Shock 방식, 신용, 운영리스크는 위험계수 방식

新지급여력비율 요구자본 산출구조

기본 요구자본

생명/장기손해보험 리스크
- 사망위험
- 장수위험
- 장해/질병위험
- 재물/기타위험
- 해지위험
- 사업비 위험
- 대재해위험

일반손해보험리스크
- 보험가격 및 준비금 위험
- 대재해위험

시장리스크
- 금리위험
- 주식위험
- 외환위험
- 부동산위험
- 자산집중위험

신용리스크

운영리스크

자료 : 금융감독원, 메리츠증권 리서치센터

新지급여력비율 요구자본 산출구조

새로운 자본규제

- 기존 RBC 방식에서는 금리리스크가 대분류로서 한차례의 상관계수만을 적용 받았으나
- 개선안의 경우 소분류 간 한번, 대분류 간 한번 더 상관계수를 적용 받아 영향도가 좋아들 가능성 존재

RBC비율 요구자본 산출구조

자료: 금융감독원, 메리츠증권 리서치센터

RBC 상관계수

RBC 상관계수	보험	금리	신용	시장
보험	1			
금리	0.25	1		
신용	0.25	0.5	1	
시장	0.25	0.5	0.5	1

자료: 금융감독원, 메리츠증권 리서치센터

위험경감기법과 내부모형승인제도(ORSA) 도입

새로운 자본규제

- 위험경감기법 및 내부모형승인제도(ORSA, Own Risk and Solvency Assessment) 도입
- 헤지를 위한 파생상품 투자가 보다 활발히 일어날 가능성 존재하고
- 감독원의 승인을 받는 경우 표준모형이 아닌 내부모형으로 요구자본 산출할 수 있도록 허용

위험경감기법(新지급여력비율 도입수정안 3.0)

보험위험경감기법

재보험 출재 등으로 보험부채 현금흐름 or 익스포저 차감 등으로 요구자본 효과를 반영

금융위험경감기법

파생상품, 담보, 상계, 보증, 신용파생상품 등으로 자산/부채 현금흐름에 반영

적용원칙 中

- 위험경감기법은 해당 계약이 향후 12개월 동안 유효한 경우에만 인정하며 그렇지 않을 경우 잔여기간만큼만 위험경감 효과를 인정
- 위험경감대상의 잔존 만기가 1년 미만이고 위험경감기법의 잔존만기가 같거나 긴 경우(주식의 잔존만기는 1년으로 가정)
- 시장리스크 관련 파생상품이 갱신조건(문서화, 전략유지, 3개월 이상) 충족하는 경우 잔존만기 1년 미만 위험경감효과와 인정비율을 별도 적용

자료: 금융감독원, 메리츠증권 리서치센터

보험 용어정리

- **원수보험료**(Direct Premium Written): 보험회사가 가입자로부터 거두들인 전체보험료

- **보유보험료**(Retained Premium): 원수보험료 - 재보험료

- **경과보험료**(Earned Premium): 보험료의 유효기간인 보험연도와 보험회사의 사업연도 불일치로 보험연도 보험료 중 해당 보험료연도 에 해당하는 부분만을 인식

- **손해조사비**: 기존(K-GAAP) 사업비 항목에 포함 되었으나, K-IFRS 도입 이후 손해액에 반영

- **신계약비상각비**: 장기 저축 보험 상품 판매 시 초회 판매수수료 비중이 높아 한개년에 비용 처리 하지 않고, 자산(미상각신계약비)으로 인식 후 일정 기간 동안 상각 처리

- **보장성 보험**: 만기 환급액이 납입 보험료보다 작은 보험(저축목적 < 보장목적)

- **저축성 보험**: 만기 환급액이 납입 보험료보다 큰 보험(저축목적 > 보장목적)

- **미상각신계약비**: 보험계약의 인수실적에 비례하여 지출되는 비용으로 차기 이후에 회수될 신계약비

- **사업비**: 보험사업을 수행하는데 소요되는 비용. 제조업의 판관비 개념

- **손해액**: 위험보험금 + 장기보험적립금 + 환급금. 제조업의 제조원가에 해당

- **출재**: 재보험을 주는 것

- **수재**: 재보험을 받는 것

- **사차익**: 위험보험료 - 지급보험금 > 0 이면 발생

- **비차익**: 부가보험료 - 실제사업비 > 0 이면 발생

- **이차익**: 운용수익률 - 지급이율 > 0 이면 발생

- **지급여력비율**(RBC:Risk Based Capital): 보험회사가 가입자에게 보험금을 제때 지급할 수 있는지를 보여주는 지표

- **합산비율**: 손해율 + 사업비율. 100% 이상이면 보험영업부문 적자, 100% 이하면 보험영업부문 흑자

- **표준(예정)이율**: 책임준비금에 적용하는 이율로 매년 4월에 조정

- **공시이율**: 변동성보험에 적용되는 이율로서 주로 저축성보험의 저축보험료 이자 에 적용

- **예정이율**: 제 지급금이 확정된 정액보험의 보험료를 산출하기 위한 이율로서 주로 보장성 보험에 적용

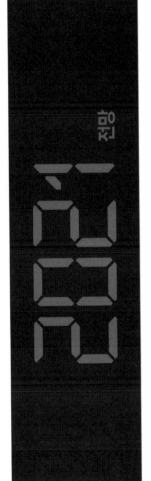

증권/보험

Next Theme

Summary

Next Theme

증권

마이데이터, 채널 전쟁이 시작된다

I
- 신용정보법 개정되어 마이데이터 사업자 심사 중, 21년 2월 이전에 심사 결과가 발표될 예정
- "대리인 등 판매채널 – 디지털 직판" 구조에서 "디지털 판매 채널 – 금융상품 공급자"로 비대면 채널 내에서 제판 분리
- 토스증권, 카카오페이증권의 등장으로 21년 리테일 전쟁 가속화 전망되며 Acorns와 Robinhood 모델 따라갈 듯
- 국내 브로커리지 확대에는 신용 공여 서비스가 필요하며 이 경우 금융지주사 전환 부담 있어 해외주식 및 AM 주력할 전망

보험

인슈어테크, 어디까지 왔나

II
- 카카오페이의 디지털 손해보험사 설립, 네이버 파이낸셜의 소상공인 대상 보험 판매, 캐롯손해보험의 월납 자동차 보험
- 생활밀착형 보험으로 성장한 중안보험, AI 기반으로 가입시간 및 보험금 지급 시간을 단축시킨 Lemonade 등 인슈어테크 등장
- 해외 사례와 같이 생활밀착형 보험, 미니 보험 등 담보를 단품화 하는 것이 비대면, 디지털화에 선제적인 조건
- 보험 산업의 주요 상품이 종합 보험은 비교 하기 어려워 비대면 판매가 어렵기 때문

시나리오별 2021년 전망

항목	변수	Worst	Base	Best
증권 주가 결정 요인	▪ 거래대금 ▪ 주식시장 ▪ 신용 위험 확대	▪ 19년 이전 수준으로 감소 ▪ 하락 ▪ 신용 위험 악화로 충당금 발생 ↑	▪ 20년 수준 혹은 소폭 감소 ▪ 완만한 상승세 ▪ 신용 위험 완만하게 감소	▪ 20년 수준 이상으로 증가 ▪ 추세적인 상승 ▪ 신용위험 급격히 감소
산업 투자 전략		▪ 비중축소	▪ 비중확대	▪ 비중확대
Top-Picks		▪ 삼성증권	▪ 한국금융지주	▪ 한국금융지주, 키움증권
보험 주가 결정 요인	▪ 금리 ▪ 주식시장 ▪ 보험료 인상 ▪ COVID-19	▪ 하락 ▪ 하락 ▪ 보험료 조정 없거나 인하 ▪ 팬데믹 종료로 의료 이용량 급증	▪ 완만한 상승 ▪ 완만한 상승 지속 ▪ 자동차 및 실손 보험료 소폭 인상 ▪ 완만하게 의료 이용량 증가	▪ 추세적인 상승 ▪ 추세적인 상승 ▪ 자동차 및 실손 보험료 대폭 인상 ▪ 장기화로 의료 이용량 감소
산업 투자 전략		▪ 비중축소	▪ 비중확대	▪ 비중확대
Top-Picks		▪ 삼성화재	▪ 메리츠화재, 삼성생명	▪ 메리츠화재, 삼성생명

Part I

2021 전망 증권/보험

증권

마이데이터, 채널 전쟁이 시작된다

COVID-19로 변동성이 컸던 2020년 주식시장

20년 증권업 Review

- COVID-19 팬데믹 발생한 이후 전세계 글로벌 증시 폭락하며 자본 시장 변동성 확대되어
- 대형증권사의 유동성 위기 대두되었으나 한미통화 한미통화 스와프, 한국은행 RP매입 등으로 안정화
- 이후 주식 시장으로 Money Move 발생하며 사상 최고 예탁금, 거래대금 시현하며 리테일 호조
- 반면 신용 스프레드 확대, 사모펀드 이슈 대두되며 기업금융 관련 우려 지속

2020년 코스피 및 증권업 지수 추이

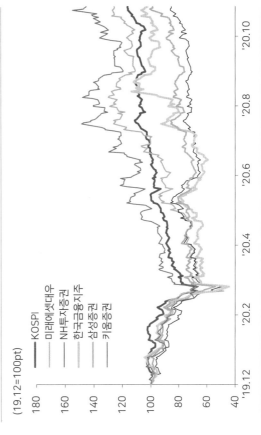

자료 : Quantiwise, 메리츠증권 리서치센터

2020년 커버리지 증권사 주가 추이

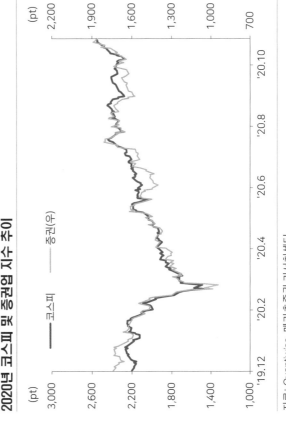

자료 : Quantiwise, 메리츠증권 리서치센터

증시 주변 자금 사상 최대 수준 지속되고 있어

리테일 호조 지속

- 고객 예탁금 50~60조원으로 증시 주변 자금 사상 최대. 19년 말 대비 1.9배 이상 증가

- 20년 국내 주식 일평균 거래대금 최대 31조원, 해외주식 월간 결제금액 최대 243억 달러 시현

- 리테일 호조 지속 중 세가지 특징 1) 직접 투자 2) 해외 투자 3) 비대면화

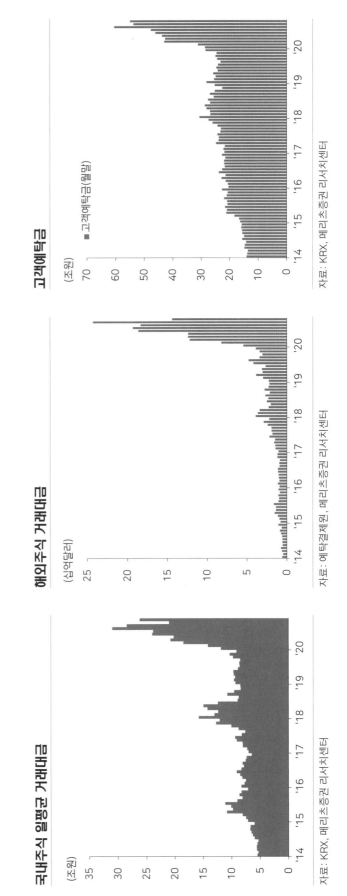

국내주식 일평균 거래대금

(조원)

자료: KRX, 메리츠증권 리서치센터

해외주식 거래대금

(십억달러)

자료: 예탁결제원, 메리츠증권 리서치센터

고객예탁금

(조원)

■ 고객예탁금(월말)

자료: KRX, 메리츠증권 리서치센터

리테일 호조 지속될 전망

리테일 호조 지속

- 개인 비중 75~80% 수준이며 시가 총액 회전율 최대 390%까지 상승, 이는 2000년대 초반 수준

- 고객예탁금, CMA 등 증시 주변 자금이 풍부하고 신용잔고 및 해외주식 예탁잔고도 급증

- 20년 3월 이후 일평균 거래대금 23조원, 21년 일평균 거래대금 24조원으로 추정

- 20년은 증시 변동성이 컸기 때문에 회전율 소폭 하락할 수 있으나 리테일 호조는 이어질 전망

- 21년에는 판테크發 리테일 채널 경쟁 격화될 것으로 보여짐

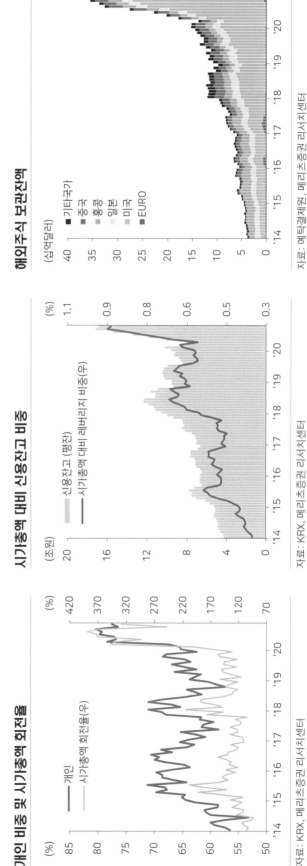

개인 비중 및 시가총액 회전율

—— 개인
—— 시가총액 회전율(우)

자료: KRX, 메리츠증권 리서치센터

시가총액 대비 신용잔고 비중

신용잔고 (평잔)
시가총액 대비 레버리지 비중(우)

자료: KRX, 메리츠증권 리서치센터

해외주식 보관잔액

(십억달러)

■ 기타국가
■ 중국
■ 홍콩
일본
미국
■ EURO

자료: 예탁결제원, 메리츠증권 리서치센터

신용정보법 개정에 따라 마이데이터 사업자 허가 임박

마이데이터 – 디지털 제판 분리

- 20.08.05부터 개정되는 신용정보법에 따라 본인신용정보관리업(이하 마이데이터) 허가제로 운영
- 약 40개사 신청했으며 시장 선점 등 심사 순서에 대한 경쟁이 있어 21년 초 심사 동시 완료할 예정

마이데이터 허가 절차

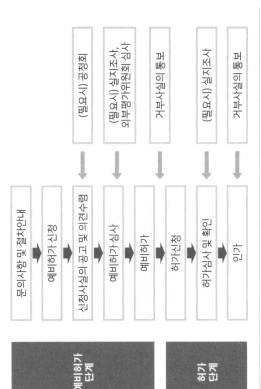

자료: 금융위원회, 메리츠증권 리서치센터

마이데이터 허가 대상

□ '20.8.5.부터 시행되는 개정「신용정보법」에 따라 본인 신용정보 관리업이 허가제로 운영

ㅇ 본인신용정보관리업의 고유 업무를 영위하고자 하는 모든 회사는 금융위원회의 허가를 받아야함

※ 본인신용정보관리업에 해당하는 업무를 법 시행전부터 영위하고 있던 회사는 '21.2.5.까지 허가를 받아야 하며, 허가를 받지 못하고 영위할 경우 무허가 영업에 해당

자료: 금융위원회, 메리츠증권 리서치센터

21년 2월 이전에 심사 결과 발표될 예정

마이데이터 – 디지털 제판 분리

- 21.02.04까지 허가 받지 못하면 기존 서비스를 중단해야 해 그 이전에 심사 결과가 발표될 전망
- 법규상 허가 요건은 1) 자본금 요건 2) 보안체계 등 물적 요건 3) 사업계획 타당성 요건 4) 대주주 적격성 요건 5) 임원자격 요건 6) 전문성 요건 등

마이데이터 심사 중

마이데이터 허가 시 주요 고려사항

- 신청자의 준비상황 및 금융회사·빅테크·핀테크 기업간의 균형 등도 고려
- '20.5.13 기존 마이데이터 서비스를 출시 및 운영하고 있는지 여부
- 사업계획의 타당성, 물적요건 등 마이데이터 허가 요건 준비 상황

기존 마이데이터 사업자들에 대한 심사를 우선 진행하는 이유

- 개정 신용정보법에서는 기존 마이데이터 사업을 영위하던 자도 '21.2.4.까지 마이데이터 허가를 받도록 규정(부칙 제7조)
- 마이데이터 사업이 행행 자유업 '에서 '허가제' 로 전환되는 특수성을 고려

자료: 금융위원회, 메리츠증권 리서치센터

본인신용정보관리업의 업무

1 고유업무

- 신용정보제공·이용자 또는 공공기관이 보유한 개인신용정보 등을 수집하고 수집된 정보의 전부 또는 일부를 신용정보주체가 조회·열람할 수 있게 하는 업무(법 제2조제9호의2, 시행령 제2조제21항)
  ◆ 본인신용정보관리 회사의 고유 업무를 영위하고자 하는 자는 금융위원회의 허가를 받아야함(법 4조)

2 겸영 및 부수업무

- **겸영업무**
  - 로보어드바이저를 통한 투자자문·투자일임, 금융상품자문업, 대출의 중개·주선, 전자금융업, 신용정보업 등
  - ※ 비금융업무의 경우 개별 법령에서 허용하는 한 자유로운 경영 허용

- **부수업무**
  - 데이터 분석·컨설팅, 정보계좌 업무, 정보관련 연수·교육·출판, 금융상품 광고·홍보, 본인인증 및 식별확인 업무 등
  - 본인신용정보관리업 관련 IT시스템·솔루션·데이터 판매(예:프로파일링 대응권) 대리행사 업무 등

자료: 금융위원회, 메리츠증권 리서치센터

비대면 채널에서의 제판 분리, 판매 채널 영향력 확대될 전망

마이데이터 - 디지털 제판 분리

- 개인 기반의 금융 데이터 수집으로 맞춤 정보 가공하며 판매 채널 경쟁 우위를 차지할 가능성 높음
- 마이데이터 사업자의 등장으로 금융 채널 부분은 "대리인 등 판매채널-디지털 직판" 구조에서
- "디지털 판매채널 - 금융상품 공급자"로 비대면 채널 내에서의 제판 분리를 시도할 전망

마이데이터 서비스 예시

업권	정보 활용	주요 서비스
은행	계좌거래 내역, 대출 잔액, 금리·이자 등의 다양한 금융자산 현황 등을 분석	저축, 재테크 방안 안내 등을 통한 자산형성 지원
카드	카드사용 일시, 결제 내역, 카드대출 이용 등의 소비패턴 분석	다양한 카드사용 혜택 제공 및 합리적인 소비습관 개선 지원
금투	투자종목, 투자금액, 자산규모 등의 투자 정보를 통해 투자패턴 분석	세제 혜택, 투자습관 개선 등의 다양한 포트폴리오 제공
보험	보험료 납입내역, 보장내역 등의 보험 정보를 통해 노후예측 및 건강 분석	연금관리를 통한 노후설계와 자비용의 건강관리 서비스 제공
핀테크	은행, 카드, 증권, 보험 등 여러 금융업권의 금융상품 및 정보를 종합적으로 비교·분석	맞춤형 금융상품 추천 및 정보 주체의 정보권리 행사 대행
IT	금융과 통신, 유통 등의 데이터의 융·복합	통신정보기반 금융상품, 유통정보기반 금융상품 등 고부가가치 혁신서비스 제공

자료: 금융위원회, 메리츠증권 리서치센터

마이데이터 플랫폼에서 한번에 조회할 수 있는 본인 정보 예시

예금·대출	월 납입액, 금리, 만기일	보험	보험 만기일, 납입 금액, 주기, 보험대출 정보 등
신용카드	결제내역, 포인트, 청구금액, 할부정보, 카드대출 정보 등	금투상품	거래단가, 잔액, 매입금액, 계좌상태, 예수금, 세제혜택 정보 등
통신	통신료 납부내역, 소액결제 내역 등	지급결제	간편결제, 간편송금, 전자화폐, 충전금액, 포인트 등
공공정보	행안부, 국세청 등의 국세·지방세 납부정보, 전기·수도 납부정보, 건강보험, 국민연금 등 연금에 관한 정보로서 보험료 납부정보 등 공공부문의 신용정보		

자료: 금융위원회, 메리츠증권 리서치센터

다만, 금융소비자보호법 통과로 판매 채널의 의무 또한 강화

금소법: 판매 채널의 의무 강화

- 금융소비자보호법 21년 3월부터 시행될 예정, 판매 채널의 의무도 함께 강화될 전망
- 과거 판매 대리인의 불완전 판매에도 책임이 직판업자에게 있었다면 앞으로는 판매 채널의 책임 강화
- 최근 네이버 통장 광고 등 대리/중개업자가 직접 서비스하는 것처럼 오해하게 하는 행위 또한 금지

法상 신설되는 업자 등록단위

상품	직판업자	대리·중개업자	자문업자
투자성	금융투자	투자권유대행인	비독립투자자문사
			독립투자자문업자
보장성		보험모집인	보장성상품 독립자문업자
		신협공제사업모집인	
대출성	여신	신용카드모집인	대출성상품 독립자문업자
		대출모집인 리스·할부 중개인	
예금성		신설여부 추후판단	예금성상품 독립자문업자

*기타: 개별업법상 인허가 등록요건이 마련되어 있는 경우
자료: 메리츠증권 리서치센터

내부통제기준 제도 비교

구분	지배구조법 시행령	금소법 시행령
적용대상	금융회사 (직접판매업자)	직접판매업자, 대리·중개업자, 자문업자
규율범위	임직원	임직원 및 대리·중개업자
규율사항	위험관리 등 경영 전반	금융상품 판매·자문 관련

자료: 금융위원회, 메리츠증권 리서치센터

판매 관련 광고 규제

- ⑤ (광고규제, §17) 대리·중개업자의 광고에 대한 규제가 강화됩니다.

  ○ (광고자격) 대리·중개업자의 ① '금융상품' 광고는 원칙 금지하되 직판업자의 승인이 있는 경우에 한해 허용되고, ② '업무(서비스 등) 광고'는 원칙 허용됩니다. (투자권유대행인은 모든 광고 금지)

  ○ (금지행위) 최근 네이버 통장 광고 등과 같이 광고에서 대리·중개업자 또는 연계·제휴서비스업자 등을 부각시켜 소비자가 직접판매업자로 오인하게끔 만드는 행위가 금지됩니다.

  * 네이버는 미래에셋의 종합자산관리계좌(CMA) 상품의 가입채널로 휴대서비스·제공자에 불과함에도 "네이버가 선보이는 상부" 이라는 내용으로 광고

  ○ (광고심의) 금융업권 협회의 광고 심의대상에 대리·중개업자 광고가 포함됩니다. (협회 심의기준 등에 금융위 고시로 규정)

자료: 금융위원회, 메리츠증권 리서치센터

거래 금액의 50%까지 징벌적 과징금 부과, 불완전 판매 리스크 증가

금소법: 판매 채널의 의무 강화

- 특히 주요 판매 원칙 위반 시 관련 수입 등이 50%까지 과징금 부과
- 수입의 기준은 수수료 등 회사가 수취하는 수익이 아닌 계약이 목적이 되는 거래금액
- 투자성 상품은 투자액, 대출성 상품은 대출금으로 규정되어
- 향후 불완전 판매 등에 대한 과징금 부담이 상당할 수 있음

징벌적 과징금 부과금 선정기준

	보장성	매출성	투자성	예금성
	보험료	대출액	투자액	예치금

과징금 상한
(수입 등×50%)

×

부과기준율

위반행위의 고의성, 소비자 피해규모, 시장 파급효과, 위반횟수 등 고려

±

가중·감경

내부통제기준 이행 등 위반행위 예방 노력, 객관적 납부능력 등 고려

× 50%

자료: 금융위원회, 메리츠증권 리서치센터

판매관련 설명의무

② (설명의무) 제도의 실효성 확보에 필요한 사항을 신설했습니다.

판매업자는 상품내용을 충분히 이해하고 설명해야 합니다.

- 펀드 등을 제조업자(예: 자산운용사)가 아닌 직판업자(예: 은행, 증권사 등)가 판매하는 경우에는 상품설명서를 직판업자가 작성해야 하며,
- 판매업자의 "상품숙지의무" (know your product)가 도입되어 상품에 대한 이해가 부족한 사람이 권유하는 행위가 금지됩니다.
- 금융상품(예금성 상품 제외) 권유 시 소비자에게 핵심설명서를 제공해야 합니다.

자료: 금융위원회, 메리츠증권 리서치센터

핀테크 업체의 증권 산업 진입 본격화되고 있으며

핀테크 업체 경쟁 가속화

- 증권 산업 역시 핀테크 업체들이 진입이 본격화되고 있어 21년 경쟁 가속화될 전망
- 카카오은행 제휴증권사 주식계좌개설은 250만좌 이상, 카카오페이증권 계좌 200만좌 이상 개설
- 네이버파이낸셜-미래에셋대우 CMA 역시 40만 좌 이상 개설되었으며
- 토스증권, 21년부터 본격적인 영업이 예상됨

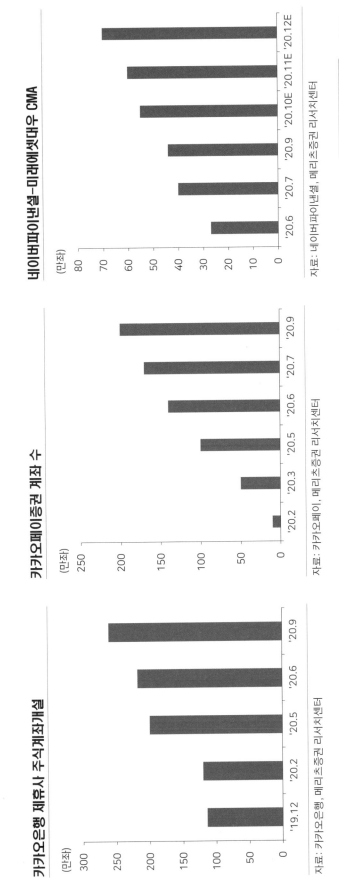

카카오은행 제휴증권사 주식계좌개설

(만좌)

자료: 카카오은행, 메리츠증권 리서치센터

카카오페이증권 계좌 수

(만좌)

자료: 카카오페이, 메리츠증권 리서치센터

네이버파이낸셜-미래에셋대우 CMA

(만좌)

자료: 네이버파이낸셜, 메리츠증권 리서치센터

해외 핀테크 업체인 Acorns와 Robinhood 모델을 따라갈 전망

핀테크 업체 경쟁 가속화

- 국내 증권 관련 핀테크 업체들은 주로 해외 Acorns와 Robinhood 모델을 따라가고 있음
- 미국의 Acorns는 전통 투자 서비스를 통해 ETF, 펀드 등 간접투자/분산투자를 권유
- Robinhood는 주식, 옵션, 암호화화폐 등 변동성이 큰 금융상품 중개하고 있어 고객 성향이 다름
- 다만, Robinhood는 미국의 거래 수수료가 높은 상황에서 무료수수료 서비스를 제공해 MS를 확대
- 국내 Brokerage는 이미 수수료 경쟁이 심화되어 있어 가격 정책보다 혁신적인 서비스 제공해야 할 듯

Robinhood

Free Stock Trading   Manage your Portfolio

자료: Robinhood, 메리츠증권 리서치센터

Acorns

자료: Acorns, 메리츠증권 리서치센터

카카오페이증권, 동전모으기 등 잔돈 투자 서비스 제공

핀테크 업체 경쟁 가속화

- 2월에 출범한 카카오페이증권은 6개월 만에 펀드 계좌 60만좌, 펀드잔고 1.9조원(8월말 기준) 달성
- 카카오페이와의 시너지를 통해 1) 동전모으기 2) 알모으기 서비스를 제공한 결과
- 동전모으기는 카카오페이로 결제한 잔돈으로 펀드에 투자하는 서비스
- 알모으기는 카카오페이 결제로 받을 수 있는 리워드를 펀드에 투자하는 서비스
- 현재까지는 자산관리 모델 위주의 영업을 이어가고 있어 Acorns 모델과 유사

카카오페이증권 동전모으기

짤랑짤랑
결제할 때 생기는 자투리 동전으로
부담없이 투자해보세요

1200원을 페이로 결제하면

천원 미만의 잔돈을
알아서 계산하여

잔돈 800원을 미리
지정한 펀드에 투자합니다.

자료: 카카오페이증권, 메리츠증권 리서치센터

카카오페이증권 펀드 계좌 수

(만좌)

| | '20.3 | '20.4 | '20.5 | '20.6 | '20.7 | '20.8 |

자료: 금융투자협회, 메리츠증권 리서치센터

카카오페이증권 종류별 펀드 비중

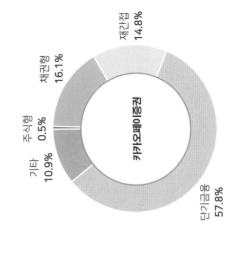

카카오페이증권

- 기타 10.9%
- 주식형 0.5%
- 채권형 16.1%
- 채권혼 14.8%
- 단기금융 57.8%

자료: 금융투자협회, 메리츠증권 리서치센터

토스증권, 간편한 UX의 주식 거래 서비스 제공할 계획

핀테크 업체 경쟁 가속화

- 토스증권은 본인가로 본격적인 영업이 시작될 전망

- 간편한 UX로의 개선으로 간편한 주식거래 서비스 계획하고 있음

- 19년 신한금융투자와 제휴해 해외주식 거래 서비스 제공한 적 있어 유사한 시스템 가져갈 듯

- 토스 카드를 통해 전돈 저축 서비스도 제공한 바 있어 Acorns 및 Robinhood 주요 서비스 제공할 전망

토스 해외주식 (19년 신한금융투자 제휴)

자료: 토스, 메리츠증권 리서치센터

토스카드 전돈 저축

카드를 쓸 때마다
전돈저축

6,600원 결제하면,
400원 전돈 저축

비상금 계좌

1,350 원

자동저축
10.20 (매일저축)   400 원

자료: 토스, 메리츠증권 리서치센터

대부분 카카오은행X미니스탁 서비스와 유사한 방식으로 경쟁할 듯

핀테크 업체 경쟁 가속화

■ 해외주식을 천원 단위부터 환전할 필요 없이 원화 단위로 매수할 수 있는 카카오은행X미니스탁 서비스

■ 주로 2030 고객을 타겟으로 하는 핀테크 업체들이 제공함만한 서비스가 집약

카카오은행 X 미니스탁X한국투자증권 서비스 소개

자료: 카카오은행, 메리츠증권 리서치센터

해외주식, 소수점 투자, 간편한 환전 등의 서비스 제공

핀테크 업체 경쟁 가속화

- 카카오은행과 한국투자증권의 미니스탁 서비스는 9월 오픈 이후 3개월 동안 가입자 30만명 돌파
- 첫 계좌 개설의 경우 1만원 상당의 주요 해외 주식을 제공하고 월 10건까지 수수료 무료 이벤트

카카오은행 X 미니스탁 프로모션

자료: 카카오은행, 메리츠증권 리서치센터

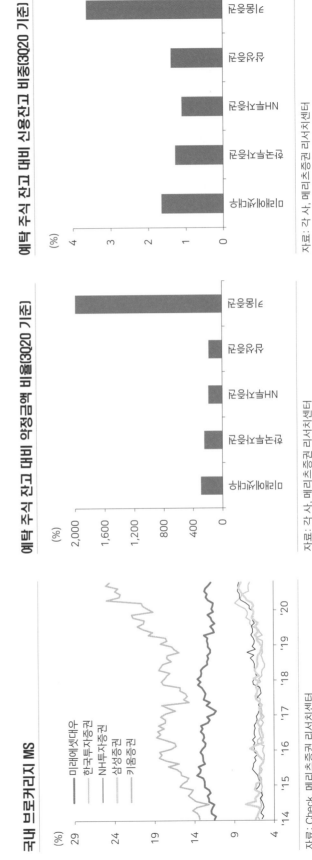

수수료 무료 서비스 제공하지 않는 키움증권 MS 가장 많이 확대

해외주식 및 AM 경쟁 전망

- 국내 브로커리지 부분은 이미 평생 수수료 무료 서비스가 보편화되어 있어 가격 정책에는 한계
- 오히려 수수료 평생 무료 프로모션을 하지 않는 키움증권의 MS가 가장 많이 상승
- 이는 키움증권이 고빈도 매매를 하는 공격적인 투자자들을 타겟팅 하고 있기 때문이라고 판단
- 타 대형사 대비 키움증권 예탁 주신 잔고 대비 약정 금액 및 신용잔고 비중이 압도적

예탁 주식 잔고 대비 신용잔고 비중(3Q20 기준)

자료: 각 사, 메리츠증권 리서치센터

예탁 주식 잔고 대비 약정금액 비율(3Q20 기준)

자료: 각 사, 메리츠증권 리서치센터

국내 브로커리지 MS

미래에셋대우
한국투자증권
NH투자증권
삼성증권
키움증권

자료: Check, 메리츠증권 리서치센터

주요 고객의 투자 성향 공격적이기 때문, 유사 모델에는 상당한 자본 필요

해외주식 및 AM 경쟁 전망

- 키움증권의 코스닥, 파생상품, 해외파생상품 수수료 수익 비중 높아 공격적인 투자자 성향 드러남

- 핀테크 업체들도 키움증권과 같이 공격적인 투자자를 타깃 한다면 신용공여 제공을 해야 하며

- 온라인 전문 증권사 자기자본의 100% 한도 내에서 신용공여 가능해 상당 수준의 자본이 필요

각 시장별 수수료 수익 비중 (1H20 누적 기준)

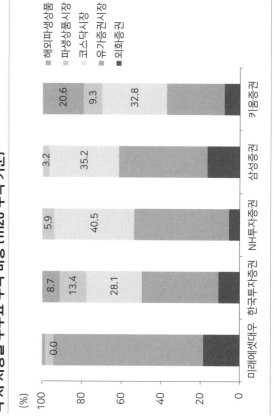

자료: 금융투자협회, 메리츠증권 리서치센터

키움증권 자기자본 및 신용한도

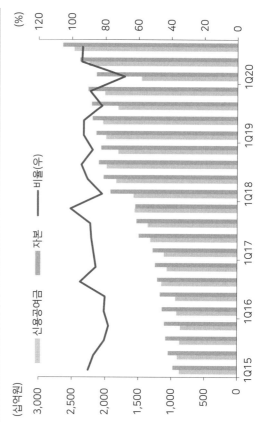

자료: 키움증권, 메리츠증권 리서치센터

금융지주사 전환에 대한 부담 있어 외형을 확대시킬 가능성보다는

해외주식 및 AM 경쟁 전망

- 다만, 금융 자회사의 주식가액의 합계액이 모회사의 자산 총액 50% 이상이 되는 경우 금융지주회사로 전환해야 한다는 부담이 발생해 외형을 확대시킬 가능성보다

  - 1) 주식담보대출을 타 금융회사로 연결하는 중개 기능 제공하거나

  - 2) 해외 주식 및 자산관리(Asset Management) 서비스에 주력할 가능성이 높다고 판단됨

금융지주회사법 및 시행령

금융지주회사란?

주식의 소유를 통하여 금융업을 영위하는 회사 또는 금융업의 영위와 밀접한 관련이 있는 회사를 대통령령이 정하는 기준에 의하여 지배하는 것을 주된 사업으로 하는 회사

가. 1 이상의 금융기관을 지배할 것

나. 자산총액이 5천억원 이상일 것

사업의 기준은 회사가 소유하고 있는 자회사의 주식가액의 합계액이 해당회사의 자산 총액 50% 이상인 것으로 한다.

이 경우 자회사의 주식가액 및 해당회사의 자산 총액은 현재의 대차대조표에 표시된 금액을 기준으로 한다.

자료: 국가법령정보센터, 메리츠증권 리서치센터

카카오페이와 카카오페이증권

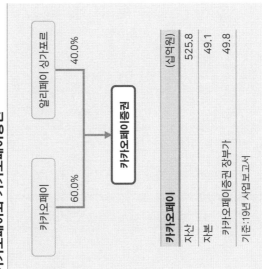

카카오페이	(십억원)
자산	525.8
자본	49.1
카카오페이증권 장부가	49.8

기준:19년 사업보고서

자료: Dart, 메리츠증권 리서치센터

바바리퍼블리카와 토스증권(증자 이후 320억원)

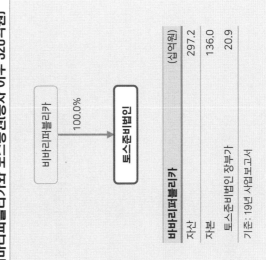

바바리퍼블리카	(십억원)
자산	297.2
자본	136.0
토스준비법인 장부가	20.9

기준: 19년 사업보고서

자료: Dart, 메리츠증권 리서치센터

해외주식 및 자산관리 서비스 경쟁 심화될 전망

해외주식 및 AM 경쟁 전망

- 최근 개인투자자의 해외 주식에 대한 관심이 지속적으로 확대되고 있으며
- 브로커리지 수익 내에서도 해외주식 수수료 비중이 상승하고 있어 관련 서비스 경쟁 심화될 전망

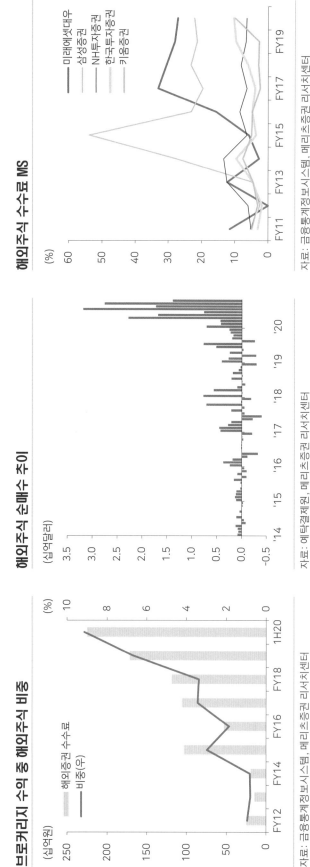

브로커리지 수익 중 해외주식 비중

(십억원)

자료: 금융통계정보시스템, 메리츠증권 리서치센터

해외주식 순매수 추이

(십억달러)

자료: 예탁결제원, 메리츠증권 리서치센터

해외주식 수수료 MS

(%)

자료: 금융통계정보시스템, 메리츠증권 리서치센터

주요 증권사 해외주식 이벤트 및 프로모션

증권사	구분	내용	기간
미래에셋대우	거래수수료	기존 수수료율보다 72% 할인 된 0.07%로 제공	~12.31
	리워드	처음 계좌개설시 10달러 지급, 해외주식 1주라도 거래할 시 40달러 추가지급	~12.31
	시세조회	자사의 모든 투자자에게 조건없이 미국주식 무료 실시간 시세 서비스 제공	기간없음
	경품	추첨을 통해 테슬라 자동차, 노트북, 온누리상품권, 해외주식 등 지급	~12.31
한국금융지주	거래수수료	신규고객 대상 거래수수료 0.1%로 제공	~7.31
	리워드	해외주식 신규 거래고객 대상 최대 20만원 지급	~9.30
	경품	추첨을 통해 무선청소기, 에어팟 등 지급	~7.31
NH투자증권	거래수수료	우대수수료 0.09%와 환전수수료 100% 우대 혜택 제공	~3.31
	거래편의성	원화 매수 서비스 및 논스톱매매서비스 제공	기간없음
	리워드	신규고객 선착순 5만 명에게 투자지원금 20달러 지급	소진시까지
	시세조회	신규 고객대상 미국 실시간 시세 서비스 무료 제공	기간없음
	정보제공	신규 고객대상 리서치센터의 투자정보 컨텐츠 무료 제공	기간없음
삼성증권	거래수수료	온라인 해외주식 수수료 0.09%로 제공(ETF, ETN은 0.045%)	~12.31
	리워드	신규고객의 이벤트 신청시 즉시 20달러 지급, 이후 거래 기준에 따라 최대 80달러 지급	~11.31
	리워드(2)	타사 해외주식 입고시 거래금액에 따라 리워드 지급	~9.30
	시세조회	유튜브 세미나 사전 접수 고객 대상 미국 실시간 시세 무료 제공	~12.31
	정보제공	유튜브 채널 통해 섹터 전망 및 투자종목 등의 내용을 담은 세미나 진행	비정기
기움증권	거래수수료	비대면 계좌 개설 고객 대상 온라인 거래수수료 0.1% 및 환율우대 95%	~12.31
	거래편의성	자동감시주문(조건주문) 제공	기간없음
	리워드	신규고객, 3개월 휴면고객 대상 거래지원금 40달러	~3.31
	정보제공	미국주식 고객대상 온라인 세미나 진행	비정기

자료: 각 사, 메리츠종권 리서치센터

대형 증권사 IPO나 대체 투자 상품 등 필요에 기업금융 중요도 강화

기업금융 중요도 강화

- COVID-19와 부동산 PF 관련 규제로 20년 이후 기업금융 부문 위축되었으나
- 신용 스프레드가 점차 축소되고 있으며 NCR 규제에서도 상업용 부동산 및 SOC의 경우 부담 완화
- 대형증권사의 경우 IPO나 대체 투자 상품 제시 등을 통해 채널 경쟁에 나서야 하기 때문에
- 기업금융에 대한 중요도가 점차 강화될 것으로 전망

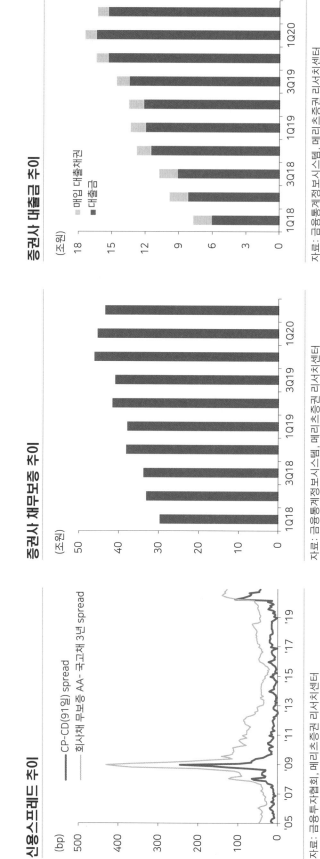

신용스프레드 추이

자료: 금융투자협회, 메리츠증권 리서치센터

증권사 채무보증 추이

자료: 금융통계정보시스템, 메리츠증권 리서치센터

증권사 대출금 추이

자료: 금융통계정보시스템, 메리츠증권 리서치센터

자산유동화제도 종합 개선 방안 발표되어 기업금융 활성화 기조 유지

기업금융 중요도 강화

- 리스크 관리 강화와 기업 자금 조달 활성화를 위해 "자산유동화 제도 종합 개선방안" 발표(5.18)

- ABS 발행이 가능한 기업범위 확대(현행 BB 등급 이상)해 우량자산 보유한 기업의 제도 참여 허용

- 국가, 지자체, 서민금융기관 등의 ABS 발행 허용해 국주유재산, 서민금융자산 관리 효율성 제고

ABS 발행이 가능한 기업 범위 확대

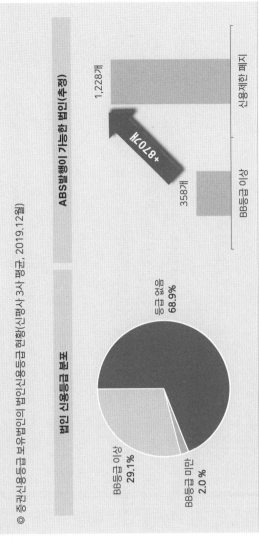

© 증권신용등급 보유법인이 법인신용등급 현황(신평사 3사 평균, 2019.12월)

자료: 금융위원회, 메리츠증권 리서치센터

국가, 지자체의 ABS 발행 예시

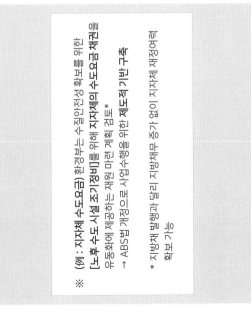

※ (例 : 지자체 수도요금) 환경부는 수질안전성 확보를 위한
[노후 수도 시설 조기정비]를 위해 지자체의 수도요금 채권을
유동화에 제공하는 재원 마련 계획 검토*
→ ABS별 개정으로 서민수행을 위한 제도적 기반 구축

* 지방채 발행과 달리 지방채무 증가 없이 지자체 재정여력
확보 가능

자료: 금융위원회, 메리츠증권 리서치센터

유동화 발행 가능한 기업, 자산을 확대하고 다양한 구조 허용

기업금융 중요도 강화

- 기존 ABS법 상 유동화 대상 자산 중 기타의 재산권에 대해 명확히 하고
- 다수 기업이 참여하는 채권 pooling이 가능하게 명시하여
- 매출채권, 지식재산권 등의 유동화 기회가 확대될 수 있는 기반 마련
  - (매출채권 예시) Multi-seller 유동화를 통해 다주체의 매출 채권을 집합유동화
  - (지식재산권 예시) 신탁방식의 유동화 거래를 활용해 대출보다 유리한 조건으로 자금조달

ABS 다양한 자산 활용도 제고

가. 현황

◎ ABS법은 부실채권 유동화를 전제로 제정되어 유동화 대상자산을 [채권·부동산 기타의 재산권]으로 규정

- 유동화법 제정당시('98년)는 상정할 수 있는 유동화자산이 제한적이었기 때문에 대상자산을 간략하게 정의하였으나, 이후 법적 재산권의 요건 및 범위가 다변화 되었으므로 대상자산 요건의 정비 필요성 제기
- '기타의 재산권' 예시이 명확치 않고, 실무적으로 채권·부동산에 준하는 확정된 권리로 좁게 해석되어 다양한 자산활용을 제약

나. 개선

◎ 무체재산권, 장래자산 등이 유동화에 폭 넓게 활용될 수 있도록 대상자산의 기준을 정비

- (예시) 1) 장래발생가능하며, 2) 권리 이전성이 있는, 3) 유·무형의, 4) 재산권으로 정의

  ※ 1) 기초자산 등이 장래 현금흐름 창출이 합리적으로 예측 가능해야 함
  2) '권리 이전성'이 있다면 장래자산 등 활용에 제한을 두지 않음
  3) 형태나 양식이 다채로운 무체재산권의 활용가능성 제고
  4) 대상자산으로 타 법령 등에 의해 특정이 가능한 재산권이어야 함

다양한 유동화 구조 허용

※ **매출채권·회사채 등 유동화 현황 및 문제점**

1) 현재, Multi-Seller 유동화가 허용되지 않나 하나의 증권사가 여러 기업의 채권을 매집하여 명목상의 자산보유자 역할을 담당

2) 그러나, 현행 구조는 해당 증권사가 다수 기업의 신용위험을 일정기간 부담하여야 하므로 증권사는 재무건전성 악화 등을 이유로 자산양하시에 대한 채권매입을 회피하거나 높은 수수료 요구

3) 이에 따라, 대기업이나 공적보증이 있는 중소기업채권(P-CBO) 등 신용도가 극히 우량한 일부채권의 거래만 이루어지는 문제

(개선 방안)

◎ SPC가 불특정 다수의 자산보유자로부터 직접 자산을 양도받아 유동화(Multi-Seller 유동화)하는 것을 명시적으로 허용

- 이를 통해, 다수 채권자의 매출채권·회사채 유동화, 신용도가 열악하는 중소기업 채권 유동화 등이 활성화될 기반 마련

  * (해외) 美, EU 등에서는 매출채권, 수출어음, 진성어음, 중소기업 매출채권 등을 기초자산으로 하는 Multi-Seller 유동화를 폭넓게 활용

Part II

보험

인수어테크, 어디까지 왔나

2021 전망 증권/보험

COVID-19로 인한 활동량 감소로 자동차 손해율 및 위험손해율 하락

20년 보험업 Review

- COVID-19 영향으로 자동차 사고율이 하락하고 병원 이용량 감소하면서

- 자동차 손해율 및 위험손해율이 하락세가 나타나며 손해보험사 실적 개선 추세 이어지는 모습

- 특히 19년 2번, 20년 1번의 자동차 보험료 인상 효과가 누적되며 자동차 손해율 개선폭 확대

- 생명보험사 주식시장 호조와 하반기부터 금리 상승세 나타나며 변액보증준비금 환입으로 실적 개선

커버리지 손해보험사 20년 주가 추이

('19.12=100pt)

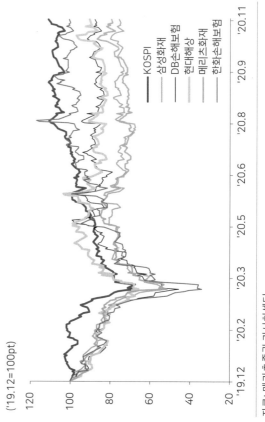

자료: 메리츠증권 리서치센터

커버리지 생명보험사 20년 주가 추이

('19.12=100pt)

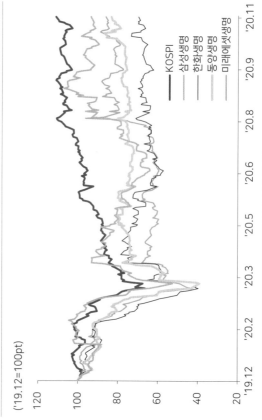

자료: 메리츠증권 리서치센터

생활밀착형 보험으로 성장한 중국 온라인 전문 보험사, 중안보험

보험업의 디지털화
: 인슈어테크

- 보험업 역시 세계적으로 디지털화에 대한 시도와 성과가 나타나는 모습
- 중국 최초의 온라인 전문 보험사 중안보험은 텐센트, 알리바바, 핑안보험이 공동 설립
- 쇼핑상품 반송보험(쇼핑몰 통해 구매한 제품이 마음에 들지 않는 경우 반송비를 보장하는 상품) 항공지연보험(비행기 출발 시간이 지연되는 경우 이에 대한 위로금 보장) 등 생활밀착형 보험
- 원격 진료, 약배송 가능한 건강보험, 만보 이상 걸으면 심혈관 질병 항인 등 기술 결합 건강상품 판매
- 테크놀로지라는 자회사를 통해 인슈어테크 기술을 일본, 동남아 등 해외에 수출 중

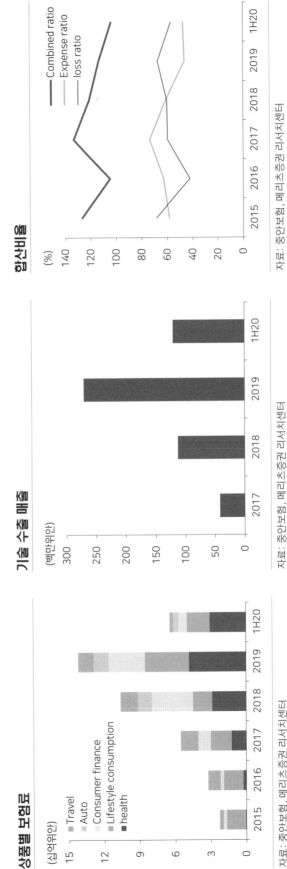

상품별 보험료

(십억위안)

자료: 중안보험, 메리츠증권 리서치센터

기술 수출 매출

(백만위안)

자료: 중안보험, 메리츠증권 리서치센터

합산비율

(%)

자료: 중안보험, 메리츠증권 리서치센터

AI 기반의 빠른 가입과 보험금 지급, 단일 수수료 수취하는 Lemonade

**보험업의 디지털화
: 인슈어테크**

- AI 기반으로 가입시간 90초, 청구건의 33%가 신청 후 3분 이내에 보험금 지급된다는 Lemonade

- 주택보험, 세입자보험, 펫보험 등을 판매하며 가입 고객의 70%가 35세 미만

- 수수료 25%를 제외한 후 보험이익이 남는 경우 소비자가 선택한 자선단체에 해당 금액을 기부하고

- 보유율 25%로 상당 부분을 재보험으로 관리해 리스크 해지

- AI 기반 데이터 수집 통해 총손해율이 하락하고 있어 보유율 확대를 통한 수익성 개선 가능성

손해율

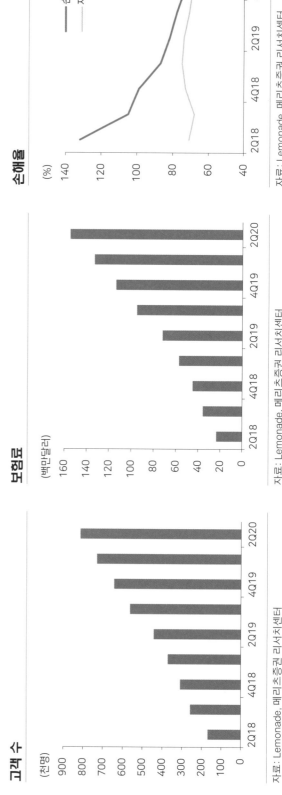

(%)

자료: Lemonade, 메리츠증권 리서치센터

보험료

(백만달러)

자료: Lemonade, 메리츠증권 리서치센터

고객 수

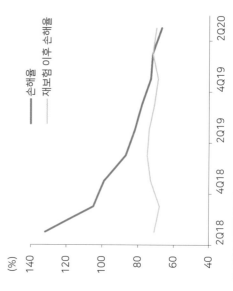

(천명)

자료: Lemonade, 메리츠증권 리서치센터

주행거리에 따라 월납이 가능한 자동차 보험, 캐롯손해보험

보험업의 디지털화
: 인슈어테크

- 한화자산운용, SK텔레콤, 현대차 등이 투자한 인터넷 전문 보험사 캐롯손해보험
- 주행거리에 따라 보험료를 후불로 월납할 수 있는 "퍼마일 자동차 보험" 판매 중
- 수익성이 좋은 주행거리 짧은 고객을 주로 모집할 수 있으며 11월 초 기준 가입 계약 수 5만건 이상
- 9900원의 어린이보험, 990원 운전자 보험 등 저렴한 보험과
- On-Off 가능한 펫산책보험, 해외여행보험, 레저상해보험 등 온디맨드 상품 판매 중

캐롯손해보험 출범 일지

2018.10	한화손해보험 이사회 인터넷보험사 설립안 확정
11	금융위원회에 인팟손해보험(가칭) 예비인가 신청
2019.1	금융위 인팟손보 예비 하가
3	캐롯손해보험으로 사명 확정
10	금융위 캐롯손 본인가 하가
2020.1	월 990원 운전자보험 출시
2	퍼마일 자동차보험 출시 인터넷소핑 반품보험 출시

자료: 더스쿠프, 20.02.24 '1호 디지털보험사 캐롯손보, 흔들리는 메기'

주행거리에 따라 월납이 가능한 자동차 보험

주행거리에 따라 부과되는
Km당 보험료

퍼마일자동차 보험료는 매월 기본료 + km당 보험료로 정산합니다.

① 기본료
주행거리 상관없이 고정적으로 부과하는 보험료
12개월

② Km당 보험료
주행거리에 따라 계산되는 보험료
차종 및 가입자 특성에 따른 기본보험료 x 주행거리

①+②=연간보험료

실제 가입 시 차종 및 가입자 특성에 따라 보험료 상이,
가입 첫날 기본료 + 1,000km 에 해당하는 보험료를
선납하고, 이후 보험료는 매월 주행한 거리만큼만 보험료 계산

자료: 캐롯손해보험, 메리츠증권 리서치센터

9900원 어린이보험

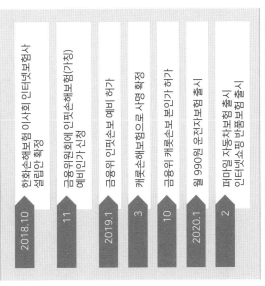

꼭 확인해야하는
보장내용

- 입원, 골절, 깁스 등 주요 담보 정액 보장
- 0세 ~ 만 15세라면 월 990원으로 3년 보장
- ① 더 자세한 내용은 하단 보장내용 버튼으로 확인!

이런 분에게 추천해요!
캐롯 9900 어린이 보험

- 경제적 부담으로 기존 자녀보험을 해지한 부모님
- 어린이보험을 추가로 가입하고 싶은 부모님
- 보험료 지출이 큰 다둥이 부모님

자료: 캐롯손해보험, 메리츠증권 리서치센터

생활밀착형 보험 판매 기대, 카카오 손해보험사

보험업의 디지털화
: 인슈어테크

- 카카오는 카카오페이를 통해 디지털 손해보험사를 설립할 계획
- 이미 제휴를 통한 보험 비교 서비스 제공하고 있으며 5월 기준 누적 가입자 수 26만명
- 중안보험이 사례와 같이 생활밀착형 보험, 미니 보험 위주의 판매 전망됨

카카오페이 보험 비교

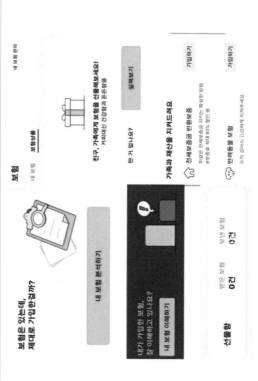

자료: 카카오페이, 메리츠증권 리서치센터

카카오페이 보험서비스 현황(20년 5월)

내보험관리	누적가입자수	26만명
	일 평균 가입자수	4,200명
간편보험	상품 종류 및 보험서비스	해외여행보험, 운동보험, 반려동물보험, 운전자보험, 암보험, 실손의료비 보험, 치아보험, 연금저축보험, 저축보험, 자동차보험료 비교

자료: 카카오페이, 메리츠증권 리서치센터

소상공인을 대상으로 하는 보험 서비스, 네이버 파이낸셜

보험업의 디지털화
: 인슈어테크

- 네이버 파이낸셜은 'NF보험서비스' 상호의 보험 판매회사 설립

- 네이버 스마트스토어에 입점한 소상공인 고객층이 확보되어 있어 배상책임보험 등 판매할 예정

- 미래에셋캐피탈과의 결제금액 선정산하는 퀵에스크로, SME 대출 서비스 제공하고 있어

- 소상공인을 대상으로 하는 종합 금융 서비스 제공이 가능할 전망

네이버와 미래에셋캐피탈이 제공하는 퀵에스크로

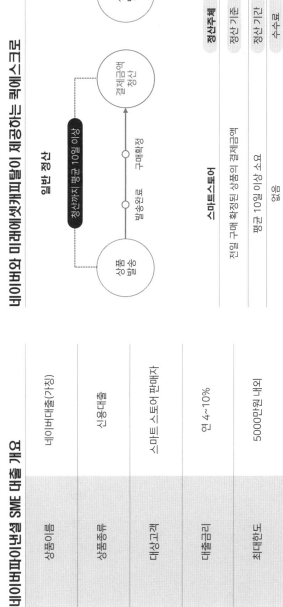

자료: NAVER, 메리츠증권 리서치센터

네이버파이낸셜 SME 대출 개요

상품이름	네이버대출(가칭)
상품종류	신용대출
대상고객	스마트 스토어 판매자
대출금리	연 4~10%
최대한도	5000만원 내외

자료: 네이버파이낸셜, 메리츠증권 리서치센터

기존 보험사들의 디지털 트랜스포메이션

보험영의 디지털화
:인슈어테크

- 기존 보험사들 역시 디지털화를 위한 노력 중이나 주로 FC들의 영업툴을 전산화시키는 방향
- 한화생명의 LIFE MD 누구나 원하는 시간에 보험설계사로 일할 수 있게 돕는 디지털 영업 플랫폼
- 주로 사업 내부 영역에서의 디지털화, AI 기반으로 변화하면서 비용 절감을 위한 변화가 일어나는 모습

삼성생명 디지털 트랜스포메이션

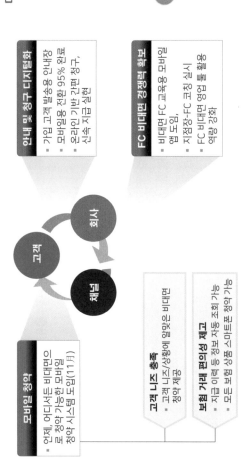

자료: 삼성생명, 메리츠증권 리서치센터

한화생명 디지털 이노베이션

자료: 한화생명, 메리츠증권 리서치센터

보험상품 단품화 되어야 비대면 판매 활성화 될 수 있어

보험업의 디지털화
: 인슈어테크

- 보험 산업은 비대면 판매 비중이 상당히 작은 시장, 이유는 종합보험의 비교가능성이 제한적이기 때문

- 손해보험사의 TM 및 CM 채널로 판매되는 상품은 비교 가능한 자동차 보험이며

- 장기 보험을 판매하는 생명보험사의 경우 비대면 채널 비중이 1% 수준

- 앞서 살펴본 여러 사례와 같이 미니보험 등 상품이 단품화 되어야 비대면 판매 활성화 가능성 높아져

- 인슈어테크는 신규 시장을 개척하며 단품 보험 – 비대면 판매 구조로 성장할 가능성 높음

전속설계사 수

자료: 생명보험협회, 손해보험협회, 메리츠증권 리서치센터

손해보험사 채널별 초회보험료 비중[20.06]

대면 86.06%
CM 5.51%
TM 8.43%
손해보험사 (2020.6)

자료: 손해보험협회, 메리츠증권 리서치센터

생명보험사 채널별 초회보험료 비중[20.08]

대면 98.83%
CM 0.20%
TM 0.96%
생명보험사 (2020.8)

자료: 손해보험협회, 메리츠증권 리서치센터

실손의료보험 제도 구조 개편 가시화, 보험료 차등제 도입

실손의료보험 개편

- 여러 번의 실손의료보험 개선에도 손해율 상승이 이어지고 있어 제도의 지속성에 대한 우려 대두
- 지난 10월 "실손의료보험제도 개선에 대한 공청회"에서 보험료 차등제 도입에 대한 논의
- 정부의 "건강보험 보장성 강화 정책"에도 목표한 건강보험 보장률 달성이 어려워
- 실손보험 등 민간 보험 구조적 문제가 공적 보험 재원에도 영향을 미치고 있기 때문

실손의료보험제도 개선 경과

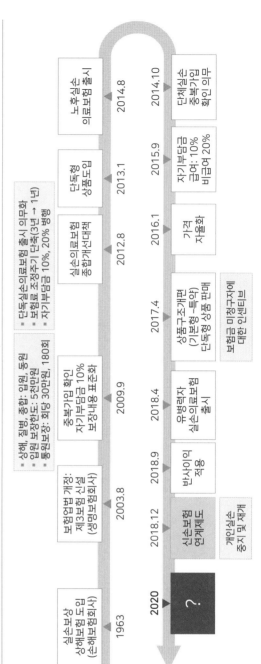

자료: 보험연구원, 메리츠증권 리서치센터

현행 실손보험은 도덕적 해이를 부추기는 구조

실손의료보험 개편

- 현재 실손보험의 구조적인 문제는 일부 가입자의 과다한 의료 이용이 청구의 대부분을 차지하고
- 무청구자에게 보험료 인상이 이전되어 오히려 의료 쇼핑, 도덕적 해이를 부추긴다는 문제
- 입원 담보 전체 가입자의 95%, 외래 담보의 69%가 무청구자이며
- 청구자 중에서 상위 30%가 전체 지급보험금 중 75%를 청구하는 상황

실손의료보험 지급보험금 현황 분석

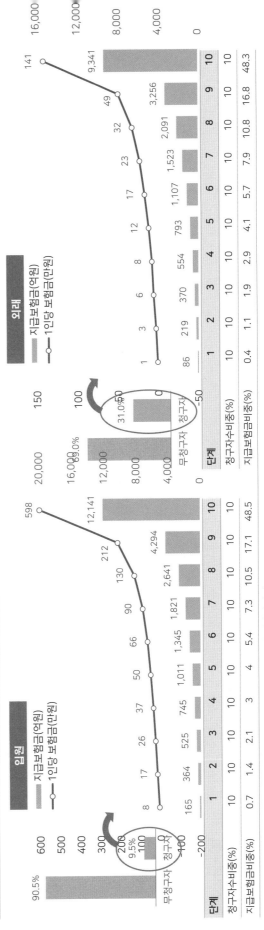

주: 각 구간은 청구자수를 기준으로 한 하위 10%부터 100%까지의 퍼센타일임
자료: 보험연구원, 메리츠증권 리서치센터

강의자료 (전망) 37

일부의 의료 이용이 모두의 보험료 부담으로 전가

실손의료보험 개편

- 문제가 되었던 도수치료 등 비급여 담보를 특약으로 분리한 착한 실손 보험이 경우에도
- 대부분의 비급여 항목이 급여와 함께 포괄적으로 운영되고 있어 손해율 빠르게 상승
- 자기부담금 인상과, 특정 특약 담보 분리 등에도 도덕적 해이 통제 기능이 부족하다고 판단

실손의료보험 위험손해율 추이

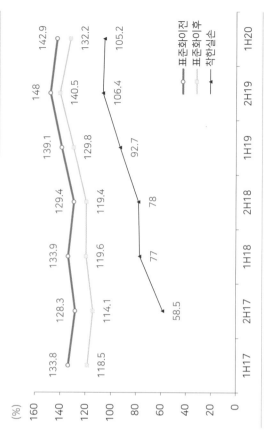

(%)

착한실손보험 보장구조

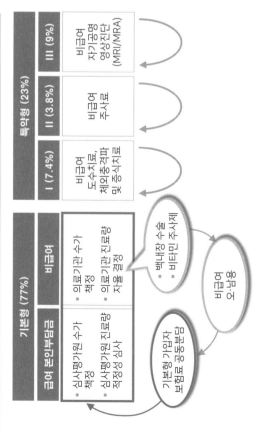

무청구자, 소액청구, 고액 청구로 구분해 할인/할증 적용

실손의료보험 개편

- 도덕적 해이 및 과잉 의료 쇼핑을 통제하기 위해서는 자동차 보험과 같은 할인/할증 제도 필요
- 무청구자는 할인, 소액 청구는 할인 미적용, 고액 청구 할증으로 구분해
- 보험료 할인 할증은 매년 산정해 차년도 갱신보험료에 한번만 적용(지금 이력 매년 초기화)
- 보험료 총액 동일하나 청구가 많은 계약자 위주로 할증해 도덕적 해이를 통제하는 기능 마련

비급여 보험료 할인/할증

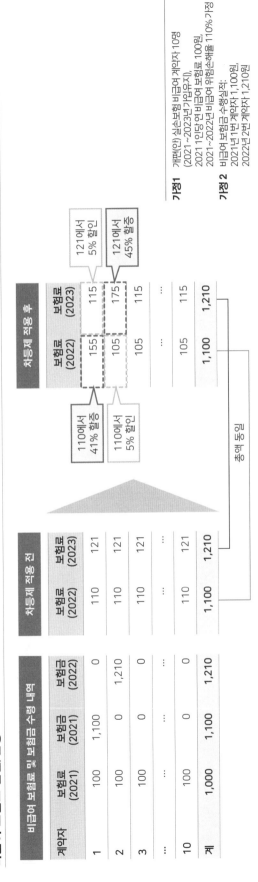

비급여 보험료 및 보험금 수령 내역

계약자	보험금(2021)	보험금(2022)
1	100	1,100	0
2	100	0	1,210
3	100	0	0
...	...	...	...
10	100	0	0
계	1,000	1,100	1,210

차등제 적용 전

	보험료(2022)	보험료(2023)
1	110	121
2	110	121
3	110	121
...	...	...
10	110	121
계	1,100	1,210

차등제 적용 후

	보험료(2022)	보험료(2023)
1	155	115
2	105	175
3	105	115
...	...	...
10	105	115
계	1,100	1,210

110에서 41% 할증
110에서 5% 할인
121에서 5% 할인
121에서 45% 할증

총액 동일

가정1 개편(안) 실손보험 비급여 계약자 10명 (2021~2023년 기 유지), 2021 1인당 연 비급여 보험료 100원, 2021~2022년 비급여 위험손해율 110% 가정

가정 2 비급여 보험금 수령실적: 2021년 1번 계약자 1,100원, 2022년 2번 계약자 1,210원

자료: 보험연구원, 메리츠증권 리서치센터

급여, 비급여 분리하고 자기부담률 10%p 상향

실손의료보험 개편

- 다만, 급여와 비급여를 구분해 비급여에 대해서만 할인/할증을 적용하는 방안이 제시
- 실손보험의 급여/비급여본인부담금 보장 제외는 반영되지 않을 전망
- 자기부담률을 10~20%에서 20~30%로 상향하고 최소 공제금액을 1/3만원으로 검토 중
- 실손의료보험의 본질적인 문제인 도덕적 해이를 통제하는 기능이 대폭 강화되어 긍정적
- 다만, 장기 보험 특성상 소급 적용 될 수 없어 이와 같은 변화가 실적에 반영되려면 상당한 시일이 소요

실손의료보험 상품구조 개편안 : 자기부담률, 공제금액 상향

자료 : 보험연구원, 메리츠증권 리서치센터

실손의료보험 상품구조 개편안 : 급여 비급여 분리

주 : A보험회사 착한실손보험 선택형(급여 10%, 비급여 20%), 입원 5천만, 외래 25만, 처방 5만, 3
대 비급여 특약가입, 남자 40세 상해 1급 기준
자료 : 보험연구원, 메리츠증권 리서치센터

21년 자동차 및 위험손해율 상승할 가능성

21년 손해율 상승 전망

- 자동차 보험료는 19년 이후 3 차례의 보험료 인상 효과가 누적되고 있어 21년 인상 가능성 제한적
- 21년 상반기 이후 부터는 보험료 증가 추세 둔화되며 손해율 상승할 가능성 있음
- 공사협의체의 반사이익 규모가 연말 결정되고 21년 실손 보험료 인상폭에 따라 달라질 수 있으나
- 20년 영향을 미쳤던 COVID-19로 인한 의료이용량이 다시 증가하며 위험손해율 상승할 가능성 있음

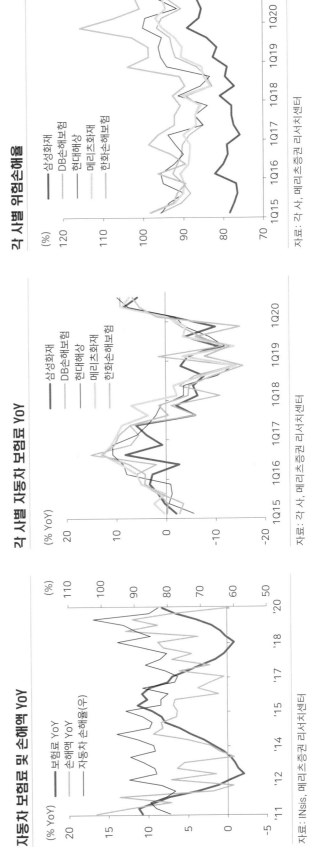

자동차 보험료 및 손해액 YoY

(% YoY)

보험료 YoY
손해액 YoY
자동차 손해율(우)

'11 '12 '14 '15 '17 '18 '20

자료: INsis, 메리츠증권 리서치센터

각 사별 자동차 보험료 YoY

(% YoY)

삼성화재
DB손해보험
현대해상
메리츠화재
한화손해보험

1Q15 1Q16 1Q17 1Q18 1Q19 1Q20

자료: 각 사, 메리츠증권 리서치센터

각 사별 위험손해율

(%)

삼성화재
DB손해보험
현대해상
메리츠화재
한화손해보험

1Q15 1Q16 1Q17 1Q18 1Q19 1Q20

자료: 각 사, 메리츠증권 리서치센터

17년 이후 나타난 판매 경쟁으로 MS 변환 가시화

장기 MS 변환 가시화

- 17년 이후 촉발된 보장성 신계약 판매 경쟁으로 원수 및 경과보험료 성장률 차별화 되는 모습
- 2위권사 위주의 경과보험료 증가율을 나타나고 있으며 보장성 인보험 원수보험료 격차 축소
- 초년도 수수료 규제 등으로 21년 이후 사업비율 하락하는 모습 기대

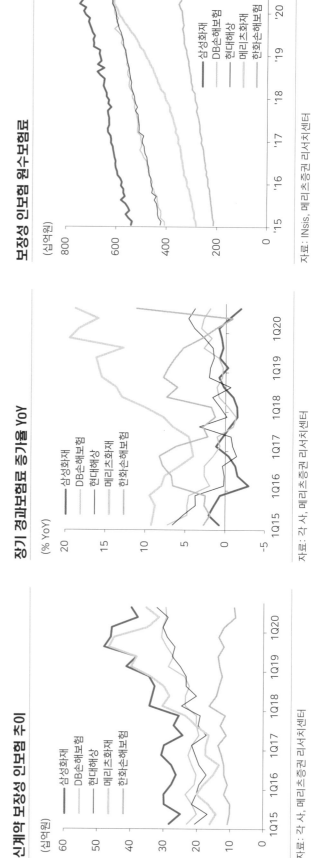

신계약 보장성 인보험 추이

자료: 각 사, 메리츠증권 리서치센터

장기 경과보험료 증가율 YoY

자료: 각 사, 메리츠증권 리서치센터

보장성 인보험 원수보험료

자료: INsis, 메리츠증권 리서치센터

금리 상승으로 변액보증준비금 환입 이어질 가능성

금리 상승에 민감함 생보사

- 7월 이후 금리 반등하며 생명보험사 주가 호조 이어지는 모습

- 부담 금리가 높고 부채 듀레이션이 긴 생명보험사의 특성상 금리 상승에 가장 큰 수혜

- 다만, 현행 회계제도에서는 금리 상승에 따른 부채 감소가 가시화 되지 않음

- 생명보험사의 경우 변액보증준비금 환입으로 실적 호조 나타나는 점이 직접적인 영향

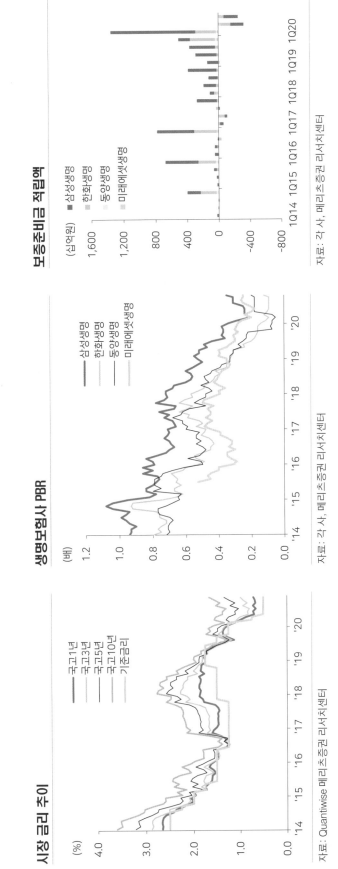

시장 금리 추이

자료: Quantiwise 메리츠증권 리서치센터

생명보험사 PBR

자료: 각 사, 메리츠증권 리서치센터

보증준비금 적립액

자료: 각 사, 메리츠증권 리서치센터